绩效薪酬影响创新行为的机理研究

以知识型员工为样本

李春玲 著

中国财富出版社有限公司

图书在版编目（CIP）数据

绩效薪酬影响创新行为的机理研究：以知识型员工为样本 / 李春玲著 . —
北京：中国财富出版社有限公司 , 2023.8

ISBN 978-7-5047-7980-9

Ⅰ . ①绩… Ⅱ . ①李… Ⅲ . ①企业绩效—影响—企业创新—研究—中国 Ⅳ .
① F279.23

中国国家版本馆 CIP 数据核字（2023）第 171166 号

策划编辑 李 伟		**责任编辑** 邢有涛 汪晨曦		**版权编辑** 李 洋	
责任印制 尚立业		**责任校对** 杨小静		**责任发行** 黄旭亮	

出版发行	中国财富出版社有限公司
社　　址	北京市丰台区南四环西路188号5区20楼　　**邮政编码**　100070
电　　话	010-52227588 转 2098（发行部）　　　010-52227588 转 321（总编室）
	010-52227566（24小时读者服务）　　　010-52227588 转 305（质检部）
网　　址	http://www.cfpress.com.cn　　　**排　　版**　宝蕾元
经　　销	新华书店　　　**印　　刷**　宝蕾元仁浩（天津）印刷有限公司
书　　号	ISBN 978-7-5047-7980-9/F · 3574
开　　本	710mm×1000mm　1/16　　　**版　　次**　2023年12月第 1 版
印　　张	18.5　　　**印　　次**　2023年12月第 1 次印刷
字　　数	232千字　　　**定　　价**　79.00 元

前　言

　　在"互联网+"驱动数字经济背景下，特别是在当前新的国际政治经济形势下，全球产业链的重新调整分工，使得知识型员工的创新对企业乃至国家发展越来越具有决定性作用。因此，如何拥有具有创新能力的员工并驱动其进行创新越来越为管理实践者所关注。目前绩效薪酬已成为我国企业广泛运用的一种外在薪酬奖励形式，是知识型员工总货币薪酬收入不可或缺的组成部分。绩效薪酬兼具分选效应和激励效应，并通过这两种不同的效应机制对员工创新产生影响。然而，鉴于绩效薪酬是一把"双刃剑"，使得企业对绩效薪酬是否有助于员工创新存在迷茫与质疑。因此，应设计和实施怎样的绩效薪酬体系才能吸引富有创新能力的知识型员工，并引导其实施符合企业期望的创新行为，这是当前企业绩效薪酬体系亟须解决的重要课题。但是，现有研究的不足致使相关理论对管理实践的指导非常有限。

　　尽管有关外在奖励与创新关系的研究已历时半个世纪，但近二十年来有关绩效薪酬与创新关系的研究逐渐受到更多关注。一方面，有关绩效薪酬与创新关系的研究，一直聚焦于绩效薪酬对员工创新行为的激励效应研究，而忽略了在创新能力上绩效薪酬的分选效应研究。分选效应既体现了员工个体对企业绩效薪酬计划的自我选择，同时也是企业通过绩效薪酬计划对员工进行筛选，实现组织与员工之间的匹配，有助于组织建立符合其创新能力要求的员工队伍。然而，至今有关不同创新能力的个体对绩效薪酬偏好（选择）的研究仍然十分匮乏。另一方面，绩效薪酬对创新行为的激励效应体现了绩效薪酬对创新行为的驱动机制，虽然有关绩效薪酬对创新行为的影响研究积累了一些文献，但其研究结论一直存在争议。而且，已有的绝大多数的研究仅将创新行为作为单一维度概念，这是导致研究结论不一致的主要原因之一。主动－响应创新行为体现了企业互为矛盾的创新目标及任务，即员工创新行为的二元性，是概念上重叠最少且区分最清晰的二元创新行为，但有关绩效薪酬对主动－响应二元创新行为影响的研究尚为空白。进言之，有必要区分主动－响应二元创新行为，来探讨绩效薪酬对创新行为的驱动机制。因此，绩效薪酬偏好通过分选效应与激励效应对创新行为的影响机理研究，具有非常重要的理论和实践价值。

本书从绩效薪酬的分选效应和激励效应共同作用的视角，构建了绩效薪酬偏好影响创新行为机理的理论路径模型，即个体创新能力→个体绩效薪酬偏好→企业绩效薪酬→员工创新行为的传导作用机制的理论路径链接，并借助于绩效薪酬强度这一变量，采用实验法和问卷调查法两种实证方法对理论路径模型进行实证研究，由此构成了本研究拟探讨的三方面研究内容：

第一，创新能力对绩效薪酬偏好的影响研究。基于绩效薪酬偏好影响因素的研究文献、个人－组织匹配理论和前景理论，运用北京市 GS 大学高年级本科生和低年级研究生的实验数据，通过相关分析、有序 Logistic 回归分析和分组回归分析，来检验创新能力对绩效薪酬偏好影响的主效应以及风险厌恶和绩效薪酬框架的调节作用，从而发现在创新能力上绩效薪酬分选效应。

第二，绩效薪酬对主动－响应二元创新行为的影响研究。基于绩效薪酬对创新行为影响的研究文献、自我决定理论和调节焦点理论，运用制造业和信息业企业知识型员工的问卷调查数据，通过相关分析、层次回归分析、MEDCURVE 宏插件和 Bootstrap 法，来检验绩效薪酬对主动－响应二元创新行为影响的主效应、自主－受控工作动机的双路径中介作用、促进－防御调节焦点的调节作用及其有调节的中介作用，从而揭示绩效薪酬对主动－响应二元创新行为的直接激励效应。

第三，企业适宜的绩效薪酬体系实践管理建议研究。依据上述两方面的实证研究得出的绩效薪酬偏好影响创新行为机理理论路径模型的支持结论，提出"互联网"背景下制定与实施适宜的绩效薪酬体系的管理建议。

本书研究表明：第一，绩效薪酬在创新能力上具有分选效应。具体而言，创新能力对绩效薪酬偏好呈正向影响，风险厌恶在创新能力与绩效薪酬偏好之间起负向调节作用，绩效薪酬框架可以调节创新能力对绩效薪酬偏好的影响。在损失＋绝对标准框架下，创新能力与绩效薪酬偏好的正向关系更强，在收益＋相对标准框架下，创新能力与绩效薪酬偏好的正向关系更弱，在收益＋绝对标准框架和损失＋相对标准框架下，创新能力与绩效薪酬偏好之间的正向关系略有增强。第二，绩效薪酬对员工主动－响应二元创新行为具有激励效应。具体而言，绩效薪酬对主动创新行为呈倒 U 型影响、对响应创新行为呈正 U 型影响；绩效薪酬对自主动机和受控动机均呈倒 U 型影响，自主动机对主动创新行为有正向影响，受控动机对响应创新行为有负向影响；自主－受控动机在绩效薪酬对主动－响应二元创新行为的影响中起部分中介作用。此外，促进焦点在绩效薪酬与自主动机之间起调节作用，防御焦点在绩效薪酬与受控动机之间起调节作用，促进焦点调节了绩效薪酬通过自主动机影响主动创新行为的中介作用、防御焦点调节了绩效薪酬通过控制性动机影响响应创新行为的中介作用。第三，知识型员工绩效薪酬偏好影响创新行为机理的理论路径模型获得了实证研究支持。具体而言，通过不同创新能力的个体对绩效薪酬偏好（强度）的选择，使企业可以通过绩效薪酬的分选效应，即个体对绩效薪酬的自我选择，形成符合企业创新能力要求的知识型员工队伍，继而通过绩效薪酬的激励效应来影响员工的创新行为。

根据以上研究结论，提出在"互联网+"驱动数字经济背景下，制定与实施适宜的绩效薪酬体系的管理建议是：确立以创新为导向的绩效薪酬体系的两个策略目标，即塑造富有创新能力的员工队伍和支持企业引导主动－响应二元创新行为；制定适度的动态化绩效薪酬构成策略，并在绩效薪酬沟通中运用恰当的绩效薪酬框架，以及实施相配套的有效招聘措施。

本书的理论贡献主要体现在：第一，创新能力对绩效薪酬偏好的影响研究，不仅丰富了绩效薪酬分选效应研究，而且拓展了绩效薪酬与创新的关系研究。第二，绩效薪酬对主动－响应二元创新行为的影响研究，既推进有关绩效薪酬对创新行为的激励效应研究，又对外在奖励与创新行为关系的研究有所贡献。第三，构建的知识型员工绩效薪酬偏好影响创新行为机理的理论路径模型具有一定的理论突破价值。本书在管理实践上的贡献体现在：所提出的适宜的绩效薪酬体系相关管理建议，将有助于我国制造业与信息业企业走出绩效薪酬"双刃剑"的困境，预期对企业建立富有创新能力的知识型员工队伍以及引导他们从事企业期望的创新具有应用价值，并将对其他行业组织推行适宜的绩效薪酬体系提供重要的启发。

　　本书是在作者主持完成的国家社会科学基金项目"互联网+"背景下知识型员工绩效薪酬偏好影响创新行为的机理研究（项目编号：16BGL101）的研究报告基础上修改并完善而成的。在顺利付梓之际，心中充满无限感激：感谢课题组成员们的通力合作与共同努力，使得课题研究圆满结项；感谢匿名评审专家提出宝贵的修改意见，进一步提升了研究的学术质量；感谢所有受访调研企业的经理人员及员工朋友们的大力协助，使研究能够获取宝贵的第一手数据资料；感谢热心帮助招募学生被试的老师们以及认真参与实验的同学们，使实验研究得以成功实施。此外，本书获得北京工商大学学术著作出版资助，资助项目为北京国际消费中心城市建设高精尖中心培训项目。在此，感谢北京工商大学及商学院学术出版委员会的专家们、科学研究院和商学院的领导们给予的支持与肯定！最后，感谢中国财富出版社有限公司编审老师为本书出版所做的大量工作！

李春玲

目　录

第一章 绪论

1.1 研究背景和研究意义

1.1.1 研究背景

1.研究的实践背景

（1）我国"互联网+"及数字经济的发展现状

2015年在国务院颁布的《关于积极推进"互联网+"行动的指导意见》（国发〔2015〕40号）中，从政府层面将"互联网+"界定为：将互联网创新成果深度融合于社会经济各领域，以促进技术进步、提升效率与组织变革，提高实体经济的创新力与生产力，形成以互联网为基础设施和创新要素的经济社会发展的新形态。自此，"互联网+"在我国迅速发展，并成为2016年我国社会十大流行语和十大新词之一[①]。伴随着"互联网+"国家发展战略的顶层设计，在《2017年国务院政府工作报告》中首次提出数字经济，进一步明确指出深入推进"互联网+"行动和国家大数据战略、全面实施《中

---

① 教育部语言文字信息管理司.中国语言生活状况报告（2016）[R].北京：商务印书馆,2016.

国制造2025》、促进数字经济加快成长。数字经济是指以数字化的知识和信息为关键生产要素，以数字技术为核心驱动力，以现代信息网络为重要载体，通过数字技术与实体经济深度融合，提高数字化、网络化和智能化水平，重构经济发展与治理模式的新型经济形态[①]。因此，"互联网+"和数字经济本质上是相通的，都是以数字技术驱动社会经济变革，二者具有高度的相容性。其后，在2017年党的十九大报告以及《2020年国务院政府工作报告》中都强调了全面推进"互联网+"，打造数字经济，建设数字中国、创新型国家的国家发展战略；在2020年《中共中央关于制定国民经济和社会发展第十四个五年规划和二〇三五年远景目标的建议》中，再次提出"建设制造强国、质量强国、网络强国、数字中国"、到2035年进入"创新型国家前列"的愿景目标。由此，在政府的大力倡导下，2015年至2019年五年间"互联网+"、数字经济在我国取得长足的发展，具体体现在以下三个方面。

首先，总体发展规模快速增长。2019年我国移动互联网用户达到13.19亿，占全球互联网用户的32.17%，相较于2015年的9.64亿增长36.8%；2019年数字经济增加值为35.8万亿元，占GDP比重达到36.2%，位居世界第二，相较于2015年18.6万亿增长92.47%，而且数字经济对GDP增长的贡献率为67.7%，高于三次产业对GDP的贡献率，三次产业对GDP增长的贡献率分别为3.8%、36.8%和59.4%，这说明数字经济在我国经济发展中的地位越发重要。其次，信息基础设施建设规模与性能大幅提升。2019年4G基站总量为544万个，占据世界基站总规模的半数以上，相较于2015年的177.1万

---

① 中国信息通讯院.中国数字经济发展白皮书（2020年）[R].2020年7月.

个增长 2.07 倍；网间互通性能不断提升，从 2014 年的 68.18ms 降低到 2019 年的 41.10ms，下降了 39.1%。最后，"互联网+"与产业融合加深。新一代数字技术如云计算、人工智能、大数据、虚拟现实等在传统产业的应用，推动了传统产业向数字化、智能化的转型升级。2019 年我国工业互联网产业规模达到 4800 亿元，工业互联网连接 18 万多家工业企业，并建立了一批国家级人工智能平台，其中人工智能企业达到 4000 多家，位居全球第二；2019 年电子商务年交易规模为 34.81 万亿元，连续多年位居世界电子商务市场第一，相较于 2015 年的 20.8 万亿元增长 67.36%；2019 年网络支付交易额为 249.88 万亿元，移动支付普及率居于全球前列，相较于 2015 年的 10.17 万亿元增长 23.57 倍；共享出行、共享住宿、共享制造、众包与共享员工等共享经济向精细化发展，互联网金融不断规范发展，互联网医疗在初步形成，网络娱乐、在线教育、在线政务的数字政府都在持续发展中。①

综上，在政府的大力支持下，得益于人口规模与低成本的劳动力，我国"互联网+"和数字经济的数量及规模上在全球领先。目前我国"互联网+"主要聚集在零售、餐饮等消费与服务行业平台模式，即通过互联网平台扩大了低附加值产品和服务的规模化需求，而工业互联网发展仍处于起步阶段。虽然我国制造业生产总值在 2018 年已超过美日德三国总和，但受制于整体制造业大而不强，工业互联网发展与美国、德国、日本等国有较大差距（傅荣校，

---

① 中国互联网协会.中国互联网发展报告 2016［R］.2016 年 6 月；中国互联网协会.中国互联网发展报告 2020［R］.2020 年 7 月；中国信息通讯院.中国数字经济发展白皮书（2020 年）［R］.2020 年 7 月.中国互联网络信息中心.第 45 次《中国互联网络发展状况统计报告》［R］.2020 年 4 月.

2020；杜传忠和金文翰，2020），主要表现在：我国绝大部分制造企业仍处于工业 2.0 时期，只有不到 10% 的工业企业进入 3.0 时期，关键零部件、材料、核心技术与高端仪器设备对外依存度高，高附加值、高技术含量的高新技术制造业发展不足，整体制造业劳动生产率较低，产品附加值低于 30% 的全球平均水平，处于全球产业链中低端；制造业信息化、数字化、智能化水平不高，工业互联网平台欠缺提供跨行业和领域的服务能力、综合集成实力较差且难以在具体生产场景落地应用；工业互联网在管理、核心技术与关键系统创新、人才、商业模式和生态体系都有较大不足（傅荣校，2020；胡迟，2019；杜传忠和金文翰，2020）。目前，美德日等国都致力于积极推进工业互联网的发展，大数据、人工智能、物联网、数字技术等与工业深度融合以促进制造业转型升级，以维护并提升本国产业的国际竞争力（杜传忠和金文翰，2020），工业互联网不仅成为推动"互联网 +"深入发展的根基，也成为一国经济高质量发展的关键所在。因此，在当前国际形势不确定性前所未有地增加且日趋复杂的情形下，加快我国工业互联网建设发展刻不容缓，这不仅会推进我国"互联网 +"由消费服务行业向生产领域延伸、成为全面落实"互联网 +"国家行动与数字中国国家发展战略的重要依托，也是增强我国产业国际竞争力和经济高质量发展的根本所在。

尽管目前制约我国工业互联网发展的因素是多方面的，但企业创新不足是其中重要的阻碍因素。根据美国商业专利数据库（IFI Claims）发布的专利领导者年度分析报告，2020 年度全球拥有专利最多的前 100 家企业和机构中，我国（不包含台湾）仅有 4 家，分别是华为、京东方、联想和 TCL，分列榜单的第 24、57、82 和 91 位，而美国、日本、德国和韩国分别有 39 家、26 家、9 家和 7 家；并且，在拥有专利数居于前十的企业和机构中，美国4家、日本2家、德国2家、韩国2家[1]。由此，从拥有的专利数量来看，我国企业不仅与美德日有很大差距，而且与韩国也有较大差距，这说明了我国企业的创新能力与世界制造强国有明显的差距。创新是"互联网+"的基本特征（马化腾等，2015），只有通过促进我国制造业和信息业企业创新，才能驱动"互联网+"赋能传统产业与实体经济，从而推动数字经济发展，以实现创新型国家的发展战略。因而，本书选取制造业和信息业企业为研究的样本企业。

（2）知识型员工创新的重要性

在"互联网+"驱动数字经济背景下，企业创新的主体是知识型员工。知识型员工（Knowledge Worker）最早是由德鲁克于1959年在其著作 *Landmarks of Tomorrow* 中提出的，其后很多学者对其进行了界定。根据已有文献，本书认为，知识型员工是指综合运用所掌握的理论知识和实践技能，从事系统化知识工作的员工，他们能够为组织带来价值增值。知识型员工包括管理人员、研发与技术人员以及具有专业技能的销售人员、财会等支持类人员，其主要特征是教育程度较高、具备自我管理能力与创新能力、所从事的工作要求创新等（Drucker，2001；廖建桥和文鹏，2009；白贵玉，2016）。

德鲁克还指出，21世纪组织最有价值的资产是知识工作者及其生产率，且如何提升知识工作者的生产率是21世纪组织面临的最大管理挑战，企业以及其他组织的生存乃至国家的存亡都将取决于知识工作者生产率的竞争优势，而在工作中不断创新是决定知识工作者生产率水平的主要因素之一（Drucker，2001）。我国政府也高度

---

① 2020年度全球持有专利最多的前100家企业和机构［EB/OL］.https://www.163.com/dy/article/G0HB73D1053159A3.html.2021-01-17.

认识到创新的重要性，在党的十五届五中全会《中共中央关于制定国民经济和社会发展第十个五年计划的建议》中47次提及了"创新"，明确指出创新在我国现代化建设全局中具有核心地位，创新是高质量发展的第一动力，应强化企业的创新主体并激发人才创新活力。所以，在"互联网+"驱动数字经济背景下，特别是在当前新的国际政治经济形势影响下，全球产业链的重新调整分工，使得知识型员工创新对实现企业乃至国家发展战略具有决定性作用，因此，如何引导知识型员工在工作中从事企业期望的创新成为企业管理的重要课题。

（3）企业绩效薪酬实施现状及两个实践问题

通常，员工货币薪酬收入主要包括基本（固定）薪酬与绩效薪酬。其中，绩效薪酬，也称为绩效工资、绩效奖励，是指将薪酬与日常工作绩效联系起来的一种货币薪酬形式，绩效薪酬在员工货币薪酬中的比例称为绩效薪酬强度。尽管国内外实践界和理论界对绩效薪酬的作用存在争议，但理论与研究都表明，绩效薪酬对于组织效益具有至关重要的作用（Gerhart & Fang, 2015）。自20世纪80年代以来绩效薪酬逐渐成为组织广泛运用的一种薪酬形式（Gerhart, 2017），目前在我国企业、政府部门和事业单位也普遍实施了绩效薪酬（马君和马思夏，2018）。本研究的正式问卷调查与预调查[①]发现，"目前平均每月绩效工资收入占工资总额的比重"分布如下（预调查占比见括号）：在0~5%的占比4.3%（7.0%），在6%~15%的占比24.7%（29.0%），在16%~30%的占比39.8%（38.3%），在31%~50%的占比19.1%（18.7%），在51%~69%的占比9.7%

---

① 预调查和正式调查样本信息参见第五章，正式调查问卷参见附录F。

（6.1%），在70%~84%的占比0.5%（0.5%），在85~94%的占比1.4%（0.5%），在95~100%的仅占比0.5%（0）。以上数据表明，绩效薪酬构成了制造业和信息业样本企业知识型员工总薪酬收入中不可或缺的部分。

通常认为，绩效薪酬不同于创新奖励。创新奖励是组织专门对超出工作预期目标的创新性成果或创新性指标进行奖励，而绩效薪酬支付所依据的日常工作绩效指标中并没有明确的创新性指标（Byron & Khazanchi，2012）。本研究对我国制造业和信息业企业的管理人员与普通员工进行的半结构化访谈结论支持了这一观点。对于"公司在员工日常工作中设置创新指标吗？"[①]这一问题，绝大多数受访的管理者和员工表示：在员工日常工作绩效指标中没有设置创新指标。例如，在附录C列举的两家企业绩效考核指标范例中，BM园林工具制造公司研发人员绩效考核指标没有创新指标，仅将"专利"作为加分项；虽然XD信息技术公司自2012年开始倡导全员创新，并提出应"从'你要创新'转变为'我要创新'"，但在员工日常绩效考核中一直没有设置创新指标。受访人员解释其原因是"对于员工而言，最重要的是完成日常工作职责要求，所以在日常工作中难以设置合适创新指标"。此外，受访人员还表示，企业通过实施创新奖励办法，从而对超出工作预期目标的创新性成果进行奖

---

① 本项目组在2017—2019年，对北京、广州、深圳、大同、贵阳等我国东中西部地区企业进行了访谈调研。访谈企业主要以制造业和信息业企业为主，涉及的主营业务有：汽车零部件制造、炊具厨房电器制造、电缆制造、缝纫机制造、园林工具制造、装备制造、军工配件制造、电梯制造、智能技术、软件开发、高端制造工业互联网平台和物联网平台。受访人员主体是研发技术部、产品开发部和人力资源部等部门的中层管理人员以及普通员工，也包括几位高管人员。本研究员工访谈大纲与说明请见附录A。

励。例如，QA科技集团规定了创新成果的界定、申报与认定程序以及创新奖励的设置与管理（参见"附录D《QA科技集团创新奖励实施办法》摘要"）。但是，对于创新奖励，大多数受访人员表示，由于申报与认定程序较复杂，且奖励名额有限，因此通常将其看作锦上添花的意外收入，而不是常规性薪酬收入的一部分，相对而言，员工更看重常规性的绩效薪酬。

虽然访谈调研表明在日常工作中不设创新考核绩效指标，但是这并不意味着完成日常工作不需要创新、绩效薪酬与创新无关。实证研究也表明，员工创新与总体工作绩效有关（Gong et al., 2009），并对组织创新绩效有明显的影响（Amabile & Pratt, 2016）。在本研究访谈调研中，对于"员工完成日常工作绩效是否需要创新"，大多数受访人员表示：完成日常工作绩效目标，常常需要充分调动个人的积极性、主动性和资源，自己想办法，有时往往需要打破既有模式去创新地完成目标，而且这种情况在不断增多。此外，通过本研究正式问卷调查发现，样本员工对"创新对于您完成日常工作绩效的重要性"[①]回答的百分比分布是：很不重要的占比仅为3.8%，不太重要的占比为18.5%，一般重要的占比为42.5%，较重要的占比为23.4%，很重要的占比为11.8%。以上数据说明，近80%的样本员工完成日常工作绩效需要进行不同程度的创新。因此，知识型员工在工作中创新必然与其所看重的绩效薪酬收入是有一定联系的，而且由于创新在工作中的愈益常态化，这种联系倾向于越来越紧密。然而，创新是有风险的、不确定的，受访人员对绩效薪酬的风险性收入是否能体现创新的风险回报、绩效薪酬是否有助于激发员工创新

---

① 正式调查样本信息参见第五章，正式调查问卷参见附录F"问题二第8题"。

行为的看法并不一致。鉴于绩效薪酬是一把"双刃剑"的困境（杜旌，2009；Gerhart & Fang，2015）以及放弃绩效薪酬体系所导致的有目共睹的弊端（Gerhart，2017），应设计和实施怎样的绩效薪酬体系才能引导知识型员工的创新行为符合企业的期望，成为当前企业绩效薪酬体系面临的一个棘手问题。

此外，本研究在调研访谈时还获知，受访企业管理层一致认为，当前所面临的日益增强的全产业链、全方位及跨界竞争环境，使得企业对创新人才的竞争十分激烈；由于知识型员工自主性、流动性强，员工对薪酬制度有自己的选择倾向，那么绩效薪酬在总薪酬中的不同比例即绩效薪酬强度对于员工的意义也不同，"在招聘中有些员工愿意接受高绩效薪酬占比的薪酬体系，而有些员工更看重能够踏踏实实拿到手的工资"。那么，应如何设计绩效薪酬强度才能吸引富有创新能力的、敢于承担风险与挑战的员工？或者说，如何根据不同创新能力的员工对绩效薪酬的偏好来设置适度的绩效薪酬强度？这是当前企业亟须解决的另一个有关绩效薪酬与创新关系的重要问题。

2. 研究的理论背景

通过第二章的文献综述可发现，绩效薪酬、创新奖励是奖励与创新关系研究中最受关注的两种奖励形式。其中，创新奖励对创新行为有显著的正向影响，或者在一定边界条件下能够促进员工创新的研究结论获得较广泛的证实（Byron & Khazanchi，2012；Yoon et al.，2015a；李春玲等，2019）。相对而言，绩效薪酬对创新行为影响的研究结论目前仍存有较多争议（Byron & Khazanchi，2012；Malik & Butt，2017），因此更值得研究进一步探讨。而且，长期以来创新通常被看作单一维度的构想（Unsworth，2001；Gilson & Madjar，2011；Malik & Butt，2017），研究尚未关注主动–响应二元创新行为（Malik & Butt，2017）。然而，在不同的工作任务情形下，企业对主动–响应二元创新行为的需求不同（Unsworth，2001；Sung et al.，2017；Hwang & Choi，2020），主动–响应创新行为体现了互为矛盾的创新目标及任务（Gibson & Birkinshaw，2004），即员工个体创新行为的二元性。因此，本书聚焦于绩效薪酬对主动–响应二元创新行为的影响研究，以期获得理论上的突破。

此外，绩效薪酬既具有激励效应，又具有分选效应（Gerhart & Fang，2014；Lazear，2000）。已有有关绩效薪酬与创新的关系研究更多地关注绩效薪酬对创新行为的影响，即绩效薪酬对创新行为的激励效应，而对不同创新能力的员工个体与绩效薪酬偏好的关系，即在不同个体创新能力上的绩效薪酬分选效应研究极为匮乏。因此，研究也未能涉及绩效薪酬是如何通过分选效应和激励效应两种作用机制对创新行为产生影响。

综上，在"互联网+"驱动数字经济的背景下，企业提出的上述两个实践问题，对应了以往绩效薪酬与创新的关系研究上被忽视的两个方面，一是有关在创新能力上绩效薪酬的分选效应研究，二是有关绩效薪酬对主动–响应二元创新行为的激励效应研究。理论研究的缺失，也导致企业在如何发挥绩效薪酬的作用以形成富有创新能力的员工队伍及引导符合企业期望的员工创新行为的实践方面，缺乏理论指导。根据绩效薪酬的分选效应与激励效应，将以上两个方面连接起来构成了本书研究的中心主题，即绩效薪酬偏好通过分选效应与激励效应对创新行为的影响机理研究，这一研究具有非常重要的理论和实践价值。

1.1.2 研究意义

1.研究的理论意义

绩效薪酬通过分选效应和激励效应两种不同的机制对员工工作绩效产生影响（Gerhart & Fang，2014；Lazear，2000）。分选效应（Sorting Effect）是指不同的绩效薪酬安排和形式，可以通过吸引、选择和保留的过程来改变员工队伍构成和特征，从而对绩效产生影响，是一种间接的激励效应（Lazear，1986）。激励效应（Incentive Effect）是指在保持员工队伍特征不变的前提下，绩效薪酬通过驱动组织现有员工的工作动机，继而对其行为与绩效产生影响，是一种直接激励效应。也就是说，绩效薪酬不仅通过改变现有员工行为来提高绩效，而且可以通过改变现有员工是哪些人（如具备的能力与个性）来提高绩效。

创新能力是知识型员工拥有的重要个人特质或资源，在工作中不断创新是其生产率或绩效的重要体现，因此，通过绩效薪酬的分选效应，企业可以吸引、选择符合其创新能力要求的员工，继而通过绩效薪酬的激励效应来驱动员工的创新行为。由此，依据绩效薪酬的分选效应与激励效应，结合前述研究的理论背景，本书研究的理论意义主要体现在以下三个方面：

第一，创新能力对绩效薪酬偏好的影响研究展现了在创新能力上绩效薪酬的分选效应。长期以来，相对于绩效薪酬激励效应的研究，有关绩效薪酬分选效应的研究所受关注较少（Gerhart & Fang，2014）。其中，有关不同创新能力的个体对绩效薪酬偏好（选择）的研究，目前仅检索到Kachelmeier & Williamson（2010）

一篇相关研究文献，这也表明已有绩效薪酬与创新关系研究忽视了绩效薪酬的分选效应。因此，本书以个人－组织匹配理论和前景理论为理论基础，探讨不同创新能力的个体对绩效薪酬偏好的直接影响以及风险厌恶和绩效薪酬框架的调节作用，不仅推进了绩效薪酬分选效应的研究，也拓展了绩效薪酬与创新的关系研究。

第二，绩效薪酬对主动－响应二元创新行为的影响研究更清晰地揭示了自主－受控工作动机的双路径中介作用及其边界条件。有关绩效薪酬对创新行为影响的研究结论一直存在争议，其主要原因之一是已有绝大多数有关绩效薪酬对创新行为影响的研究仅将创新行为作为单一维度概念。Malik & Butt（2017）指出，对创新行为进行分类会推进这一领域的研究，而且二元创新行为的分类是创新研究非常有潜力的领域（Anderson et al., 2014）。虽然国内外学者提出了基于任务类型与工作动机的主动－响应二元创新行为的概念，但至今有关绩效薪酬与主动－响应创新行为的实证研究仍是空白。因此，本书基于期望理论、自我决定理论和调节焦点理论以及二元性的观点，探讨了绩效薪酬对主动－响应二元创新行为的自主－受控工作动机的双路径中介作用机制，以及促进－防御调节焦点的有调节的中介模型，能更清晰地揭示绩效薪酬对创新行为影响的心理活动路径及其边界条件，有助于推进绩效薪酬对创新行为的激励效应的理论研究。

第三，构建了知识型员工绩效薪酬偏好影响创新行为机理的理论路径模型。根据创新能力的绩效薪酬分选效应与绩效薪酬对创新行为的激励效应研究，本书创建了知识型员工绩效薪酬偏好影响创新行为机理的理论路径模型，即个体创新能力→个体绩效薪酬偏好→企业绩效薪酬→员工创新行为的传导机理的理论路径链接。本书借助于绩效薪酬强度这一变量，分别采用实验法、问卷调查法分两个阶段该对理论路径模型进行实证检验，从而对绩效薪酬与创新的关系做出了一定的突破性研究，并为其后这一领域研究提供了系统化的理论模型以及增加了实证研究文献。

2.研究的实践意义

在当前"互联网+"驱动数字经济和新的国内外政治经济形势下，本书的研究结论对我国企业如何运用绩效薪酬体系甄选富有创新能力的知识型员工，并激发其符合企业期望的创新行为，具有很强的指导意义，这将有助于帮助企业走出绩效薪酬"双刃剑"的困境，具体实践意义如下：

第一，有助于确立以创新为导向的绩效薪酬体系策略目标。本研究正式问卷调查[①]显示，在所列出的"最能激发工作创新的因素"的八个选项中（任选两项），选择奖金的样本员工占比约为70%，位居第一，并远高于晋升、学习新知识和技能等其他选项，而选择兴趣、工作自主性占比仅为10%左右，所以外在奖励是绝大多数知识型员工工作创新的第一驱动因素。而且，在当前日常工作中，创新将越来越趋于常态化的情境下，知识型员工在工作中创新必然与其绩效薪酬收入的联系趋向于紧密。因此，制定绩效薪酬体系的策略目标应以创新为导向，具体包括两个方

---

① 正式调查样本信息参见第五章，正式调查问卷参见附录F"问题二第9题"，69.6%的员工选择奖金，56.7%的员工选择晋升，23.1%的员工选择学习新知识和技能，10%左右的员工选择兴趣、工作自主性、发挥能力、荣誉称号等表彰，仅有1%的员工选择有益于他人。

面，一是基于绩效薪酬在创新能力上的分选效应，确立塑造富有创新能力的员工队伍的策略目标；二是基于绩效薪酬对创新行为的激励效应，确立支持企业引导主动－响应二元创新行为的策略目标。特别是本书的研究通过区分主动创新行为与响应创新行为，更清晰地展示了主动－受控工作动机的双路径中介作用机制在绩效薪酬对主动－响应二元创新行为的传导路径机理，可以帮助企业认清绩效薪酬对主动－响应创新行为的不同影响，消除在绩效薪酬实践中的迷茫与摇摆，坚定地确立以创新为导向的绩效薪酬体系策略目标。

第二，对企业实施适度的绩效薪酬构成策略具有重要的指导价值。在实践中，企业薪酬制度的两个关键策略是支付多少（How much to pay）和如何支付（How to pay），即薪酬水平策略与薪酬构成策略。以往的理论研究结论大多是有关薪酬水平策略的，应用于指导企业制定绩效薪酬水平策略，而缺乏对绩效薪酬构成策略有实操性的理论指导（Gerhart，2017）。前述企业提出的两个实践问题，均涉及绩效薪酬如何支付，即企业应设置何种程度的绩效薪酬强度，才能够吸引达到企业要求的创新能力的知识型员工，并有助于促进企业期望的创新行为。本书以绩效薪酬强度为测量变量的实证研究结论回答了上述两个实践问题，因而对企业设置合理的、适度的绩效薪酬强度给出了实操性很强的建议，从而对设计与实施企业绩效薪酬构成策略的实践具有重要的理论指导意义。

第三，为企业实施与绩效薪酬体系相配套的有效招聘提供了理论指导。根据本书实证研究结论，企业有效招聘策略应符合绩效薪酬分选效应与激励效应原理，如在招聘中运用创新能力、风险态度、调节焦点的测评手段；与候选人进行绩效薪酬沟通时，正确运用绩效薪酬框架效应，从而甄选出符合企业创新要求的知识型员工队伍，以发挥绩效薪酬体系所期望的引导创新行为的作用。

1.2 研究方法和研究思路框架

1.2.1 研究方法

本书采用逻辑演绎法和定量实证研究法。

1.逻辑演绎法

通过文献回顾，确定研究的概念、测量变量及变量之间的关系，基于个人–组织匹配理论、前景理论、期望理论、自我决定理论和调节焦点理论的逻辑推演，提出研究假设。

2.定量实证研究法

采用半结构化访谈法、实验法和问卷调查法获取研究所需数据资料，并基于实验数据和问卷数据采用统计分析工具对研究假设进行统计检验。

第一，半结构化访谈法。根据拟定的访谈大纲，对10余家制造业和信息业企业管理人员和员工进行半结构化访谈，获取绩效薪酬与员工创新实践现状的第一手资料，确定研究框架及研究模型的合理性与实践意义，并对研究变量测量量表在概念上、文化上和样本上的适用性进行审核，以进一步确定在实践中这些变量之间的关系与理论逻辑演绎是否一致。

第二，实验法。根据已有文献研究，选择符合研究需要的成熟的变量测量量表，以北京市某多科性大学（简称GS大学）高年级本科生和低年级研究生为被试，组织开展实验，获取实验数据。

第三，问卷调查法。根据已有文献研究，选择符合研究需要的成熟的、适合本土情境的变量测量量表，组织实施对我国东中西部地区制造业和信息业企业进行知识型员工问卷调查，建立研究所需的数据库。

第四，统计分析方法。本书使用的统计软件是SPSS21.0、AMOS23.0和Stata17.0，并运用以下统计分析方法：运用Cronbach's α 系数检验量表的信度；运用相关分析、有序Logistic回归分析和分组回归检验创新能力对绩效薪酬偏好的直接效应、风险厌恶和绩效薪酬框架效应的调节作用；运用验证性因子分析检验主动－响应创新行为、自主－受控动机、促进－防御焦点量表的区别效度；运用Harman单因素法进行共同方法偏差检验；通过相关分析、层次回归分析、MEDCURVE 宏插件和Bootstrap法来检验绩效薪酬对主动－响应二元创新行为影响的主效应、自主－受控工作动机的双路径中介作用、促进－防御调节焦点的调节作用及有调节的中介作用。

1.2.2　研究思路框架

本书研究的总体思路框架是根据上述逻辑演绎法和定量实证研究法而设计的，具体而言包括以下步骤。第一步，基于研究背景提出研究问题。阐述"互联网+"驱动数字经济背景下，知识型员工绩效薪酬偏好影响创新行为机理研究，在实践应用上和理论发展上的需要。第二步，理论建模，包括文献综述、研究的理论基础阐述及其逻辑推演。首先，通过文献的回顾，明确研究的主要概念、变量测量和研究变量之间的关系，基于研究启示构建研究的理论路径模型，并进一步细化研究问题与研究方法。其次，根据个人-组织匹配理论、前景理论、期望理论、自我决定理论和调节焦点理论的主要观点，对研究变量间的关系进行理论逻辑推演。最后，提出个体创新能力对绩效薪酬偏好的影响、绩效薪酬对主动-响应二元创新行为影响的研究假设和模型。第三步，实证分析。首先，设计个体创新能力对绩效薪酬偏好影响的实证分析过程，包括确定实验对象、实验任务、实验过程和变量测量量表，采用实验法收集研究所需要的数据，运用量化统计分析对研究假设进行检验。其次，设计绩效薪酬对主动-响应二元创新行为影响的实证分析过程，包括确定变量测量量表和样本来源，采用问卷调查法收集研究所需要的数据，运用量化统计分析对研究假设进行检验。第四步，研究结论的讨论与管理建议。对研究结论进行合理性解释与讨论，并基于研究结论提出"互联网+"驱动数字经济背景下，企业基于知识型员工绩效薪酬偏好，制定并实施适宜的绩效薪酬体系的管理建议，最后指出研究存在的不足并提出未来研究展望。本书研究的总体思路框架如图1.1所示。

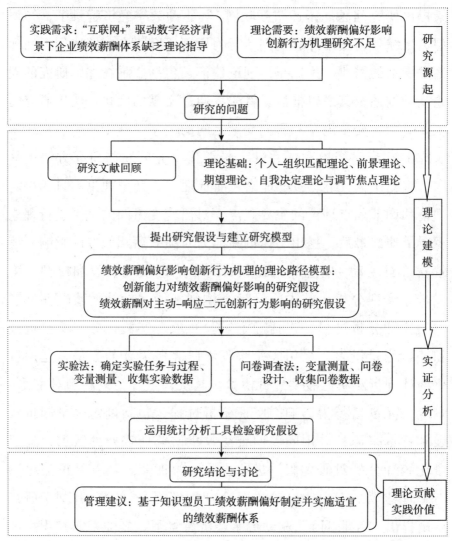

图1.1 研究的总体思路框架

1.3　研究内容和章节安排

1.3.1　研究内容

本书拟探讨以下三方面的研究内容：

1.创新能力对绩效薪酬偏好的影响研究

基于绩效薪酬偏好影响因素的研究文献，根据个人–组织匹配理论和前景理论，选取创新能力为自变量、绩效薪酬强度为因变量、风险厌恶和绩效薪酬框架为调节变量，运用实验室实验法，基于北京市 GS 大学高年级本科生和低年级研究生为被试的实验数据，通过相关分析、有序 Logistic 回归分析和分组回归分析，来检验创新能力对绩效薪酬偏好影响的主效应以及风险厌恶和绩效薪酬框架的调节作用，从而发现在创新能力上绩效薪酬的分选效应。

2.绩效薪酬对主动–响应二元创新行为的影响研究

基于绩效薪酬对创新行为影响的研究文献，根据期望理论、自我决定理论和调节焦点理论，选取绩效薪酬强度为自变量、主动–响应创新行为为因变量、自主–受控动机为中介变量、促进–防御焦点为调节变量，建立有调节的中介模型，运用问卷调查法，基于制造业和信息业企业知识型员工为样本的数据，通过相关分析、层次回归分析、MEDCURVE 宏插件和 Bootstrap 法，来检验绩效薪酬对主动–响应二元创新行为影响的主效应、自主–受控工作动机的双路径中介作用、促进–防御调节焦点的调节作用及有调节的中介作用，从而揭示绩效薪酬对主动－响应二元创新行为的激励效应。

3.制定并实施适宜的绩效薪酬体系研究

上述两方面的实证研究结论，支持了绩效薪酬偏好影响创新行为机理的理论路径模型。根据研究结论与理论路径模型，本书提出了"互联网＋"驱动数字经济的背景下，基于知识型员工绩效薪酬偏好，企业制定并实施适宜的绩效薪酬体系的管理建议，从而吸引、甄选符合企业创新能力要求的知识型员工，继而激发企业所期望的创新行为。

1.3.2 章节安排

本书共包括六章，具体章节安排如下：

第一章，绪论。本章阐述研究背景与意义、研究方法与思路框架、研究内容与章节结构以及研究创新与难点。

第二章，研究文献综述。本章对研究涉及的主要概念、相关变量测量及变量之间的关系进行全面系统的文献梳理与评述，并获取研究的理论价值启示，进一步明确研究问题和研究方法。

第三章，研究的理论基础。本章阐述了个人－组织匹配理论、前景理论、期望理论、自我决定理论和调节焦点理论的主要观点，并以这五个理论为研究的理论基础，对研究变量之间的关系进行逻辑演绎推论。

第四章，创新能力对绩效薪酬偏好的影响。首先，基于理论逻辑演绎推论与文献综述提出研究假设；其次，实验实证研究设计，包括明确实验目的、实验对象与实验任务，确定实验材料、实验过

程与变量测量、实施预实验与正式实验收集实验数据；最后，研究
假设的统计检验，包括描述性统计分析与相关分析、有序Logistic回
归分析和分组回归分析。

第五章，绩效薪酬对主动–响应二元创新行为的影响。首先，
基于理论逻辑演绎推论与文献综述提出研究假设并建立研究模型；
其次，实证研究设计，包括变量的测量、问卷设计、小样本预调查
收集数据、正式调查收集数据；最后，研究假设的统计检验，包括
量表的信效度和共同方法偏差检验、描述性统计分析和相关分析、
层次回归分析和Bootstrap法分析。

第六章，研究结论、管理建议与研究展望。本章归纳总结个体
创新能力对绩效薪酬偏好影响、绩效薪酬对主动–响应二元创新行
为影响的实证研究结论，并阐述这些结论支持了绩效薪酬偏好影响
创新行为机理理论路径模型。据此，本书提出企业基于知识型员工
绩效薪酬偏好制定适宜的绩效薪酬体系的管理建议，并指出本书研
究的不足与对未来研究的展望。

1.4　研究创新和难点

1.4.1　研究创新

1.理论研究创新

第一，创新能力对绩效薪酬偏好的影响研究，不仅丰富了绩效
薪酬分选效应研究，还拓展了绩效薪酬与创新的关系研究。具体而
言，本书首次以绩效薪酬强度为测量变量，研究证实了绩效薪酬在
创新能力上具有分选效应。此外，研究还表明风险厌恶在创新能力

与绩效薪酬偏好之间起负向调节作用，从而为以个体心理因素为边界条件的绩效薪酬分选效应研究提供了新见解。最后，研究还首次提出了四种绩效薪酬框架，并证实了这四种绩效薪酬框架在创新能力与绩效薪酬偏好之间的调节作用，从而为以制度因素为边界条件的绩效薪酬分选效应研究提供了新观点。

第二，绩效薪酬对主动 – 响应二元创新行为的影响研究，不仅推进有关绩效薪酬对创新行为的激励效应研究，而且也对外在奖励与创新行为关系的研究有所贡献。具体而言，本书摒弃了单一维度创新行为的观点，基于二元性视角，将主动与响应创新行为视为组织对员工二元创新的需求（Bledow et al.，2009），所发现的绩效薪酬与主动创新行为呈倒 U 型关系、与响应创新行为呈正 U 型关系，弥补了已有绩效薪酬对创新行为的研究缺陷，并推进了外在奖励与创新行为关系研究。此外，本书基于自我决定理论和二元理论的观点（Deci & Ryan，1985；Ryan & Deci，2017；Papachroni et al.，2015），将自主 – 受控视为既相互冲突又同源共生的两种工作动机。通过自主 – 受控工作动机的双路径中介作用，首次揭示了绩效薪酬的信息性与控制性对二元创新行为影响的受控动机内化的心理过程，以及过高的绩效薪酬控制性会导致缺乏动机，更清晰地展现了自主 – 受控工作动机的中介驱动机制的复杂性。这一研究不仅丰富了绩效薪酬对创新行为影响的中介机制的研究，而且增加了基于自我决定理论的自主 – 受控工作动机文献。最后，将特质型调节焦点作为调节变量建立了有调节的中介模型，揭示促进 – 防御调节焦点是如何调节自主 – 受控工作动机在绩效薪酬与主动 – 响应二元创新行为关系的中介作用的，从而对绩效薪酬与创新行为关系的边界条件研究有所贡献。

第三，构建的知识型员工绩效薪酬偏好影响创新行为机理的理论路径模型具有一定的理论突破价值。具体而言，本书首次构建的知识型员工绩效薪酬偏好影响创新行为机理的理论路径模型，搭建了绩效薪酬的分选与激励两种效应与员工创新关系的理论研究桥梁。该路径模型展现了知识型员工绩效薪酬偏好通过分选效应与激励效应对创新行为的影响机理，也就是说，通过不同创新能力个体对绩效薪酬偏好（强度）的选择，使企业可以通过绩效薪酬的分选效应吸引、保留那些达到其创新能力要求的员工，从而形成满足企业需要的知识型员工创新队伍，继而又通过绩效薪酬的激励效应来影响其创新行为。分别运用以高校学生为被试的实验法和以企业知识型员工为样本的问卷调查法进行的分段量化实证研究，在一定程度上支持了这一理论路径模型，从而对绩效薪酬与创新的关系研究做出了一定的理论突破。

2.实践应用创新

本书研究的实践应用创新体现在：为企业制定适度的绩效薪酬构成策略及与之匹配的有效招聘策略提供了可操作性的理论指导，从而形成符合企业要求的创新员工队伍，并引导企业期望的员工创新行为。一方面，研究结论可以指导企业设计符合自身创新要求的绩效薪酬强度，通过不同创新能力个体对不同绩效薪酬强度的选择以及实施有效招聘策略，来吸引和选择能够满足其创新要求的知识型员工；另一方面，研究结论可以指导如何设计绩效薪酬强度，即绩效薪酬激励强度，以确保绩效薪酬合理发挥信息性与控制性两种属性，激发主动-受控工作动机，从而引导企业所期望的员工创新行为。总之，本研究的实践应用创新价值体现在：为基于绩效薪酬偏好的可操作化变量绩效薪酬强度的研究结论，弥补了以往研究对绩效薪酬构成策略在理论指导上的缺失。

1.4.2　研究难点

第一，创新能力对绩效薪酬偏好影响的研究。有关绩效薪酬偏好与创新关系研究主要聚焦于绩效薪酬对创新行为的激励效应，即外在奖励对创新行为的影响一直是这一领域学术界研究的聚焦点，而在创新能力上绩效薪酬分选效应的研究几近空白。在初期研究框架设计时，拟遵从已有研究思路，将研究仅聚焦于绩效薪酬偏好影响创新行为上，摒弃创新能力对绩效薪酬偏好的影响研究。通过对企业的调研访谈，发现在创新能力上绩效薪酬分选效应是非常值得研究关注的，并通过进一步的文献梳理决定将创新能力对绩效薪酬偏好影响纳入研究。然而，相对于激励效应的研究，绩效薪酬分选效应研究文献也较为有限，这都给研究带来了困难。

第二，对个体创新的界定。近三四十年来，有关创新的研究非常受学术界的青睐，研究文献急剧增加，不同的研究者根据自身研究的需要来界定个体创新的概念并确定测量工具（Anderson et al.，2014；Malik & Butt，2017）。因此，对于创新研究者，一个关键的挑战是创新缺乏明确的定义，个体创新的概念存在多种观点，对其界定是一项复杂的工作（Malik & Butt，2017），从而给本研究造成一定的困难。在全面系统综述文献的前提下，通过对企业调研访谈和之前的研究成果积累，反复斟酌本研究目的与拟解决的有创新性理论和实践问题，本书才最终确定将创新能力、主动–响应二元创新行为作为个体创新的核心概念。

第三，研究数据资料收集。由于企业实施秘薪制，薪酬涉及企业敏感话题，对企业管理层与员工的访谈深度和问卷调查受到一定限制，致使获取研究数据资料存在一定的困难。虽然本研究积极与企业沟通，争取最大限度的理解与支持，但受制于获取数据资料的障碍，不得不对研究进行一些调整，不免留有某些遗憾，有待于未来继续研究探索。

第二章　研究文献综述

本章首先对研究的主要概念、研究变量测量进行了文献回顾与评述，确定知识型员工、绩效薪酬、绩效薪酬偏好、创新能力、创新行为、主动－响应二元创新行为、风险厌恶、绩效薪酬框架效应、自主－受控工作动机和促进－防御调节焦点的定义及变量测量；其次，对绩效薪酬的分选效应和激励效应共同作用进行了文献回顾，构建了本书研究的理论路径模型，并确定了研究方法；再次，综述创新能力影响绩效薪酬偏好的相关文献，并确立了相关研究变量间关系；最后，综述绩效薪酬影响创新行为的相关文献，并确立了相关研究变量间关系。

文献检索来源的国内外数据库主要有中国知网、百度学术、中国国家图书馆、Web of Science、EBSCO和Emerald。英文文献以权威SSCI期刊的高被引论文文献为主，也包含几篇非SSCI论文和博士学位论文。中文文献以CSSCI和北大核心期刊论文文献为主，也包括几篇非CSSCI、非北大核心期刊论文与博士学位论文。另外，还包括少量中英文著作。

2.1 研究概念综述

2.1.1 知识型员工

1.知识型员工的定义

德鲁克于1959年在其著作《已经发生的未来》(*Landmarks of Tomorrow*)中首次提出了Knowledge Worker这一术语,中文译为知识型员工、知识员工、知识工作者或知识工人。其中,知识型员工使用最多,且远多于其他三种译法,其次是知识员工,而知识工作者和知识工人使用很少(廖建桥和文鹏,2009)。本书以上述四种译法为关键词检索中国知网,截至2020年12月"知识型员工"检索到约7000篇文献,而居于第二的"知识员工"仅有1200多篇。因此,本研究采用知识型员工这一译法。

德鲁克在其多部著作中对知识型员工的定义进行了阐述,其主要观点如下:知识型员工是掌握、使用符号和概念并运用知识完成工作的人(Drucker,1959);知识型员工是全新思想的操作者以及受过高级培训、具有智慧的管理专家(Drucker,1969);知识型员工是掌握并能运用理论知识和操作技能从事系统化知识工作的技术人员和管理人员。知识型员工不同于生产流水线体力劳动者的根本点在于:前者是综合运用知识与技能通过自主地解决有挑战性的问题来完成较为复杂的系统化工作,从而对提升组织生产率、产品与服务质量做出贡献,而后者只是通过简单重复性动作完成既定的工作(Drucker,2001)。根据德鲁克的观点,其他国内外研究者也对知识型员工进行了界定,主要有:Davenport et al.(2007)认为知识型员工具备较高学历、技能和丰富的经验，其首要工作目标是创造、传播和应用知识；Carleton（2011）认为知识型员工是通过借鉴、调整和生产知识来完成可持续组织变革的，是组织发展的关键性因素；廖建桥和文鹏（2009）指出知识型员工是基于一定的知识储备从事创造、应用和传播知识的人；白贵玉（2016）认为知识型员工是指具有高等教育学历、掌握并运用知识从事与知识相关工作的人，通过生产、创造及扩展知识来实现组织知识资本的增长。

2.知识型员工的特征

德鲁克（Drucker，2001）归纳了知识型员工六个特征如下：在工作中具有自我管理能力、从事较为复杂的挑战性系统化工作、将不断创新作为其工作责任、需要不断接受教育与培训并指导他人、所拥有的知识是企业的资产、易于流动性（Drucker，2001）。此外，其他研究者也对德鲁克的观点进行了归纳与扩展。诸如，廖建桥和文鹏（2009）通过49篇国内外文献的高频词统计分析得出的知识型员工的八个特征分别是：自主性、受教育程度较高、创造性、组织的重要财富、无形劳动、知识和技能易过时、高度熟练、对职业的忠诚高于组织；徐鹏等（2016）认为知识型员工的主要特征是创造性强、自主性强、高自我价值追求。

根据以上特征，目前普遍认为，知识型员工包括管理人员、研发与技术人员以及具有专业技能的销售人员、财会人员等员工，他们通常拥有大专及以上学历（Drucker，2001；廖建桥和文鹏，2009；白贵玉，2016）。

3.研究启示

第一，确定知识型员工的定义。虽然前述学者们对知识型员工的界定较为宽泛，但有以下两点共识：一是强调知识型员工要具有专业化、系统化知识和技能，二是强调运用知识从事组织价值增值工作。因此，本书将知识型员工界定为综合运用所掌握的理论知识和实践技能、从事系统化知识工作的员工，他们能够为组织带来价值增值。

第二，明确知识型员工的特征与研究样本的选取。基于前述学者们的观点，本书提出知识型员工的七个特征表现为：受教育程度较高、具备自我管理能力、具有创新能力、工作要求不断创新、需要不断学习、流动性高、所拥有的知识是企业的资产。根据上述特征，本书实验研究的被试选取在校大学生和研究生，问卷调查样本选取具有大专及以上学历的企业管理人员、研发与技术人员、销售人员以及具有专业技能的财会、人力、法务等职能人员。

2.1.2 绩效薪酬与绩效薪酬偏好

1.绩效薪酬的定义与测量

（1）绩效薪酬的定义

绩效薪酬（Pay For Performance，PFP），也称绩效工资、绩效奖励（Performance-Contingent Rewards）、激励工资（Incentive Pay；Incentives）、浮动工资或变动工资（Variable Pay）。绩效薪酬是组织根据事先设定的日常工作绩效指标支付的货币奖励，与基本薪酬共同构成员工的常规性总货币薪酬，其主要形式有绩效加薪、年终奖、一次性奖金和利润分享计划等（Milkovich & Wigdor，1991；Gerhart，2017）。在当前以信息技术为主导的新经济下，个人绩效薪酬支付所依据的绩效评价指标是基于行为导向与结果导向指标的某种组合，以及以个人绩效为主、综合考虑团队绩效和组织绩效指标的某种组合，而不是采用仅以结果导向的个人绩效指标（Gerhart，2017）。

（2）绩效薪酬与创新奖励、参与奖励的联系与区别

在三者的联系上，绩效薪酬、创新奖励（Creativity-Contingent Rewards）和参与奖励（Engagement/Completion-Contingent Rewards）都被视为组织外在奖励形式（Byron & Khazanchi，2012；Malik & Butt，2017）。外在奖励（Extrinsic Reward）是指来自工作自身之外的报酬，如薪酬、带薪休假等货币奖励与非货币奖励形式；与此相对应，内在奖励（Intrinsic Reward）是指直接来自工作自身的报酬，通常表现为有意义、成就感、满意感和愉悦感（Yoon et al.，2015a）。外在奖励大多数是由组织直接控制和分配的，比内在奖励更为有形化，而内在报酬是由特定活动和任务的参与带来的，是个人的内在感受。所以，如果不特别指出，通常把组织提供的奖励等同于外在奖励（Byron & Khazanchi，2012）。虽然从广义上来看，三种外在奖励既可以是货币形式的，也可以是晋升、口头表扬与认可等非货币形式的，但通常将绩效薪酬限定为货币形式。

在三者的区别上，绩效薪酬是基于日常工作绩效指标进行奖励；创新奖励是指组织对特别设定的创新性指标进行奖励，而不是工作中其他方面的绩效指标；参与奖励或者称完工奖励，是指组织对参与任务或完成任务进行奖励。

（3）绩效薪酬的测量

绩效薪酬的测量可采用主观和客观两种变量形式。

第一，主观变量，即绩效薪酬感知。绩效薪酬感知（Perceived

Pay For Performance）是指员工对绩效与薪酬之间关联程度的主观心理感觉，Deckop et al.（1999）开发了包括三个题项的量表，其Cronbach's α 系数为0.71。该量表得到后续研究的支持（张勇等，2014；Zhang et al.，2015b；Zhang et al.，2015a），Cronbach's α 系数在0.73~0.83。

第二，客观变量，即绩效薪酬强度。绩效薪酬强度（Intensity of Pay for Performance）是指绩效薪酬在员工总货币薪酬中的比例，是衡量绩效与薪酬之间紧密程度的客观指标，反映绩效薪酬的激励强度（Incentive Intensity）（Gerhart et al.，2009；杜旌，2009；Conroy & Gupta，2016）。在总货币薪酬中绩效薪酬所占比例越高，绩效薪酬强度就越高，可将绩效薪酬强度划分为低、中和高三档（马君和马思夏，2018）。目前绩效薪酬强度测量有两种方式：一是绩效薪酬强度区间分布法。杜旌（2009）编制了一个题项来测量绩效薪酬强度，即将绩效薪酬强度从0~100%由低到高划分为八个区间，由员工回答其绩效薪酬占比在所在区间。张勇和龙立荣（2013a，2013b，2013c）、顾建平和王相云（2014）的研究采用了这一测量指标。二是个人自我报告法。即由员工直接报告其绩效薪酬在总货币薪酬收入的比重来测量绩效薪酬强度（刘智强等，2014）。

从绩效薪酬感知测量来看，不同个体对同一绩效薪酬强度这一客观指标的感知是不同的。有些个体可能在较低的绩效薪酬强度下就会产生较高绩效薪酬感知，而另一些个体可能需要在较高的绩效薪酬强度下才能产生较高的绩效薪酬感知，所以绩效薪酬感知这一主观指标能够较真实地反映绩效与薪酬之间的关联程度。然而，绩效薪酬感知作为主观变量，在实践中实操性欠佳，以该变量为依据进行绩效薪酬构成策略设计，最终需将绩效薪酬感知转化为相应的客观变量，落实在绩效薪酬强度或形式上。所以，相对而言，对于绩效薪酬构成策略的设计，绩效薪酬强度具有更强的实操性，而且绩效薪酬感知可通过其绩效薪酬强度偏好来体现。因此，本研究将绩效薪酬强度作为绩效薪酬的测量变量，具体采用绩效薪酬强度区间分布法（杜旌，2009）。

2. 绩效薪酬偏好的定义与测量

根据劳动经济学原理，绩效薪酬偏好（Pay for Performance Preference）是指个体对不同的绩效薪酬计划的自我选择，以实现其主观期望效用最大化（Cadsby et al., 2007; Fehrenbacher et al., 2017）。绩效薪酬计划的不同体现在绩效薪酬强度或绩效薪酬形式两个方面。

企业实施绩效薪酬的目的在于最大限度发挥其激励杠杆作用（马君和马思夏，2018）。由于支付给员工的薪酬总额是事先确定的，因此员工对绩效薪酬强度的选择更能体现对企业薪酬政策特征的评估。而且，不同薪酬形式也具有不同的激励强度，如对股票期权的选择实际上表明员工更偏好高强度绩效薪酬。此外，已有研究主要聚焦于薪酬形式偏好上，如固定薪酬、技能薪酬、职位薪酬或绩效薪酬等形式（Cable & Judge, 1994; Clugston et al., 2000; Lee et al., 2011），而对绩效薪酬强度偏好关注不足。因而，探讨绩效薪酬强度偏好具有实践应用和理论研究价值。绩效薪酬强度偏好的测量，根据马君和马思夏（2018）的建议，设置低、中、高三档以供选择。

3.研究启示

第一，确定绩效薪酬的概念及与相关概念的区别。绩效薪酬是指将薪酬与日常工作绩效联系起来的薪酬形式，其支付的依据可以基于个人绩效指标，也可以以个人绩效指标为主、兼顾团队和组织绩效指标的某种组合，但因其最终是向个人支付的薪酬，所以仍将其视为个人绩效薪酬。绩效薪酬与创新奖励、参与奖励都属于外在奖励形式，但是三者之间是不同的。绩效薪酬的支付依据并不包括创新绩效，创新奖励针对创新性指标进行奖励，参与奖励对参与任务或完成任务进行奖励；绩效薪酬仅采用货币奖励，而创新奖励和完工/参与奖励可以采用货币和非货币两种奖励形式。

第二，将绩效薪酬与绩效薪酬偏好的测量聚焦于绩效薪酬强度。在变量测量上，将绩效薪酬偏好和绩效薪酬一致起来，不仅为绩效薪酬偏好对知识型员工创新行为影响机理路径模型提供了共同的操作化概念基础，而且也使得研究结论更具有实践应用价值，可直接用于绩效薪酬构成策略的设计。

2.1.3 创新能力与创新行为

1.辨析 "creativity" 与 "innovation" 和界定创新能力

创新能力和创新行为来源于英文术语 "creativity" 与 "innovation"，而对 "creativity" 与 "innovation" 进行界定是一项复杂的工作，至今仍缺乏一致的看法（Malik & Butt，2017），因此首先需要对 "creativity" 与 "innovation" 进行辨析与界定。

自20世纪50年代以来，特别是近三四十年来，管理科学领域有关创新及其驱动因素的研究呈指数级增长，研究者从不同的视角对创新做出了多种界定（Anderson et al.，2014；Malik & Butt，2017）。在奖励与创新关系研究中，创新的英文以"creativity"为主，其次是"innovation"，有些研究使用前两个术语的衍生用法。从心理测量学来看，任何概念都需要进行明确的界定，并达到信度与效度的测量要求。因此，以下为更清晰、有区别地表述已有研究对这两个概念的界定及其测量，本部分在给出结论前有时使用其英文表达。在概念的界定上，"creativity"可以从人格特质或能力与过程或结果两个方面来定义（Amabile，1996；Malik & Butt，2017），而"innovation"通常仅从过程或结果来界定。

第一，从个体特质来界定。

英文更多地使用"creativity"，中文可将其译为创造力或创新能力，其衍生术语有"creative ability/skill""innovative ability/skill"。Guilford（1950）提出"creativity"是指富有创新特质的人具有的能力，这种创新能力在个体之间是不同的，并具有相对持久性，这一观点对其后的研究有很大的影响（Malik & Butt，2017）。Amabile（1996）的创造力成分理论（componential framework of creativity）对创新能力（creative skill）和创新行为（creative performance）进行系统的分梳，认为创新能力包括领域技能和创新技能，是创新行为的两个必要因素；领域技能包括该领域的知识、所需技能和特殊天赋，创新技能包括创造性认知风格、启发法和创造性工作风格，创新性人格特质体现在领域技能和创新技能上，不同的个体创新能力有水平或程度的差异。Choi et al.（2009）认为"creativity"可通过足够的经验和训练来提高或发展能力（competence）。从测量来看，由于有关"creativity"特质测量的有效性受到质疑，而且"creativity"最终都要通过创新性成果检验（Amabile，1996），因此目前普遍采用的操作化测量定义是，基于个体的思维过程或活动所产出的产品或结果是否具有新颖性和有用性为判定标准（Amabile，1996；贡喆等，2016）。

第二，从过程或结果来界定。

英文通常使用"creativity""innovation"，中文通常将其译为创新行为，但有时将"creativity"仍译为创造力，其衍生术语有"creative behavior/performance""innovative behavior"。目前有关"creativity""innovation"有以下两种观点。

第一种观点认为，虽然二者是有相互联系的概念，但二者之间有明确的区别。West & Farr（1990）认为，"innovation"是指组织、团队或个体有目的地引入和应用新的想法、流程、产品或程序。这一定义将"creativity"作为创意的产生从"innovation"中区分出来，后者包含了创意的实现。Shalley & Zhou（2008）、Rank et al.（2004）等也认为"creativity"是指产生新颖和有用的想法，而"innovation"既包括产生创意也包括实现创意两个阶段。Anderson et al.（2014）整合了已有观点，支持了两阶段论定义，并认为工作中的"creativity"和"innovation"是指试图开发和采用新的和改进工作方式的过程、结果和产品；第一阶段是"creativity"发生作用，即创意产生的过程，第二阶段是"innovation"，即以更好的程序、实践或产品来实现创意。Acar et al.（2019）也采用了这一观点。

第二种观点认为，二者之间的界限并不清晰。West & Farr（1990）认为在研究中"creativity"与"innovation"这两个术语可经常互换使用，其定义的区别可能更多的是侧重点的不同而不是实质上的不同。Paulus（2002）认为"creativity"不仅出现在"innovation"过程的早期阶段，而且是一个创意产生和实现的循环往复递进过程。Amabile & Pratt（2016）在修订的创造力和创新的动态要素模型中指出，虽然可将"creativity"和"innovation"视为同一过程中的不同部分，但"creativity"是"innovation"的模糊前端，也出现在这一过程的中间阶段。Malik & Butt（2017）总结了各种"creativity"的测量操作化定义可以从认知过程、态度或行为、结果进行界定，如界定为思考的过程（如发散性思考）、行为（如发现完成重复任务的新方法、符合质量或效用标准的新颖行为）或最终产品（如发明新机器）。其中，获得普遍共识的观点是将"creativity"界定为具有新颖性和有用性的结果，可以是产品、服务、程序或过程的任何一种产出形式（Amabile & Pratt, 2016）。而且，大多数"creativity"和"innovation"的研究者都认同这一观点（Acar et al., 2019）。与之相对照，"innovation"或"innovative behavior"被认为是一个复杂的过程，包括问题的发现与确认、获取支持和实现创新想法的产品化活动和行为（Scott & Bruce, 1994；Janssen, 2000）。由此可见，在研究实践中二者往往有相当大的重叠，并采用一个测量方法（Van Knippenberg, 2017），本书认同这一观点。

综上，目前对于"creativity"和"innovation"这两个术语的界定既存在分歧，也存在共识。从个体特质来界定，二者是不同的；从过程或结果来界定，本书认为二者之间的界限并不清晰，有很多交叉重叠，可互换使用。此外，"creativity"界定的特质观点和结果观点并不矛盾，只是从不同的视角进行界定。"creativity"可以定义为个体的创新能力，但考虑到测量的有效性，则采用结果论更为准确。本书根据研究的需要，在绩效薪酬的分选效应研究中采用创新能力这一术语及其定义，在绩效薪酬的激励效应研究中采用创新行为这一术语及其定义。

此外，虽然创新行为可以发生在个人、工作团队、组织的层面上，且已有研究从单一层面或交叉多层面都进行了探讨（Anderson et al.，2014；Malik & Butt，2017），但因为本研究的出发点是员工个人绩效薪酬偏好，且个体创新能力是创新行为的必要条件或影响因素（Anderson et al.，2014），所以本书限定于个人层面的创新能力和创新行为的研究。

2.创新能力的测量

有关创新能力的测量由来已久，形成了众多方法，目前在实验法研究中主要采用以下四种测量方法：发散思维测试、创造力成就测试、同感评估技术和顿悟测试，每种测量方法都有其优缺点。

第一，发散思维测试。发散思维是指高创新能力个体比普通个体更能从多个方面去思考与解决问题，被认为是创新能力最重要的体现形式，因而在创新能力测量中应用最广泛。Torrance（1972）的创造思维测试、Duncker（1945）的蜡烛实验等是发散思维测试的经典方法，至今仍在研究中使用。发散思维测试的不足是未能准确体现出创新能力的新颖性和适宜性，其计分存在受样本量误差干扰、受评定者标准影响使评分差异较大的问题（Amabile，1996）。

第二，创造力成就测试。创造力成就测试是基于已经存在的创新能力成就，如已证实的荣誉或成就、已认可的创造性产品，能够预测未来的创造力潜能。目前常用的自述创造力成就清单，如创造力行为清单、创造力成就问卷等，具有较好的信度（Silvia et al.，2012）。该测试的不足在于基于主观自评，极易造成共同方法变异的问题。

第三，同感评估技术。同感评估技术实际上是一种专家评价法，即根据该领域专家已达成共识的创新评价标准对产品或作品进行测评。该方法适用于实验室研究和工作场所研究，具有较好的信效度，缺点是容易产生评价者效应，应用成本高，评价过程烦琐、时间过长等（Amabile，1996；贡喆等，2016）。

第四，顿悟测试。该方法认为，创新能力体现在借助无意识的自动联想产生顿悟来解决模糊任务的能力，具有创新能力的个体能够凭借认知加工过程，如远距离联想、原型启发和思维重组等整合处理与目标相关的信息并解决问题。虽然有研究将该方法归为发散思维测量（肖微等，2016），但发散思维是在有意识地引导下对清晰问题提出解决方案，所以与顿悟测量有所不同（贡喆等，2016）。经典的顿悟测量是 Mednick（1962）远距离联想测试（Remote Associates Test，RAT）。该测试包含30个题目，每个题目由三个无关联的词语组成，要求被试者根据给出的三个词语的联想填入相关一个的新词。例如，光（light）、生日（birthday）、蜡（wax），与这三个词语相关的新词为蜡烛（candle）。对于中文远距离联想测试的较早研究始于2000年后的我国台湾研究者，目前已经开发了多个测量量表（张雨霖等，2016），但由于使用的语言习惯不同，台湾版的中文远距离联想测试并不适合我国大陆使用。我国大陆的研究开展较晚，李良敏等（2015）和肖微等（2016）分别根据Mednick（1962）改编了中文版远距离联想测试。李良敏等（2015）的量表包含30个题目，每一题目由三个线索字构成，每三个线索字都有一个目标字与其对应，而且能够与这三个线索字组成三个合法的双字词。例如，"婚、航、知"为线索词，目标字即答案是"通"。该量表以大学生为样本 Cronbach's α 系数为0.734。肖微等（2016）的

量表与Mednick（1962）规则一致，以中学生为样本的Cronbach's α
系数为0.92。目前对于远距离联想测试存在质疑，且研究偏少，特
别在国内应用很少，其效度有待检验。然而，远距离联想测试仍获
得较多研究的支持（Benedek et al.，2012；Lee & Therriault，2013；
Kleinmintz et al.，2019），并被认为能较好地预测聚合创新能力
（Gray et al.，2019）。总体上，中文远距离联想测试具有评分客观、
实施简便，且对个体创造力的评估有效性高的优点（Wu，2019）。
例如，Mednick（1962）和肖微等（2016）的量表答案具有唯一正确
性（贡喆等，2016），即使李良敏等（2015）的量表答案可以有多
个，但对答案的判断简便且正确率高。

3.主动 - 响应二元创新行为的定义——基于二元性的观点

长期以来，学术界将创新行为视为单一维度的个体自愿主动的
行为（Unsworth，2001；Parker & Collins，2010；Gilson & Madjar，
2011），已有的奖励与创新行为关系的研究也大都采用这一观点
（Malik & Butt，2017）。然而，忽略区分创新行为的类型是导致奖励
与创新研究结论出现混乱和矛盾的原因（Unsworth，2001；Gilson &
Madjar，2011），因而需要对创新行为进行分类才能推进奖励与创新
行为关系研究（Malik & Butt，2017）。

Anderson et al.（2014）指出基于二元性的观点来探讨创新研究
是非常有潜力的领域。二元性是指组织内部广泛存在的既相互冲突
又同源共生的因素，或者说，看似矛盾而又紧密相连且通常同时出
现的事物（Papachroni et al.，2015）。从二元性的视角来看，目前创
新行为分类大致有：按创新贡献的大小划分为渐进 - 突破式创新行
为（incremental vs. radical creativity）、按创新贡献的性质划分探索 -

利用性创新行为（exploration vs. exploitation innovation）（Jansen et al.,
2006；Turner et al., 2013；Gilson & Madjar, 2011；Anderson et al.,
2014；Papachroni et al., 2015），按任务类型和工作动机类型划分为
主动–响应创新行为（proactive vs. responsive creativity）（Unsworth,
2001；Sung et al., 2017）。以上三类二元创新行为都是互为矛盾的
创新目标及任务（Gibson & Birkinshaw, 2004），并可以从主动管理
和自我调节过程来解释（Bledow et al., 2009）。其中，主动–响应
创新行为的二元分类直接涉及激发创新行为的不同工作动机原因
（Unsworth，2001），而且也是概念上重叠最少且区分最清晰的两种
类型（Sung et al., 2017）。因此，本书认为，相对于其他两种二元
创新行为，主动–响应创新行为最直接地体现了绩效薪酬通过工作
动机的中介传导机制作用于结果，能更好地揭示绩效薪酬对创新行
为影响的作用机理。

　　Unsworth（2001）首次从封闭–开放式问题类型、内在–外在
工作动机类型两个方面，对主动–响应创新行为做了明确的划分与
界定。主动创新行为是指个体积极主动地寻找机会，对发现的问题
提出解决方案，即使手头没有具体的问题需要解决，也能提出进一
步改进的建议。响应创新行为是指个人基于对现有问题需求而提交
的创新想法的响应，或者是一种作为处理特定问题的反应性努力。
Sung et al.（2017）采纳了Unsworth（2001）的概念界定，进一步明
确了二者之间的区别：主动创新行为是自发的角色外行为，即没有
工作职责要求的行为，是由内在动机驱动的，而响应创新行为是迫
于外部压力而进行创新，是强制的角色内行为，即被工作职责要求
的行为。例如，销售人员通过仔细观察顾客复杂的反应，自发地提
出设计新产品或立即改善服务的创新想法时，就会表现出主动创新

行为。当工人根据工作职责要求每周提出改进生产流程的建议时，就会表现出响应创新行为。如果员工在没有任何外部要求或期望的情况下，自发地找出减少原材料浪费的方法，就是主动创新行为。

与主动-响应创新行为相类似，国内学者从工作动机视角提出了主动-被动创新行为的概念。主动创新行为是指员工基于一种自我驱动，自愿表现出创新行为，具有自发性、前瞻性、能动性等特征（赵斌等，2014；王丽平和唐培培，2015；杨皖苏和杨善林，2018；杨皖苏等，2019）。被动创新行为是指员工在组织环境的压力之下被迫进行的非自愿性创新行为，由受控动机来驱动，具有应对性、权宜性、职责性、服从性的特征（赵斌等，2015；杨皖苏和杨善林，2018；杨皖苏等，2019）。

以上国内外学者观点既有共识，也有分歧。两点共识体现在：第一，都基于工作动机来划分主动-响应创新行为、主动-被动创新行为。第二，都指出响应创新行为或被动创新行为的职责性、迫于压力的非自愿性特征。两点分歧体现在：一是划分的依据不同。主动-响应创新行为是基于问题或任务类型和工作动机类型两个方面划分的，而主动-被动创新行为仅基于工作动机类型进行划分。二是对两类创新行为的评价不同。国外学者侧重于强调主动-响应创新行为的二元性，即在不同的情境下，组织对主动与响应创新行为的需求不同（Sung et al.，2017；Hwang & Choi，2020），二者并无孰优孰劣之分。然而，国内学者倾向于认为相当多的被动创新行为是低效的，仅在某些情境下被动创新行为是有效的，因此应倡导主动创新行为（赵斌等，2015；杨皖苏和杨善林，2018）。长期以来，在创新领域研究中，对创新行为的评价存在"支持创新偏见"（pro-innovation bias），即假设所有创新都会产生积极的结果（Anderson et al., 2014；Hetland，2015）。虽然国内学者对被动创新行为的看法有助于打破"支持创新偏见"，但对主动创新行为的看法则又落入"支持创新偏见"的窠臼。相对而言，国外学者基于二元性对主动－响应创新行为的看法（Unsworth，2001；Sung et al.，2017；Hwang & Choi，2020），考虑不同情境下的创新以及创新如何与组织员工面临的工作任务相结合，在一定程度上跳出了"支持创新偏见"的窠臼，是创新领域最有前景的研究（Anderson et al.，2014）。

4.主动－响应二元创新行为的测量

Sung et al.（2017）开发了各包括5个题项、分别为单一维度的主动－响应创新行为量表，采用Likert七点计分。该量表以瑞典和韩国企业的全职员工为样本的区分效度和收敛效度通过检验，主动－响应创新行为的Cronbach's α系数分别为0.92和0.86。样本员工学历为大专及以上占近90%，涉及管理职能、销售、研发和生产岗位人员，因此该量表适用于知识型员工。此外，该量表还得到Hwang & Choi（2020）的研究验证。

国内学者分别开发了多维度的主动－被动创新行为量表。首先，赵斌等（2014）开发了包括22个题项六维度的主动创新行为量表。该量表的六个维度分别是渴望创新、思维准备、资源准备、不畏风险、克服困难和坚韧性，采用Likert七点计分，以科技人员为样本的六维度Cronbach's α系数分别为0.788、0.769、0.732、0.725、0.753和0.692，总量表Cronbach's α系数为0.876。其次，赵斌等（2015）开发了包括16个题项三维度响应创新行为量表。该量表三个维度分别是应付性、权宜性和服从性，采用Likert七点计分，以我国科技人员样本的三维度Cronbach's α系数分别为0.898、0.876

和0.830，总量表的Cronbach's α 系数为0.921。

此外，国内学者也有采用单一维度的主动-被动创新行为测量。有些研究直接采用已有的主动性行为量表来测量主动创新行为（王丽平和唐培培，2015；杨皖苏和杨善林，2018；杨皖苏等，2019），还有研究采用赵斌等（2015）量表的5个题项、作为单一维度量表测量被动创新行为，Cronbach's α 系数分别为0.817（杨皖苏和杨善林，2018）和0.809（杨皖苏等，2019）。

5.研究启示

第一，基于对"creativity"与"innovation"两个术语的辨析来界定创新能力与创新行为。从人格特质或技能角度，将"creativity"及其衍生术语译为创新能力，是指与创新行为相关的技能或能力，具体表现为领域技能和创新技能。从过程或结果角度，将"creativity"与"innovation"及其衍生术语均译为创新行为，而且在已有中文文献中这两个术语也常常混用，即产出具有新颖性和有用性的产品、服务、程序的过程中呈现的行为，该定义及奖励与创新行为的综述性研究文献Malik & Butt（2017）、Byron & Khazanchi（2012）的观点一致。此外，本研究关注的是个人层面的创新能力和创新行为。

第二，确定创新能力的测量方法。目前在实验法研究中，主要采用四种创新能力测量方法，每种测量方法都有其优缺点。本研究的目的是揭示不同创新能力的个体是如何对不同绩效薪酬强度做出选择的，在实验中根据高校学生被试完成真实任务绩效来支付真实报酬。根据本实验研究目的，对创新能力测量采用中文远距离联想测试，因为该测试不仅具有实验时长合理、判断标准清晰、准确率高的优点，而且对个体创新能力的评估有效性高（Wu，2019）。其中，李良敏等（2015）以大学生为被试的量表答案可以有多个，最符合本研究的需要，所以本研究采用该量表。

第三，明确了主动 – 响应二元创新行为定义与分类，并确定了测量量表。综合国内外学者已有观点和企业访谈，本书赞同基于二元性观点的主动 – 响应创新行为的分类与界定，以避免"支持创新偏见"。由此，主动创新行为是指个体对开放式问题如有待发现的、没有具体要求的问题，积极主动地提出并实施创造性想法解决方案；响应创新行为是指个体对封闭式问题如现有特定问题或外在要求做出回应，提交并实施创造性想法或解决方案。鉴于Sung et al.（2017）的量表得到了包括不同岗位人员、大专及以上学历员工样本的信效度检验，量表更为简明，因此本研究采用这一量表，并参考赵斌等（2014；2015）的量表对个别题项的表述进行了修改，以使其更符合我国基本国情。

2.1.4　风险厌恶

1. 风险厌恶的定义

Fischhoff et al.（1981）指出，古典决策理论认为风险是与特定选择相关的可能收益和损失在概率分布上的差异，风险偏好是个体愿意承担风险或避免风险的取向或态度。Chiles & Mcmackin（1996）指出风险偏好（risk preference）包括风险厌恶（risk aversion，又译为风险规避）、风险中性（risk neutral）和风险追求（risk seeking）三种类型，并对其做出相应的界定（Fox et al.，2015）。风险厌恶是指在预期确定利润不小于预期潜在利润均值的情况下，个体总是会倾向于确定利润前景。风险中性是指在预期变动利润的均值等于预期确定利润的情况下，个体在预期利润不确定的前景和确定前景之间保持中立。风险追求是指在预期变动利润的均值大于预期确定利润的情况下，个体总是会倾向于变动利润的前景而不是确定利润的前景。此外，风险与不确定性（uncertainty）是有区别的，不确定性是指可能收益和损失的概率是未知的（Chiles & Mcmackin，1996）。

传统经济学将风险偏好视为外生同质的，假定个体是风险中性的或风险厌恶相同，并将风险偏好视为个体稳定的人格特质；而行为和实验经济学假设风险偏好是内生的，个体具有不同的风险偏好，风险偏好受社会情境的影响会发生变动（Sitkin & Pablo，1992），这一观点获得大多数研究的支持（左聪颖和周业安，2013）。实验经济学对风险偏好的测量通常采用风险厌恶测量方法（Anderson & Mellor，2009），按风险厌恶的程度划分为低风险厌恶、中风险厌恶和高风险厌恶三种类型（左聪颖和周业安，2013）。在实验法实证研究中，一般使用风险厌恶概念和变量测量。

2.风险厌恶的测量

常见的风险厌恶测量方法有博彩决策实验测量和问卷量表。其中，Holt & Laury（2002）开发的多元有序博彩决策测量，被认为是风险态度测量的"黄金准则"，应用十分广泛，其外部效度也得到普遍验证（Anderson & Mellor，2009），因此以下主要介绍 Holt & Laury（2002）测量方法。

Holt & Laury（2002）开发的博彩决策（the ten-paired lottery-choice decisions with low payoffs）的做法是，被试者依次在十轮包含

了选择 A 和选择 B 的两对彩票中做出决策。在十对彩票中，选择 A 是相对安全的，高收益为 2 美元、低收益为 1.6 美元，收益波动不大，选择 B 则是相对冒险的，高收益为 3.85 美元、低收益为 0.1 美元，收益波动较大。从第一轮到第十轮，A 模式和 B 模式高收益的概率由 1/10 逐渐提高到 10/10，低收益的概率由 9/10 逐渐降低到 0。

其他的博彩决策实验测量还有 Binswanger（1980）开发的有序博彩决策测量，Harrison et al.（2005）基于对 Holt & Laury（2002）的改良开发了转折多元价格博彩决策测量工具，另外还有其他研究者也对 Holt & Laury（2002）做了改良，但每种测量工具都有其优缺点。在绩效薪酬分选效应研究中，Cadsby et al.（2007）、Eriksson et al.（2009）、Bellemare & Shearer（2010）、Dohmen & Falk（2011）、Fehrenbacher & Pedell（2012）、Fehrenbacher et al.（2017）都采用 Holt & Laury（2002）的测量方法，我国研究者贺伟和龙立荣（2011）在 Holt & Laury（2002）的基础上，对博彩决策方法也做了本土化改良，并在后续研究中得到应用（丁明智等，2014a，2014b；张浩和丁明智，2017）。

此外，问卷量表测量主要有：Cable & Judge（1994）基于 Slovic（1972）与 Gomez-Mejia & Balkin（1989）的量表，编制了 6 题项量表，采用 Likert 五点计分，其 Cronbach's α 系数为 0.72；Cornelissen et al.（2011）采用 2004 年德国社会经济小组对风险容忍度的单一题项测量；Goktan & Saatloglu（2011）采用不确定性规避的单一题项测量。

3. 研究启示

本研究认为，风险厌恶程度可以反映个体愿意承担风险或避免风险的取向或态度，并依据行为和实验经济学假设风险偏好是内生的，个体的风险厌恶具有异质性；由于 Holt & Laury（2002）开发的博彩决策是风险态度测量研究的"黄金准则"，在国内外研究中都有广泛的应用和外部效度，而且在绩效薪酬分选效应研究中也得到应用，因此本研究采用贺伟和龙立荣（2011）本土改良版的 Holt & Laury（2002）博彩决策测量。

2.1.5　绩效薪酬框架效应

1. 绩效薪酬框架效应的定义

Tversky & Kahneman（1981）指出，框架效应（framing effect）是指使用不同语义来表述结果的相同决策方案会使个体做出不同的决策行为。换言之，框架效应是指面对相同经济结果而语义表述不同的方案，基于所选取的不同参照点，个体通过损益心理计量过程而产生的不同心理框架。在收益框架下，个体表现出较高的风险厌恶倾向而选择较保守的决策方案；在损失框架下，个体表现出较高的风险追求倾向而选择较冒险的决策方案。这两种框架效应已获得一些研究的支持（Fiegenbaum，1990；Fiegenbaum & Thomas，1988）。

基于框架效应的定义，本研究认为，绩效薪酬框架效应是指使用不同的绩效薪酬支付语义来表述相同金额支付方案，会使个体选择不同的绩效薪酬方案。

2. 绩效薪酬框架的类型

绩效薪酬框架有不同的类型。其中，最常见的类型是收益框架和损失框架。具体而言，在绩效薪酬体系下，根据支付总薪酬表述方式的不同，可分为收益框架和损失框架，收益框架是基本薪酬加绩效薪酬，损失框架是从预定的总薪酬收入中扣除绩效薪酬（丁明智，2014a；贺伟和龙立荣，2011；陈叶烽等，2020）。

此外，由于绩效评价指标是绩效薪酬的支付依据，因此对相同评价指标的不同表述形成了薪酬框架效应。绩效评价有两种形式，即绝对指标和相对指标（relative vs. absolute）。绝对评价指标是事先确定一个客观固定的阈值（指标值）。相对评价指标是设立某个个人绩效与他人绩效相比较的阈值，该阈值是相对变动的（Hollensbe & Guthrie，2000；Conroy & Gupta，2016；Balakrishnan et al.，2020）。由此，可设立绝对标准和相对标准两种绩效薪酬形式。本研究将获得绩效薪酬的最低标准设定为经过事前测量的平均绩效水平，无论是绝对指标还是相对指标，除了语义表述的不同，绩效指标值实际上是相同的，由此形成了绩效薪酬绝对标准框架与相对标准框架。

3.研究启示

本研究基于框架效应的定义对绩效薪酬的框架效应做出界定，并根据总薪酬支付和绩效评价指标表述方式的不同，首次提出四种绩效薪酬框架，分别是收益+绝对标准框架、收益+相对标准框架、损失+绝对标准框架、损失+相对标准框架。有关绩效薪酬框架的测量，将在第四章综合绩效薪酬偏好、付酬水平与目标绩效标准三个方面进行设定。

2.1.6 工作动机

1. 工作动机的定义

自我决定理论（self-determination theory）将工作动机（work motivation）划分为三种形式，内在动机（intrinsic motivation）是指出于自身兴趣和活动乐趣而从事活动；外在动机（extrinsic motivation）是指出于活动所带来的其他结果而从事活动；去动机（amotivation）是指缺乏从事活动意图。其中，根据外在动机的自主性差异，将其分为外部调节、内摄调节、认同调节、整合调节四个调节过程；认为内在动机主要由内部调节这一调节过程构成。具体而言，外部调节（external regulation）指个体的行为是由于外部工具性如奖励或惩罚等需要而进行的；内摄调节（introjected regulation）指个体对外部规则处于吸收、还没有被完全同化中，为维护自尊，避免内疚、焦虑等心理从而做出某种行为；认同调节（identified regulation）指个体认同工作活动的价值，认为工作是有意义的；整合调节（integrated regulation）指外部动机完全内化，所从事活动的意义符合自己的价值观；内部调节（intrinsic regulation）指个体行为是出于自身内在兴趣、好奇而进行的。这些调节过程与从控制到自主的连续变化的行为相关，呈现一种递进的连续体（Ryan & Connell，1989；Ryan & Deci，2017），因此依据不同的调节过程，外部调节、内摄调节构成了受控动机（controlled motivation），认同调节、整合调节和内部调节构成了自主动机（autonomous motivation）（Deci & Ryan，2008；Ryan & Deci，2017）。自主动机指的是个体出于自愿的意志感和对行为认可而从事活动，个体行为是完全自愿的；相反，受控动机意味着个体行为完全出于感知到的压力而参与活动，个体行为是受控制的（Vansteenkiste et al., 2004；Deci & Ryan, 2008；Gagné & Deci, 2005；Ryan & Deci, 2017）。

2. 工作动机的测量

由于通常很难从心理测量学上区分整合调节和认同调节两个变量（Gagné et al., 2010），较多研究将整合调节与认同调节合并进行测量，因此在测量上自主动机由内部调节和认同调节构成，受控动机由外部调节和内摄调节构成，并已开发多种版本的工作场所工作动机量表，其中研究应用较多的有以下几种。

第一，Tremblay et al.（2009）编制了18题项的工作动机量表，包含内部调节、认同调节、内摄调节、外部调节和去动机。该量表采用likert七点计分，Cronbach's α 系数达到0.7以上。第二，Gagné et al.（2010）的工作动机量表（Motivation at Work Scale，MAWS）基于Deci & Ryan（1985a）的内在动机、认同调节、内摄调节和外部调节四种动机类型，编制了英文和法文两种语言的12题项的量表，四种工作动机分别包含3题项。该量表采用likert七点计分，其Cronbach's α 系数分别为0.91、0.84、0.77、0.75。第三，Gagné et al.（2015）基于对Gagné et al.（2010）工作动机量表的修订，编制了19题项多维度工作动机量表（Multidimensional Work Motivation Scale），包含内部调节、认同调节、内摄调节、外部调节和去动机。该量表采用Likert七点计分，内部调节和认同调节分别为3题项，内摄调节和外部调节分别为4题项和6题项，去动机3题项，样本涉及英国、法国、荷兰、德国、挪威、中国、印度尼西亚等九个国家七种不同语言的MBA学生、高科技企业员工、政府职员和企业员工共3435人，统计检验表明除了德语量表的认同调节、内摄调节

Cronbach's α 系数为0.65、0.55之外，其他六种语言量表的五个维度Cronbach's α 系数都在0.70~0.94，说明在多个国家、多种语言情境下该量表的信度较高。

3.研究启示

有关工作动机的概念定义已达成共识，而对其进行测量的量表有多种，其中Gagné et al.（2015）量表的信度得到多个国家和多种语言情境下的验证。在中文语境下，内部调节、认同调节、内摄调节和外部调节的Cronbach's α 系数分别为0.89、0.88、0.88和0.77，说明该量表具有较好的中国文化和样本上的适用性。因此，本研究采用该量表的内部调节、认同调节、内摄调节和外部调节四个维度共16题项来测量工作动机。

2.1.7 调节焦点

1.调节焦点的定义

调节焦点理论（regulatory focus theory）认为，可以根据个体追求目标实现的积极或消极两种不同的自我调节形式，将调节焦点划分为促进焦点和防御焦点。促进焦点（promotion focus）是指更专注于满足自己的理想和抱负，采取积极进取的方式来实现目标，对积极结果敏感；防御焦点（prevention focus）是指更注重满足他人的期望和履行相关义务，采取消极回避的方式来实现目标，对消极结果敏感（Higgins，1997）。调节焦点不同的个体可能会对同一事物产生不同的感知，揭示了个体在目标实现过程中的自我调节倾向，进而对行为结果的差异性表现。

Higgins（1997，2000）、Brockner & Higgins（2001）和Manczak et al.（2014）指出了调节焦点有两种属性：一种是特质型调节焦点，表现为长期稳定人格特质，另一种是情境型调节焦点，处于即时、可变的状态。由于特质型调节焦点具有稳定且不易受到周围环境变化的影响，而情境型调节焦点则根据特定环境的变化而发生变化，因此在已有实证研究中通常将特质型调节焦点作为调节变量，而将情境型调节焦点作为中介变量（曹元坤和徐红丹，2017）。通常，调节焦点被看作一种长期倾向（chronic disposition）（Johnson et al.，2015），因此本研究将调节焦点作为调节变量，以下主要综述特质型调节焦点的相关研究。

2. 调节焦点的测量

目前有关特质型调节焦点量表较为经典的主要有两种：一是Higgins et al.（2001）编制的调节焦点问卷（Regulatory Focus Questionnaire，RFQ）。该量表的促进焦点包含6个题项，防御焦点包含5个题项，共11个题项，采用likert五点计分，量表的Cronbach's α系数分别为0.73、0.85，其重测Cronbach's α系数分别为0.79、0.81。二是Lockwood et al.（2002）编制的通用调节焦点量表（General Regulatory Focus Measures，GRFM）。该量表的促进焦点、防御焦点分别包含9个题项，共18题项，采用Likert九点计分，量表Cronbach's α系数分别为0.81、0.75。

对于以上两种量表，Gorman & Meriac（2012）对77项研究进行元分析发现，其中30项研究采用了GRFM量表，15项研究采用了RFQ量表；GRFM量表和RFQ量表的促进焦点的Cronbach's α系数均值分别为0.82和0.70，GRFM量表和RFQ量表的防御焦点的

Cronbach's α 系数均值分别为0.82和0.80。由此可见，一方面，这两种量表信度良好，并得到广泛应用，且相对而言，GRFM量表应用要比RFQ量表更广泛、信度上也略高。另一方面，这两种量表都有其不足：RFQ量表通过测量个人过去经历的成败，以此反映个体的调节焦点，但对于成人而言，儿童时期的经历距今较久、记忆模糊会导致测量不准确；GRFM量表测量的是榜样对个体的影响，关注目标实现程度及为实现目标而采用的策略，该量表多应用于学生样本。

这两种量表在我国研究中也有应用。采用RFQ量表的研究主要有：何伟怡等（2016）以我国城市设计院的工程设计员工为样本的促进焦点和防御焦点的Cronbach's α 系数分别为0.83和0.74，Wang et al.（2017）以我国某高校大学生为样本的促进焦点和防御焦点的Cronbach's α 系数分别为0.64和0.62。采用GRFM量表的研究主要有：李明军等（2016）以我国西部某中小学教师为样本的促进焦点和防御焦点的Cronbach's α 系数分别为0.78和0.70；周洁等（2020）以我国国防科研人员为样本的促进焦点和防御焦点的Cronbach's α 系数分别为0.85和0.84；Zhou et al.（2012）对GRFM量表进行了改编，开发了7个题项调节焦点量表，其中促进焦点包含4个题项，防御焦点包含3个题项，采用likert九点计分，以我国制造业企业的生产、销售、物流、财务和人力等多个部门员工为样本的Cronbach's α 系数均为0.69；雷星晖等（2015）采用Zhou et al.（2012）改编的GRFM量表，以我国杭州民营制造企业领导与下属的匹配数据为样本的促进焦点和防御焦点的Cronbach's α 系数分别为0.751和0.715。

3.研究启示

有关调节焦点的界定已达成共识，调节焦点包含特质调节焦点与情境调节焦点两种属性，并通常被视为一种个体长期特质，在已有实证研究中通常将特质型调节焦点作为调节变量。因此，本研究采用特质调节焦点的界定，并将其作为调节变量来探讨绩效薪酬与主动-响应二元创新行为之间关系；在两种常用的特质型调节焦点量表中，本研究选择 Zhou et al.（2012）改变后的 Lockwood et al.（2002）GRFM 量表，该量表强调了工作情形，并得到以我国企业多种岗位员工为样本的信度检验支持，因此具有较好的中国文化和样本适用性。

2.2 绩效薪酬的分选效应和激励效应研究综述

绩效薪酬分选效应研究源自学者们观察到薪酬合同对员工行为或绩效的激励中包含分选效应的共同作用（Gerhart & Fang，2014），因而其研究晚于激励效应。从绩效薪酬的分选效应与激励效应视角来看，创新能力对绩效薪酬偏好的影响体现了分选效应，绩效薪酬对创新行为的影响体现了激励效应。从已有研究来看，绩效薪酬的激励效应一直是薪酬与员工行为或态度关系研究的重点，这一研究领域积累了大量的研究文献；与此类似，绩效薪酬、创新奖励等外在奖励对创新行为的影响研究也一直是奖励与创新关系研究重点，而且通常将二者视为一体，其研究文献也相对丰富，将在本章 2.4 节中进行综述；然而，有关绩效薪酬分选效应的研究一直极为有限（Gerhart & Fang，2014），其中个体创新能力上的绩效薪酬分选效应研究更罕见，本研究仅检索到 Kachelmeier & Williamson（2010）一篇相关文献，因此创新能力对绩效薪酬偏好影响研究要借助于绩效薪酬分选效应的研究。本节首先对绩效薪酬的两种效应进行界定，其后对分选效应文献概况以及两种效应的共同作用研究进行综述，并将在本章2.3节中对绩效薪酬偏好影响因素进行综述。

2.2.1 绩效薪酬的分选效应和激励效应的界定

绩效薪酬通过两种不同的机制对员工绩效产生影响，即分选效应（sorting effect）和激励效应（incentive effect）（Gerhart & Fang，2014；Lazear，2000），如图2.1所示（Gerhart & Fang，2014）。分选效应是指不同的绩效薪酬安排和形式，可以通过吸引、选择和保留的过程，改变员工队伍构成和特征而对绩效产生影响，是一种间接的激励效应（Lazear，1986）；激励效应是指在保持员工队伍特征不变的前提下，绩效薪酬通过驱动组织现有员工的动机继而对其行为或绩效产生影响，是一种直接激励效应。也就是说，绩效薪酬不仅可以通过改变现有员工的态度和行为来提高绩效，而且可以通过改变现有员工的特征（如能力、个性）来提高绩效，或者说，不同特点的绩效薪酬制度所吸引和保留的员工可能具有不同特征，继而绩效薪酬制度又对这些特定员工的绩效产生影响。

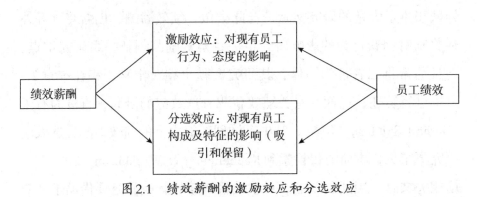

图2.1 绩效薪酬的激励效应和分选效应

2.2.2 绩效薪酬分选效应研究文献概况

1.文献检索筛选

本研究遵循以下文献检索筛选程序和标准：首先，以"sorting effect"与"pay""compensation"为题名或关键词的组合词检索英文文献，以"分选效应""选择效应"与"薪酬"和"工资"为题名或关键词的组合词检索中文文献。其次，对已检索文献所引用的参考文献，进行追踪式搜寻，以避免遗漏相关文献。最后，限定时间与期刊。国外有关薪酬分选效应研究出现于20世纪80年代（丁明智等，2013；Gerhart，2017），因此将文献时间限定为1980—2020年；英文以SSCI期刊文献为主，包含少量非SSCI文献，中文以CSSCI和北大核心期刊文献为主，包括少量非CSSCI和非北大核心期刊。按上述文献筛选程序和标准，对国内外主要学术数据库进行检索，共获取45篇论文。

2.文献概况

从文献类型来看，在这45篇论文中，实证研究论文35篇、理论论证论文7篇、文献综述论文3篇；在实证研究论文中，英文28篇、中文7篇；理论论证全部是英文文献；在文献综述论文中，英文1篇、中文2篇。总体上，英文文献36篇、中文9篇，并以实证研究文献为主。

从文献发表时间来看，英文文献在20世纪八九十年代累计7篇，2000—2020年约20年间为30篇，而中文文献均出现在2010年后。由此可见，国外研究有关绩效薪酬分选效应研究已有40年，并在近20年受到更多的关注，国内研究近10年才受到关注，中文文献数量极为有限。

从实证研究采用的研究方法来看，英文文献中以大学生和企业员工为被试的实验研究分别为15篇和2篇，共17篇，以大学生或企业员工为样本的问卷法和采用数据库数据的研究分别为6篇和5篇，共11篇；中文文献中有5篇采用以大学生为被试的实验法、2篇采用问卷法；此外，上述实验法文献基本上都采用了真实任务实验法。由此可见，采用以大学生为被试的真实任务实验法是绩效薪酬分选效应的主流研究方法。

从实证研究运用的理论基础来看，主要涉及了心理学和经济学两大学科，心理学理论有个人-组织匹配理论、需求层次理论和期望理论等，经济学理论有代理理论、信号理论、前景理论、行为决策理论和锦标赛理论等。这两大学科在研究中对个体差异的看法不同，心理学认为个体具有多方面的差异；侧重员工个体层面研究，而经济学注重度量平均效应，个人层面仅关注能力差异，侧重组织层面研究，并且在区分分选效应与激励效应研究上过于直白、简略。因此，本研究综合心理学和经济学的理论，以个人-组织匹配理论、前景理论作为创新能力对绩效薪酬偏好影响的理论基础。

从实证研究内容来看，绩效薪酬的分选效应研究可划分为两类。一类是研究分选效应与激励效应的共同作用。此类研究文献有18篇，约占全部实证研究文献的一半；其中，12篇文献研究表明存在分选与激励两种效应的共同作用，另有6篇文献探讨了分选效应与激励效应的分解。另一类是仅研究分选效应的影响因素，即探讨有哪些因素以及这些因素是怎样影响绩效薪酬偏好（选择）的，此类研究文献共16篇。另外，部分研究两种效应共同作用的文献也会涉及绩效薪酬偏好影响因素的研究，本章将在2.3节对之进行系统综述。

2.2.3 绩效薪酬的分选效应与激励效应的共同作用

1. 存在分选与激励两种效应的研究

Chow（1983）以大学生为被试的实验研究表明，技能越高的个体越倾向选择预算工资制；反之，越倾向选择固定薪酬制。而且，薪酬制度的自我选择可以影响薪酬制度的激励效应，相较于固定薪酬制，在绩效薪酬制下个体的绩效更高。Waller & Chow（1985）以大学生为被试的实验研究表明，个体的绩效能力与其选择绩效薪酬激励程度存在正相关关系，选择高绩效激励薪酬合同的个体绩效高于选择低绩效激励薪酬合同的个体绩效，但在控制个体的绩效能力下，选择高绩效激励薪酬合同的个体绩效与选择低绩效激励薪酬合同的个体绩效没有区别。Montmarquette et al.（2004）以合并后大型制药公司的经理人员和法国大学生为被试的两个实验研究表明，不仅合并后固定薪酬、个人奖金和团队奖励的变化会影响绩效，而且合并前公司薪酬制度的分选效应会对合并后经理人员的绩效产生影响。Cornelissen et al.（2011）以德国社会经济委员会家庭调查数据库的私营部门工人为样本的研究表明，能力更强、风险容忍度更高的工人倾向于选择绩效薪酬，在控制收入之前，绩效薪酬下的工人工作满意度更高；在控制收入后，绩效薪酬与固定（计时）薪酬下的员工工作满意度相同，而绩效薪酬下的风险容忍度较高的员工通常会表现出更高的工作满意度。Dohmen & Falk（2011）以波恩大学的本科生和研究生为被试的实验研究表明，相较于在固定薪酬下，在计件薪酬和锦标赛薪酬两种绩效薪酬形式下个体的产出更高，这种产出差异只有部分可以由个体动机解释，更多的则是来自分选效应，且能力越高的个体越有可能选择两种绩效薪酬形式。Trevor et al.（2012）以国家冰球联盟球员的公开数据为样本的研究表明，在工作具有相互依赖的情形下，相对于较低薪酬差距，较高薪酬差距的团队会吸引并留住更多高工作投入的球员，薪酬差距存在分选效应，这种分选效应可以提高团队绩效。Belogolovsky & Bamberger（2014）以以色列大学生为被试的实验法检验了在不同的绩效薪酬制度特征下，薪酬保密的激励效应和分选效应的有调节的中介模型，研究结论表明，薪酬保密对任务绩效有负向影响，绩效薪酬感知在二者之间起中介作用，而且，当绩效薪酬确定标准是相对的时候，这种影响会加大；而当绩效评价是客观的时候，这种影响会减弱。薪酬保密对个体（尤其对高绩效者）的留职意愿（分选效应）也有负向影响，在薪酬确定标准是相对的时候增强，而在绩效评价是客观的时候减弱。Shaw（2015）以美国1000家杂货商店全职员工的问卷调查数据为样本的研究表明，薪酬差距具有分选效应和激励效应，在高绩效薪酬感知下，薪酬差距对绩差的员工离职率有显著正向影响，且薪酬差距对组织绩效和绩差员工离职率的间接影响更强；在低绩效薪酬感知下，薪酬差距对绩优员工离职率有显著负向影响，当削减薪酬且不实施绩效薪酬时，绩优员工离职率最高；在高绩效薪酬感知的组织中，薪酬差距对组织绩效有直接显著正向影响。张正堂等（2015）以大学生为被试的实验研究表明，一般自我效能越高的个体越倾向选择绩效薪酬，而不是固定薪酬；绩效薪酬选择与对个体努力意愿有显著正向影响，且绩效薪酬选择在一般自我效能与个体努力意愿之间起部分中介作用。Park & Sturman（2016）运用美国服务组织两年纵向员工大样本客观数据，探究绩效加薪、一次性奖金和长期激励三种绩效薪酬计划形式对员工工作绩效（激励效应）和自愿离职（分选效应）的相对影响，研究表明在同时执行三种形式的多绩效薪酬计划情境中，相对于一次性奖金和长期激励，绩效加薪的激励效应与分选效应更强，而且在三种绩效薪酬计划中，只有绩效加薪具有激励与分选两种效应。Brosig–Koch et al.（2017）以德国杜伊斯堡–埃森大学医学学生为被试的实验研究表明，相对于按人头收费，被试对按服务收费具有强烈的偏好；相对于选择按服务收费的被试，选择按人头收费的被试出现预先偏离最有利于病人的治疗的情况会更少；特别是在允许选择收费方式的情形下，选择按服务收费的被试变得更不考虑病人的利益。此外，Kachelmeier & Williamson（2010）以商科专业的大学生为被试的实验研究表明，在薪酬方案可选择的条件下，选择创新加权薪酬方案的个体认为其自我创新能力高于选择仅按数量付酬方案的个体，在初始产出中这种自我创新能力感知优势的创新加权生产率得分较高；薪酬方案选择对创新加权生产率的影响取决于在选择薪酬方案时个体自我创新能力感知优势；此外，研究还表明无论薪酬方案是随机分配的还是自选的，总体上看，两种薪酬方案下的个体最终产出的高创意字谜数量一样多，但仅按数量付酬方案下最终产出的字谜总数量明显更多。

2. 分选效应与激励效应的分解研究

分解分选效应与激励效应的最佳实践例证来自 Lazear（2000）的研究发现，一家大型汽车玻璃公司将小时工资（固定薪酬）转变为计件工资后，生产效率在19个月的时间内提高了44%，其中大约一半的生产率增长来自公司现有工人在激励效应下所增加的产量；而另一半生产率的增长不能由现有员工在薪酬制度改变前后提高他们的生产率来解释，而是新的薪酬制度对员工队伍构成进行选择的结果即分选效应的结果，即由于在新的计件工资下较低生产率的工人退出或被生产率更高的工人所取代而带来的。Cadsby et al.（2007）以澳大利亚某大学商科大学生为被试的实验法证实了选择绩效薪酬的个体比选择固定薪酬的个体绩效更好，原因是分选效应和激励效应共同发挥作用，并分解和比较了两种薪酬计划不同的分选效应和激励效应，研究表明：生产效率更高的个体会选择绩效薪酬计划，并且平均而言无论个体偏爱哪种薪酬计划，他们在绩效薪酬计划下的生产率都更高。此外，研究还表明实验室设计的薪酬计划对个体生产率的激励效应不如分选效应强，因为实验室环境下不同薪酬计划分选效应发挥作用的阻碍少于真实环境，而Lazear（2000）则认为两个效应是相同的。Eriksson & Villeval（2008）以工程和商科专业大学生为被试的实验研究结论支持了Lazear（2000）的发现：第一，从固定薪酬改为可变薪酬可以提高个体平均努力水平，高技能个体比低技能个体更容易受到绩效薪酬的吸引而增加努力；第二，转向绩效薪酬计划的可能性会扩大个体之间努力的差异；第三，生产效率的提高是激励效应和分选效应共同发挥作用的结果；第四，在固定薪酬和绩效薪酬之间进行选择的可能性会导致劳动力市场的分割，即高技能个体集中在实行绩效薪酬的公司，低技能个体则集中在采用固定薪酬的公司。Devlin & Sarma（2008）基于加拿大医生调查数据库的研究表明，医生对按服务收费和其他四种薪酬形式的偏好可以影响病人就诊数量；相对于其他四种薪酬形式，按服务收费医生的就诊病人明显更多。此外，研究还估计了分选效应与激励效应的大小，当按服务收费制转变为工资制后，每周病人就诊数下降了36%，其中包括由负激励效应引起的患者就诊总数下降了58%以及由正分选效应引起的患者就诊总数增加了22%，且越偏离按服务收费，负的激励效应越大。Eriksson et al.（2009）以大学生为被试的实验研究表明，自行选择锦标赛薪酬的个体平均努力程度比计件薪酬下的个体高32.47%，其中14.63%是锦标赛薪酬的激励效应带来的，17.84%可归因于锦标赛薪酬的分选效应；锦标赛薪酬下的个体间努力程度差异更小，原因是锦标赛薪酬比计件薪酬不确定性更高，高风险厌恶、缺乏自信的个体更倾向选择计件薪酬方案。此外，分选效应带来个体努力程度的同质性，即锦标赛薪酬下的个体工作动机强、平均努力程度更高，但差异更小。Fehrenbacher & Pedell（2012）的实验研究表明，分选效应对生产率的影响大于激励效应，相对于被指定到某种薪酬计划组中的个体，在可自行选择计件工资、基于预算薪酬和固定薪酬组中的个体生产率变化更小。

2.2.4　研究启示

1.构建了绩效薪酬偏好影响创新行为机理研究的理论路径模型

绩效薪酬的分选效应和激励效应既独立存在又具有共生性的作用机制，为本书构建研究的理论路径模型提供了依据。尽管目前仅检索到Kachelmeier & Williamson（2010）的一篇文献，对绩效薪酬与创新关系的分选效应与激励效应发生共同作用进行研究，但该研究结论及以上有关绩效薪酬分选效应与激励效应共同作用的研究结论，为两种效应共同作用于创新行为提供了文献支持。具体而言，绩效薪酬的分选效应会通过吸引、选择和保留的过程形成具有创新能力的知识型员工队伍从而影响创新行为，同时绩效薪酬会对现有员工创新行为产生直接的激励效应。据此，本书可以构建绩效薪酬偏好影响创新行为机理的理论路径模型，即个体创新能力→个体绩效薪酬偏好→企业绩效薪酬→员工创新行为的传导作用机制的理论路径链接，这一路径模型对绩效薪酬与创新关系研究具有一定的理论创新价值。

2.确定了检验理论路径模型的实证研究方法

本书分别采用实验法与问卷调查法两种方法进行分阶段的实证研究，来检验绩效薪酬偏好影响创新行为机理的理论路径模型。从实证研究方法来看，以上有关绩效薪酬分选效应与激励效应共同作用的研究，除了2篇文献是以企业薪酬制度变化前后数据为样本进行研究，其余文献的研究方法都采用以大学生为被试的实验研究。其原因在于，虽然研究不同绩效薪酬激励效应下的分选效应的理想数据是在明确定义的环境中观察个人特征与生产力特征的结合对分选效应的影响，但要获得理想的数据非常困难，所以通常采用实验法来进行对环境因素的控制，以减少其他因素的干扰（Dohmen & Falk，2011；Fehrenbacher & Pedell，2012）。由于本书研究难以获取企业薪酬制度变革前后的客观数据，因此也只能放弃企业客观数据库方法；又由于以大学生为样本的实验法被认为不能较好地反映真实工作场所中奖励对创新行为的激励效应（Byron & Khazanchi，2012），因此本书也放弃了Kachelmeier & Williamson（2010）采用实验法研究两种效应的共同作用。鉴于上述原因，本书根据后文研究文献综述，设计了实验法和问卷调查法相结合的两分段实证研究。对于理论路径模型的前半段，创新能力对绩效薪酬偏好的影响即分选效应研究，根据 Dohmen & Falk（2011）的建议及已有大多数绩效薪酬分选效应文献的研究方法，鉴于大学生和研究生是企业招聘知识型员工的后备军，采用高年级本科生和低年级研究生为被试的真实任务和真实报酬给付的实验室实验法。对于理论路径的后半段，绩效薪酬对主动－响应二元创新行为的影响即激励效应研究，则采用企业知识型员工问卷调查法，进而，通过采用绩效薪酬强度实现了两种效应在变量上的连接，在一定程度上检验了两种效应共同作用机理的理论路径模型，从而对绩效薪酬与创新关系研究有一定突破性的推进。

2.3 创新能力对绩效薪酬偏好影响的研究综述

2.3.1 绩效薪酬偏好影响因素的研究

目前关于绩效薪酬偏好影响因素的研究主要集中在个体层面以及制度层面。个体层面的因素主要包括个体能力、心理与社会人口特征三个方面，制度层面的因素关注很少，并仅涉及绩效薪酬框架效应与绩效评价方式。由于前述两种效应共同作用的研究也涉及这些影响因素，因此以下综述也涉及 2.2 节中文献。

1. 个体能力因素

从个体能力来看，创新能力不同于日常工作能力，以下分别对这两种能力影响绩效薪酬偏好的研究进行综述。

（1）个体日常工作能力因素

已有研究中的个体工作能力因素的测量变量主要有绩效水平、自我效能感、认知能力、学术成就、竞争力、能力或技能水平和生产率等。Zenger（1992）以美国旧金山湾区两家高科技公司工程技术人员的问卷调查数据为样本研究表明，在只奖励最高绩效的锦标赛绩效薪酬制度的公司里，绩效水平极高和较差的员工更可能留下，绩效水平较高和极低的员工更可能离开。Cable & Judge（1994）以美国东北部某大学本科生为被试的实验研究表明，高自我效能感的求职者比低自我效能感的求职者更可能选择绩效薪酬的组织。Trank et al.（2002）基于大学生的问卷调查数据研究表明，高认知能力、学术成就与社会成就者更偏好提供个体绩效薪酬的组织。Lee et al.（2011）以日本某大型电器制造公司的销售人员为样本的问卷调查数据研究表明，竞争力越强的员工，绩效薪酬偏好越强。丁明智等（2014a）以我国某高校经管专业高年级大学生为被试的实验研究表明，相对于固定薪酬，能力水平越高的个体越倾向选择绩效薪酬。丁明智等（2014b）以丁明智等（2014a）的实验研究表明，能力水平强化了外控导向、风险厌恶对绩效薪酬选择偏好的负向影响。张浩和丁明智（2017）以我国某高校经管专业本科生和生产企业员工为被试的实验研究表明，相对于固定薪酬，工作能力越强的个体，越倾向于选择绩效薪酬。Fehrenbacher et al.（2017）以大学生为被试的实验研究表明，相对于固定薪酬，个体技能与选择绩效激励的薪酬合同呈正相关；在选择绩效薪酬的个体中，个体技能与绩效激励更高的薪酬合同正相关。

此外，前述两种效应共同作用的研究也涉及个体能力因素。

Chow（1983）以大学生为被试的实验研究表明，个体技能越高越倾向于选择预算工资制，个体技能越低越倾向于选择固定工资制。Waller & Chow（1985）研究表明，个体的绩效能力与其选择绩效薪酬激励程度存在正相关关系。Lazear（2000）的研究表明相对于固定薪酬，生产率更高的工人更倾向于选择计件薪酬制，从而取代了较低生产率的工人。Cadsby et al.（2007）研究表明生产效率更高的个体会选择绩效薪酬计划，而不是固定薪酬。Eriksson & Villeval（2008）研究表明高技能个体更倾向于选择绩效薪酬，而低技能个体则更倾向于选择固定薪酬。Cornelissen et al.（2011）的研究表明能力更强的工人倾向于选择在绩效薪酬下的工作，而不是固定薪酬。Dohmen & Falk（2011）研究表明，相对于固定薪酬，能力越高的个体越有可能选择计件薪酬和锦标赛薪酬两种绩效薪酬形式，且自我能力评价高于他人的个体更可能选择锦标赛薪酬。Shaw（2015）研究表明，在高绩效薪酬感知下，绩效差的员工更会选择离开薪酬差距大的企业；在低绩效薪酬感知下，绩优员工更会选择离开薪酬差距小的企业，而且当削减薪酬及不实施绩效薪酬时，绩优员工离职率最高。

总之，除Cable & Judge（1994）的研究外，以上研究结论表明个体日常工作能力是个体绩效薪酬选择的重要前因变量，且总体上个体日常工作能力越强，相对于固定薪酬，个体越可能选择绩效薪酬，或者相对于不确定性较低的绩效薪酬，个体越可能选择不确定性更高的绩效薪酬。

（2）个体创新能力

Kachelmeier & Williamson（2010）采用自我创新能力感知作为个体创新能力的测量变量，实验研究表明相对于仅按数量付酬的方案，自我创新能力感知越高的个体越倾向于选择创新加权的薪酬方案，即在个体创新能力上绩效薪酬具有分选效应。

2.个体风险态度、成就需要等心理因素

(1)风险态度对绩效薪酬偏好的影响

Niederle & Vesterlund（2007）以匹斯堡大学学生为被试的实验研究表明，风险厌恶只能部分解释在锦标赛薪酬选择上的性别差异。Bellemare & Shearer（2010）以加拿大一家植树公司工人为被试的实验研究表明，被试中风险追求和风险中性者占比明显高于二者在加拿大人口中的比例，因此高风险容忍度高的工人被吸引到高风险的职业。贺伟和龙立荣（2011）实验研究表明风险厌恶对个体选择绩效薪酬有显著负向影响。丁明智等（2014a，2014b）研究表明，相对于固定薪酬，风险厌恶程度越高的个体，绩效薪酬选择的偏好越小；在收益框架下，风险厌恶与绩效薪酬选择之间负向的关系更强。张浩和丁明智（2017）研究表明，相对于固定薪酬，个体风险规避程度越高，越不倾向于选择绩效薪酬。Fehrenbacher et al.（2017）研究表明相对于固定薪酬，个体风险厌恶与选择绩效激励的薪酬合同呈正相关；在选择绩效薪酬的个体中，个体风险厌恶与绩效激励更高的薪酬合同正相关；该研究还表明个体风险厌恶在技能、成就需求和控制焦点与绩效薪酬合同选择之间的关系没有调节作用。

此外，在两种效应共同作用的研究中大都也涉及了风险态度的研究。Chow（1983）研究表明风险偏好对个体绩效薪酬和固定薪酬选择无显著影响，并指出可能需要更精确的风险态度测量工具。Waller & Chow（1985）研究表明在自行选择薪酬合同时，当个体是风险厌恶者时，个体绩效能力与绩效薪酬选择不相关。Cable & Judge（1994）研究表明，风险厌恶者比风险追求者更会被非绩效薪

酬的组织所吸引。Cadsby et al.（2007）研究表明，相对于固定薪酬，高风险厌恶的个体，越不太可能选择绩效薪酬，且对于高生产率者，风险厌恶程度与选择绩效薪酬的可能性的负向关系会更强。Eriksson et al.（2009）研究表明由于锦标赛薪酬的不确定性比计件薪酬更高，因此高风险厌恶的个体更倾向选择计件薪酬方案。Cornelissen et al.（2011）研究表明风险容忍度更高的工人倾向于选择在绩效薪酬下的工作，而不是固定薪酬。Dohmen & Falk（2011）研究表明，相对于计件薪酬和固定薪酬，风险厌恶程度越低的个体更可能选择锦标赛薪酬。Fehrenbacher & Pedell（2012）研究表明个体风险厌恶程度对激励程度较高的薪酬形式选择有消极影响。

（2）成就需要、自信心等其他心理因素

Bretz et al.（1989）以大学生为被试的实验研究表明，高成就需要的人更可能选择个人绩效薪酬。Fehrenbacher & Pedell（2012）研究表明个体的成就需要对较高激励强度的薪酬选择有积极影响，而个体的内部控制信念对较高激励强度的薪酬选择有消极影响。Fehrenbacher et al.（2017）研究表明成就需要越高的个体越可能选择较高激励程度的薪酬形式，且内部控制焦点越高的个体越不可能选择较高激励程度的薪酬形式。Eriksson et al.（2009）研究表明相对于计件薪酬，平均努力程度更高、工作动机强、更自信的个体更可能选择锦标赛薪酬。贺伟和龙立荣（2011）实验研究表明绩效自信心对个体选择绩效薪酬有显著正向影响。张浩和丁明智（2017）研究表明，相对于固定薪酬，自信度越高的个体，越倾向于绩效薪酬的选择，且自信分别与能力、风险规避的交互项共同影响绩效薪酬选择。此外，Lee et al.（2011）研究表明职业承诺越高、组织承诺较低的员工，绩效薪酬偏好越强。Goktan & Saatloglu（2011）以土耳其和美国大学本科生和研究生的问卷调查数据为样本的研究表明，不确定规避价值观对固定薪酬偏好有显著正向影响，集体主义价值观对团队薪酬或资历薪酬偏好有显著正向影响。Dohmen & Falk（2011）研究表明，相对于锦标赛薪酬和计件薪酬，社会偏好更高的个体更倾向于选择固定薪酬。丁明智等（2014a，2014b）研究表明，相对于固定薪酬，外控导向越强的个体，绩效薪酬选择的偏好越小。

3.个体社会人口特征因素

个体社会人口特征因素主要有：性别、年龄、岗位层级和岗位性质等。Kuhn & Yockey（2003）研究表明性别对绩效薪酬偏好无显著影响。Niederle & Vesterlund（2007）研究表明，尽管在锦标赛薪酬（竞争更强）和计件薪酬两种薪酬下的男女绩效没有性别差异，但其后在个体自行选择薪酬方案时，大多数男性选择锦标赛薪酬，而大多数女性选择计件薪酬，选择锦标赛薪酬的男性是女性的两倍；男性对自己的相对绩效比女性更为乐观的信念只能解释选择锦标赛薪酬的一小部分性别差距，大部分差距未能得到解释。Dohmen & Falk（2011）研究表明相对计件薪酬和锦标赛薪酬两种绩效薪酬形式，女性更倾向于选择固定薪酬。贺伟和龙立荣（2011）以高校本科毕业生为样本的实验研究表明，性别对绩效薪酬选择没有显著影响。Lee et al.（2011）研究表明越年轻的员工绩效薪酬偏好越强。Dubinsky et al.（2000）以15个行业的销售经理的问卷调查数据为样本的研究表明，不同岗位层级的销售经理对绩效薪酬偏好不同，基层销售经理在多种薪酬形式中最偏好奖金，且偏好程度明显高于中层和高层经理，而高层经理比中层经理更偏好奖金。龙立荣等（2010）以我国多地区多行业企业员工、MBA学生问卷调查数据为样本的研究表明，年龄对绩效薪酬的偏好有负向影响，专业技术人员和管理人员对绩效薪酬的偏好显著高于操作工人，国有企业员工对绩效薪酬的偏好显著高于非国有企业员工。

4.制度因素

已有研究主要讨论了绩效薪酬框架效应与绩效评价方式两个因素。贺伟和龙立荣（2011）研究表明，损失预期收入框架正向影响个体绩效薪酬选择，薪酬支付加法框架负向影响绩效薪酬选择；绩效评价方式调节预期收入与薪酬支付框架对个体绩效薪酬选择的影响，相对于封闭目标绩效评价，开放目标绩效评价抑制损失收入框架对个体绩效薪酬选择的正向影响，强化薪酬支付加法框架对个体绩效薪酬选择的负向影响。丁明智等（2014a）研究表明，薪酬陈述框架对个体薪酬选择有影响，具体而言，在薪酬损失框架下个体更可能选择目标绩效薪酬，而在薪酬收益框架下个体更可能选择固定薪酬，并且，薪酬陈述框架对风险规避与个体目标绩效薪酬选择之间关系具有调节作用：在损失框架下，风险规避对目标绩效薪酬选择的负向影响较弱；在收益框架下，风险规避对目标绩效薪酬选择的负向影响较强。Belogolovsky & Bamberger（2014）研究表明，在薪酬确定标准是相对的时候，增强薪酬保密对个体（尤其对高绩效者）的留职意愿（分选效应）有负向影响，而在绩效评价是客观的时候，减弱薪酬保密个体（尤其对高绩效者）的留职意愿有负向影响。此外，Kuhn & Yockey（2003）以高年级大学生为被试的实验研究表明，当以个人绩效而非集体绩效为依据时，总体上大多数人更喜欢选择绩效薪酬；只有当奖金由确定比例的人获得或小团队获得时，自我效能感对绩效薪酬偏好有正向影响，或奖金取决于个人绩效时，自我效能感对绩效薪酬偏好有特别强烈的正向影响，但当绩效薪酬取决于组织绩效时或当奖金仅由排名靠前的个体将获得时，自我效能感对绩效薪酬偏好没有影响。畅铁民和许昉昉（2015）基于企业员工问卷调查数据的研究表明，在直接领导信任和同事信任中介下，绩效考核系统认同的准确性与关联性显著影响员工绩效薪酬偏好。

2.3.2　研究启示

虽然有关个体创新能力对绩效薪酬偏好影响的研究，目前只检索到Kachelmeier & Williamson（2010）的一篇文献，但以上文献综述为该研究提供了有力的文献支持，并揭示了其研究价值。

1.确定创新能力对绩效薪酬偏好影响研究的理论基础

尽管已有研究涉及的理论较多，但相对于其他理论，个人-组织匹配理论较好地解释了绩效薪酬的个体自我选择，而前景理论有关不确定情形下参照点和框架效应的观点，为个体绩效薪酬选择提供了更符合真实决策行为的诠释，因此本书将这两个理论作为创新能力对绩效薪酬偏好影响研究的理论基础。

2.明确创新能力对绩效薪酬偏好影响的研究变量与研究价值

第一，选取个体创新能力为自变量、绩效薪酬强度为因变量是对绩效薪酬与创新关系研究的重要贡献。虽然已有较多研究都表明个体日常工作能力是个体绩效薪酬选择的重要前因变量，但是个体创新能力的研究被忽视。而且，从前述综述中可以看到，绩效薪酬偏好通常采用个体对不同薪酬形式的选择，并很少采用绩效薪酬强度这一测量变量。诸如，固定薪酬与绩效薪酬（计件薪酬）之间的选择，计件薪酬与锦标赛薪酬之间、绩效加薪、一次性奖励与长期激励计划之间、仅按数量付酬与创新加权薪酬等不同绩效薪酬形式之间的选择。所以，创新能力对不同绩效薪酬强度偏好有怎样影响，目前研究尚未涉及。因而，本书研究不仅弥补了以往绩效薪酬分选效应研究的不足，也将绩效薪酬与创新关系扩展至绩效薪酬分选研究，是对绩效薪酬与创新关系研究的重要贡献。

第二，选取风险态度为调节变量是对绩效薪酬分选效应研究的重要拓展。在本书检索的35篇绩效薪酬分选效应实证研究文献中，有16篇文献涉及风险态度变量，占比将近一半，这说明风险态度是该研究领域非常关注的个体心理特征变量。其原因可能是绩效薪酬具有不确定性和风险性，探讨风险态度对绩效薪酬分选效应影响更有研究意义。虽然绝大多数研究结论表明，不同的风险厌恶程度会对绩效薪酬偏好产生影响，但是已有研究主要探讨了风险厌恶与绩效薪酬偏好的直接关系。仅有个别研究对风险厌恶在技能、成就需求和控制焦点与绩效薪酬选择之间的调节作用进行了探索性研究，尽管这一探索性研究没有通过统计检验，但指出将风险厌恶作为调节变量的研究仍然值得进一步关注（Fehrenbacher et al., 2017）。因此，本书认为，根据个人-组织匹配理论，可以将风险厌恶作为调节变量，来探讨风险厌恶在创新能力与绩效薪酬偏好之间的调节作用，从而推进绩效薪酬的分选效应研究。

第三，引入绩效薪酬框架深化了绩效薪酬分选效应研究。有关绩效薪酬分选效应的制度层面因素的研究极为有限，已有研究虽然涉及了薪酬框架与绩效评价方式，但未涉及结合绩效评价相对于绝对标准的四种绩效薪酬框架研究。因此，本书首次提出的四种绩效薪酬框架对创新能力与绩效薪酬偏好之间关系的调节作用研究，从制度层面深化了绩效薪酬分选效应研究。

第四，将个体社会人口特征因素作为控制变量。已有研究选取性别、年龄、岗位层级、岗位性质等个体社会人口特征因素，运用方差分析来检验其在薪酬形式选择上的差异。由于研究大都采用以高校学生为被试的实验法，因此探讨较多的是性别，但已有研究结论尚未达成一致，而其他个体社会特征变量的研究文献极为有限。因此，根据本书采用实验法的被试为高校学生的社会人口特征，选择性别和专业学科作为控制变量。

3.采用以高校学生为被试的真实任务与真实报酬给付的实验法

研究表明当面临不同经济方案选择时，高校大学生和研究生与在职员工的心理计量过程是相似的，但相对于在职员工，高校大学生和研究生受社会因素影响较少，因此已有绩效薪酬分选效应也多采用以大学生为被试的实验室实验法，从而更有效地反映对绩效薪酬的真实偏好。此外，高年级本科生和低年级研究生是即将步入工作场所的后备知识型员工，以其为被试的真实任务和真实报酬给付的实验研究被认为能够增强研究效度。因此，本书采用真实任务和真实报酬给付的实验室实验法，以高年级本科生和低年级研究生为被试，来探究创新能力对绩效薪酬偏好的影响，会增强研究说服力。

2.4 绩效薪酬对创新行为影响的研究综述

通过中英文学术数据库文献检索发现，有关绩效薪酬对二元创新行为影响的研究很少，并且尚未发现绩效薪酬对主动–响应二元创新行为影响的研究，因此本研究需要借助绩效薪酬对创新行为影响的研究文献。由于一直以来，绩效薪酬对创新行为影响的研究始终与创新奖励、参与奖励对创新行为影响研究胶合在一起，因而为更清晰地梳理文献，以下对三种奖励形式的文献进行概括描述。

2.4.1 奖励与创新行为关系研究文献概况

1.文献检索筛选

本书遵循以下文献检索筛选程序和标准：首先，以"reward""motivation""compensation""payment""pay for performance""merit pay""pay based pay"与"creativity""creative""innovation""innovative"为题名或关键词的组合词检索英文文献，以"绩效薪酬""奖励""激励""奖赏"与"创新""创造力"为题名或关键词的组合词检索中文文献。其次，对已检索的文献所列的参考文献，追踪式搜寻相关文献，以避免有所遗漏。再次，限定时间与期刊。国外研究较早可追溯至20世纪60年代（Malik & Butt，2017），因此将文献时间限定为1960—2020年；英文以权威SSCI期刊为主，包含少量非SSCI文献，中文以CSSCI和北大核心期刊文献为主，包括少量非CSSCI、非北大核心期刊和1篇博士学位论文。最后，研究样本限定为个体创新，剔除企业创新和产品创新等文献。按上述文献筛选程序和标准，对国内外主要学术数据库进行检索，其中英文文献比对了 Byron & Khazanchi（2012）元分析综述和 Malik & Butt（2017）研究综述，共甄选出 79 篇论文。

2.文献概况

从文献类型来看，在 79 篇文献中，实证研究有 65 篇，文献综述有 14 篇；实证研究英文文献有 47 篇，中文文献有 18 篇，文献综述英文有 9 篇，中文有 5 篇。总体上，以实证研究文献为主，且英文文献数量超过中文文献。

从文献发表时间来看，英文文献在 20 世纪六七十年代累计不到 10 篇，在 1980—2009 年的 30 年间每 10 年约为 10 篇，而在 2010—2020 年达到 18 篇；中文文献共有 23 篇，最早出现在 2005 年，其中 21 篇是 2010—2020 年发表的。由此可见，国外研究有关奖励与创新行为的研究历时半个多世纪，并在近十年受到更多的关注；此外，虽然国内研究起步晚，但近十年中文文献数量已经超过英文。

从实证研究采用的研究方法来看，英文文献多采用以儿童、学生为被试的实验法，约占英文实证研究文献总量的 76%，而中文文献主要采用以员工为样本的问卷调查法，约占中文实证研究文献总量的 85%，此外，极少量文献采用实验研究与问卷调查相结合以及数据库数据方法。因此，问卷法和实验法是实证研究主流方法。

从实证研究运用的理论基础来看，约有 2/3 的文献是基于已有理论进行研究的，其中涉及自我决定理论文献约占半数，涉及习得性勤奋理论的文献占比略高于 1/4，此外还涉及的其他理论主要有期望理论、内外动机协同理论、创造力理论和代理理论等。不过，约有 1/3 的文献没有提及研究的理论基础，这多见于早期的实验研究文献。因此，自我决定理论、习得性勤奋理论和期望理论等心理学理论是这一研究领域的主流理论，而代理理论等经济学理论，由于理性的人假设忽略了现实中个体非理性的心理计量，其理论解释力被削弱了，所以运用较少。总体来看，在早期，基于认知学派的认知评价理论，认为外在奖励导致内在动机降低，从而对创新有消极作用，这一观点获得普遍认可。在20世纪90年代，行为学派的习得性勤奋理论认为外在奖励对内在动机与创新有积极作用的观点占据主流；进入21世纪的近十多年来，这两大理论观点逐渐融合（Malik & Butt，2017），特别是以认知评价理论和有机整合理论为主体的自我决定理论，因对上述矛盾观点可以做出更好的理论诠释而受到研究的青睐。

从研究奖励形式的文献来看，绩效薪酬对创新行为影响的研究约占40%，创新奖励对创新行为影响的研究约占46%，参与奖励对创新行为影响的研究约占13%，此外，另有个别文献是以外在报酬、创新奖励与绩效奖励的混合形式为自变量进行研究。有关参与奖励对创新行为影响的文献都出现在2000年之前，是以学龄前儿童、大中小学生为被试采用实验法进行的早期研究，在2000年后就很少有研究予以关注。总体上，以绩效薪酬与创新奖励两种形式的研究文献为主，在2000年后绩效薪酬和创新奖励对创新行为影响是研究关注的重点。

从研究结论来看，有关参与奖励对创新行为的负向影响的研究结论已达成普遍共识。由于创新奖励能够直接、明确地引导员工去努力创新，因此有关创新奖励对创新行为有显著正向影响或者在一定边界条件下能够促进创新行为的研究结论获得较广泛的证实（Byron & Khazanchi，2012；Yoon et al.，2015a；李春玲等，2019）。然而，有关绩效薪酬对创新行为影响的研究结论争议较大，目前有四种观点，即绩效薪酬对创新行为有积极作用、呈倒U型、消极作用和无影响（Byron & Khazanchi，2012；Malik & Butt，2017）。

最后，有关奖励对二元创新行为影响的研究，近十年才开始受到关注。目前仅检索到4篇中文文献，研究聚焦于渐进－突破式创新行为与探索－利用性创新行为，而有关主动－响应创新行为研究仍是空白。

2.4.2 绩效薪酬对创新行为影响的变量关系

早期运用实验法探讨有关绩效薪酬与创新行为之间的关系，是以学龄前儿童、大中小学生为被试样本，主要采用非货币绩效奖励，如Lepper et al.（1973）采用金色印章和红丝带等作为绩效奖励。然而，这类研究采用的绩效奖励形式不符合本研究对绩效薪酬为货币薪酬的界定，因此以下综述将这类文献剔除。本书从奖励与创新行为关系实证研究文献中，甄选出约20篇符合本研究所界定的绩效薪酬的文献进行如下综述，其中包括实验法采用货币奖励的研究文献[①]。

1.基于单维度创新行为的研究

（1）绩效薪酬对创新行为的直接影响

第一，绩效薪酬对创新行为的抑制作用。Glucksberg（1962，1964）、Amabile（1982）以美国7~11岁女孩为被试、Moran & Liou

---

① 对于实验法的研究，参考Byron & Khazanchi（2012）的做法，将是否事先告知被试货币奖金的支付依据是实验任务的新颖性作为判断标准。如果事先告知判断标准是任务的新颖性，则将货币奖金归为创新奖励；如果没有告知，则将货币奖金归为绩效薪酬。

（1982）以大学生为被试的研究表明，货币奖励阻碍了创造性任务完成。Byron & Khazanchi（2012）的元分析表明绩效奖励抑制创新行为。Lee & Meyer-Doyle（2017）基于代理理论，以韩国电商销售人员数据库数据为样本的研究发现，薪酬制度由低固定薪酬加高计件薪酬的高绩效强度变为高固定薪酬加低计件薪酬的低绩效薪酬强度后，在低绩效薪酬强度下，员工探索性创新行为增强了，这说明高绩效薪酬强度有损于探索性创新行为。

第二，绩效薪酬对创新行为既有积极作用也有抑制作用。Kachelmeier & Williamson（2010）以商科专业的大学生为被试的实验研究表明，无论薪酬方案是随机分配的还是自选的，在仅按数量付酬与创新加权薪酬两种不同的薪酬方案下，产生的高创意字谜数量相同，也就是说，绩效薪酬对创新行为的影响是积极的。常涛等（2014）基于自我决定理论，以北、上、广等四个地区的高新技术、生产、商业与服务企业和科研机构的知识型员工为样本的研究表明，绩效薪酬的信息性对创造力有正向影响，但绩效薪酬的控制性则对创造力有负向影响。曾湘泉和周禹（2008）基于自我决定理论和习得性勤奋理论，以北、上、广等地区企业本科及以上学历企业员工为样本的研究表明，外在报酬（包括加薪、绩效奖金、福利等）对创新行为的影响呈倒U型。张勇和龙立荣（2013a）基于认知评价理论和习得性勤奋理论，以湖北等地多行业大专及以上学历（占比95%）的企业员工为样本的研究发现，绩效薪酬强度对创造力呈倒U型影响。刘智强等（2014）基于认知评价理论，以大专及以上学历（占比95%）企业员工为样本的研究发现，可变薪酬支付力度即绩效薪酬强度对创新行为呈现U型影响。Huo（2015）基于激励-努力-绩效模型的理论，以加拿大公立大学本科生为被试的研究表明，没有进行创新培训时，计件薪酬下的创新问题解决绩效低于纯固定薪酬下，进行创新培训时，计件薪酬下的创新问题解决绩效高于纯固定薪酬。

第三，绩效薪酬对创新行为没有影响。Curran & Walsworth（2014）基于习得性勤奋理论和内在动机理论，以加拿大企业数据库数据为样本研究表明，个人绩效薪酬对创新行为无影响。Navaresse et al.（2014）采用实验法以美国大学生为被试的研究表明，有差距的个人绩效薪酬对创新行为没有影响。Zhang et al.（2015a）基于社会认知理论，以中国国有汽车设备企业的技术研发与设计人员为样本（本科学历占94.4%）的研究表明，绩效薪酬感知对创新行为无显著直接影响。Zhang et al.（2015b）基于认知评价理论，以河北电力、电子信息、通信软件等企业员工（本科学历占比97.3%）为样本的研究表明，绩效薪酬感知对创新行为无显著直接影响。

（2）绩效薪酬对创新行为影响的中介作用及调节作用

常涛等（2014）研究表明，能力面子压力在绩效薪酬信息性与创新行为之间、自主面子压力在绩效薪酬控制性与创新行为之间起中介作用，组织支持和组织公平感在正向调节作用。Zhang et al.（2015a）研究表明，对于程序公平感较低或冒险意愿较低的员工，绩效薪酬感知与创新行为呈负相关，而对于程序公平感知较高或冒险意愿较高的员工，绩效薪酬感知与创新行为呈正相关；在高程序公平感或高冒险意愿下，绩效薪酬感知通过创新自我效能感的中介作用正向影响创新行为，在低程序公平感或低冒险意愿下，绩效薪酬感知通过创新自我效能感的中介作用负向影响创新行为。Zhang et al.（2015b）研究表明，关系人力资源管理实践较低或领导信任较高时，绩效薪酬感知对创新行为有正向影响，而对于关系人力资源管理实践较高或领导信任较低时，绩效薪酬感知对创新行为有负向影响；关系人力资源管理实践通过领导信任的中介作用影响绩效薪酬感知与创新行为的关系，内在动机中介绩效薪酬感知与关系人力资源管理实践交互项对创新行为的影响，内在动机中介绩效薪酬感知与领导信任交互项对创新行为的影响。张勇和龙立荣（2013a）研究表明，在绩效薪酬强度与创造力的倒 U 型关系中，创造力自我效能感具有部分中介作用，个人 – 工作匹配度对中等强度绩效薪酬与创造力关系的正向调节作用越强，而对高强度绩效薪酬与创造力关系的负向调节作用越弱。绩效薪酬与个人 – 工作匹配的交互效应通过创造力自我效能的完全中介效应影响创造力。刘智强等（2014）研究表明情绪追求动机正向调节绩效薪酬强度对创新行为的倒 U 型影响，理性追求动机仅在中等绩效薪酬强度下正向调节倒 U 型，而创新自我效能对倒 U 型没有起到调节作用。Huo（2015）研究表明创新培训对计件薪酬与创新问题解决绩效之间有正向调节作用。Lee & Meyer–Doyle（2017）研究表明，工作绩效和相对绩效评价具有调节作用，探索性创新行为主要来自高绩效员工，而且在低绩效薪酬强度下，绩效低于其同事的员工探索性创新行为随之降低。Eisenberger & Aselage（2009）基于认知评价理论、前景理论和目标设置理论，以美国大学生为样本采用问卷调查法和实验法的研究表明，绩效薪酬期望对自我决定感知和绩效压力有正向影响，自我决定感知和绩效压力对内在兴趣有正向影响，自我决定感知和绩效压力在期望的绩效薪酬与内在兴趣之间起中介作用，内在兴趣对创新行为有正向影响，内在兴趣又在自我决定感知、绩效压力与创新行为之间起中介作用，因而绩效薪酬感知可通过自我决定感知、绩效压力进一步正向影响内在兴趣而间接地对创新行为有正向影响。

杨涛（2016）以我国多地区企业的项目团队成员问卷调查数据为样本的研究表明，绩效薪酬感知对内在动机呈 S 型影响，内在动机在绩效薪酬感知与创新行为之间具有非线性的中介作用。

综上，绩效薪酬对创新行为影响的中介变量有：创新自我效能感、领导信任、自我决定感知、绩效压力、内在兴趣和内在动机等；绩效薪酬对创新行为影响的调节变量主要有：组织支持和组织公平感、个人–工作匹配度、情绪追求动机和理性追求动机、工作绩效和相对绩效评价、程序公平和冒险意愿、关系人力资源管理实践和创新培训等。

2. 基于二元创新行为的研究

张勇和龙立荣（2013b）基于期望理论和公平理论，以我国多地区多行业的知识型员工为样本的研究发现，绩效薪酬强度对探索性创新行为的影响呈倒 U 型关系，对利用性创新行为有正向影响，薪酬水平对绩效薪酬强度影响探索性创新行为有调节作用，在高薪酬水平下弱化高绩效薪酬强度的负向影响，在低薪酬水平下强化高绩效薪酬的负向影响，薪酬水平正向调节绩效薪酬强度对利用性创新行为的影响。张勇和龙立荣（2013c）基于期望理论，以 19 家高科技企业知识型员工为样本的研究发现，绩效薪酬强度对探索性创新行为无显著影响，而对利用性创新行为有显著正向影响，考核周期对绩效薪酬强度与探索性创新行为关系有调节作用，在长周期下绩效薪酬强度对探索性创新行为有正向影响，在短周期下二者之间呈负向关系，考核周期对绩效薪酬强度与利用性创新关系无调节作用。张勇等（2014）基于认知评价理论和习得性勤奋理论，以贵州省 24 家企业知识型员工为样本的研究发现，绩效薪酬感知对内在动机、突破式创新行为无影响，但显著正向影响外在动机、渐进式创新行为，且在变革型领导的调节作用下，绩效薪酬感知通过内在动机的中介作用对突破式创新行为有正向影响，在交易型领导的调节作用下，绩效薪酬感知通过外在动机的中介作用加大了对渐进式创造力的负向影响。顾建平和王相云（2014）以江苏高技术企业研发人员为样本的研究发现，绩效薪酬强度对探索性创新行为的影响呈倒 U型，对利用性创新行为有正向影响，创新自我效能感正向调节绩效薪酬强度对利用性创新行为的影响。

综上，在绩效薪酬对突破－渐进二元创新行为影响的中介变量仅涉及内在动机和外在动机，绩效薪酬对探索－利用、突破－渐进二元创新行为影响的调节变量有：薪酬水平、考核周期、变革型和交易型领导风格、创新自我效能感。

3. 工作动机的中介作用

（1）自主－受控工作动机中介作用的总体评述

自我决定理论为工作动机的中介作用机制的实证研究提供理论模型。近三十多年的研究已表明自主－受控工作动机与多种前因变量和结果变量之间具有的紧密联系（Howard et al., 2017）。张春虎（2019）在梳理已有文献的基础上指出，支持性环境因素通过满足基本心理需求，引发自主动机的中介作用，从而对员工行为和态度产生积极作用，而控制性环境因素通过阻滞基本心理需求，引发受控动机，从而对员工行为和态度产生消极作用。支持性环境因素变量主要有：工作资源等工作特征、变革型领导等领导风格、领导成员交换、上级支持和同事支持等自主支持、组织支持感；控制性环境因素变量主要有：上级负面行为、工作负面特征、欺凌和员工组织政治、员工行为（如工作绩效、工作投入、努力和组织公民行为等）和工作态度（如工作满意度、组织承诺、工作压力、工作倦怠与焦虑等）。

然而，已有研究主要集中在自主动机的前因变量、结果变量及其作为中介作用上，对受控动机、去动机的关注很少，也就是说，目前缺少有关控制性环境因素对基本心理需要、受控动机、员工态度或行为的影响以及受控动机的中介作用研究（张春虎，2019；赵燕梅等，2016）。特别是，虽然理论和实证研究都表明，内化的外在动机即自主动机对个体行为或态度有积极作用，但是对于具有信息性和控制性双重属性的环境因素与自主动机、受控动机之间关系以及外在动机内化的实证研究很匮乏。

此外，在理论上，虽然自我决定理论指出了外部调节、内摄调节、认同调节、整合调节和内部调节这些调节过程，与从受控到自主的连续变化的行为相关，呈现一种递进的连续体，但对受控动机与自主动机之间关系目前也缺乏实证研究。

总之，绩效薪酬兼有信息性与控制性环境因素两种属性，其对自主–受控工作动机的影响呈现怎样的关系，又是如何作用于主动–响应创新行为的，目前并未受到研究的关注。以往有关奖励与创新行为关系的工作动机中介机制涉及的是内在动机和外在动机的研究（Yoon et al.，2015b；Malik & Butt，2017），本研究有关绩效薪酬对创新行为研究文献综述也支持了这一观点，因此本研究需要回顾已有内在动机与外在动机的研究。

（2）内在动机与外在动机及其中介作用

一些研究认为内在动机和外在动机是两个彼此独立、不同的概念，能够各自实现高值或低值，因而一个方面增强并不必然消耗另一方面（Malik & Butt，2017）。Amabile（1993）指出内在动机和外在动机之间存在可能的积极协同，尤其是在高内在动机出现时。Gerrard et al.（1996）以儿童为被试的实验法研究表明，在非货币绩效薪酬下，拥有高内在动机和外在动机的个体创新获得评价最高，支持Amabile（1993）的观点。但是，也有研究表明内在动机与外在动机虽然同时存在，但在不同的奖励情境下二者的关系不同。Cerasoli et al.（2014）通过对40年来的文献元分析表明，内在动机是绩效的正向预测因子，预测水平处于中等到强预测之间，且无论是否实施外在奖励，内在动机对绩效都有重要影响；当外在奖励凸显时，即外在奖励与绩效直接挂钩时，对内在动机有"挤出"效应，内在动机变得相对不重要；当外在奖励与绩效间接挂钩时，内在动机对绩效的影响更重要。因此，已有研究将内在动机作为奖励与创新行为关系的中介变量，相对而言，有关外在动机的中介作用的研究不多（Yoon et al.，2015b）。然而，Gerhart（2017）指出外在动机的挤出效应只在非工作环境中得到了证明。例如，Yoon et al.（2015b）以韩国保险公司员工为样本的研究表明，外在动机完全中介了组织有形或无形创新奖励对创造力的影响，而内在动机在有形或无形创新奖励与创造力之间并未起到中介作用。由此可见，有关内在–外在动机的中介作用研究结论也并不完全一致。

（3）自主–受控工作动机在绩效薪酬与行为或态度关系的中介作用

首先，绩效薪酬对自主–受控工作动机的影响。Kuvaas et al.（2016）以挪威企业销售人员两年纵向数据为样本的研究表明，基本薪酬对自主动机有正向影响，基本薪酬对受控动机没有影响，年度绩效薪酬对自主动机有负向影响，季度绩效薪酬对自主动机无影响，季度和年度绩效薪酬对受控动机有正向影响。Gubler et al.（2016）以美国中西部工业洗衣公司工人客观数据为样本的研究表明，出勤奖通过消极动机溢出即增强受控动机，降低了员工对不被奖励任务的内部动机。综上，绩效薪酬对自主–受控工作动机影响的研究不仅非常有限，而且已有研究结论也并不一致。

其次，自主–受控工作动机对行为或态度的影响。Gagné et al.（2015）研究表明内摄调节、认同调节和内部调节与主动性行为呈正相关，而外部调节与主动性行为的关系因样本不同而不同，以法国人为样本呈正相关，而以中国人为样本不相关。Kuvaas et al.（2016）研究表明自主动机对工作努力有正向影响、对离职倾向有负向影响，受控动机对工作努力有正向影响、对离职倾向有正向影响。Koestner et al.（2008）以中学生和大学生为样本的三个研究以及对11篇文献的元分析表明，自主动机与目标进展呈正相关关系，而受控动机与目标进展之间不相关。张景焕等（2011）以我国小学高年级学生为研究样本发现，自主动机正向影响创造性思维，而受控动机对创造性思维没有显著作用。李明军等（2016）以我国西部地区中小学教师为样本的研究表明，自主动机对创新行为有正向影响，受控动机对创新行为有负向影响。张正堂和吴琼（2016）以我国服务企业大专及以上学历员工为样本的研究表明，自主动机和受控动机对员工主动性行为均有正向影响。综上，自主动机对个体积极行为或态度有促进作用、对消极行为或态度有改善作用都得到研究支持，但是目前有限的研究表明受控动机对个体消极行为或态度有强化作用，而受控动机对个体积极行为或态度影响的研究结论并不一致，主要有三种观点，即有促进作用、无作用和有抑制作用。

最后，自主–受控工作动机的中介作用。Kuvaa et al.（2016）研究表明，自主动机在基本薪酬与工作努力、离职倾向之间起中介作用，受控动机在年度绩效薪酬与工作努力关系中有部分中介作用，自主工作动机在年度绩效薪酬与工作努力之间具有完全中介作用。Ren et al.（2017）以中国山东地区中学生为样本的研究发现，行为控制对自主动机有积极影响，并通过自主动机的中介作用促进了中国青少年的创造力。张景焕等（2011）研究表明自主动机在中度控制、中度自主、高度自主与创造性思维之间起到中介作用。李明军等（2016）研究表明自主动机在促进焦点对创新行为影响、受控动机在防御焦点对创新行为影响中起中介作用。综上，自主–受控工作动机在薪酬、行为控制等因素与工作行为如创新、工作态度之间具有中介作用。

4. 调节焦点的调节作用

已有调节焦点的实证研究主要集中在其前因变量、结果变量以及调节焦点作为中介变量上（Johnson et al.，2015；Gorman et al.，2012；Lanaj et al.，2012；毛畅果，2017；曹元坤和徐红丹，2017）。目前有关调节焦点的调节作用的研究较少（Dimotakis et al.，2012；Johnson et al.，2015），有关调节焦点在奖励与工作动机之间关系的调节作用研究更为匮乏，并且调节焦点对创新行为影响的研究也很有限，因此以下主要综述特质型调节焦点作为创新行为前因变量以及其作为调节变量相关研究。

第一，调节焦点对创新行为直接影响的研究。大多数学者发现，Friedman & Förster（2001）以美国大学生为被试的四个实验研究表明，防御焦点诱发风险厌恶和保守处理问题方式，促进焦点诱发冒险和探索性处理问题方式，因而相对于防御焦点，促进焦点更能增强个体创新行为。Lanaj et al.（2012）运用元分析发现，促进焦点可以正向预测创新行为，但防御焦点对创新行为无显著影响。Geng et al.（2018）以中国西安的几十家餐厅一线员工和主管为样本的研究发现，促进焦点对创新行为呈正向影响，防御焦点对创新行为呈负向影响。Baas & Dreu（2011）以荷兰阿姆斯特丹大学大学生为被试的研究表明，促进焦点有助于促进创新行为，而在目标未实现时，防御焦点的个体表现出更多的创新行为。Jin et al.（2016）以中国北京某高中学生为被试的实验研究表明，促进焦点比防御焦点更有助于创造力。李明军等（2016）以我国西部某中小学教师为样本的研究表明，促进焦点对创新行为呈正向影响，防御焦点对创新行为呈负向影响。何伟怡等（2016）以我国城市设计院的工程设计类员工为样本的研究表明，促进焦点对创新行为呈正向影响，防御焦点对创新行为呈负向影响。周洁等（2020）以我国国防科研人员为样本的研究表明，促进－防御焦点对突破－渐进二元创新有积极作用，且促进焦点的预测力更强。综上，促进焦点对创新行为有积极作用的结论得到实证研究普遍支持，已有大多数研究表明防御焦点对创新行为可能有消极作用或没有影响，或者在某些条件下会有积极作用。

第二，调节焦点的调节作用及有调节中介作用的研究。一是调节作用的研究。雷星晖等（2015）以我国杭州一家民营制造企业领导与员工的匹配数据为样本研究发现，促进焦点在谦卑型领导行为与自我效能感间起到正向调节作用，防御焦点在谦卑型领导行为与心理安全间起到正向调节作用。Jin et al.（2016）以中国北京某高中学生为被试的实验研究表明，调节焦点在自我建构与创造力之间具有调节作用，促进焦点强化了独立自我建构对创造力的正向影响，防御焦点强化了相互依赖自我建构对创造力的正向影响，即通过自我建构与调节焦点的匹配从而增强了创造力。Wang et al.（2017）以中国某高校大学生为被试的两项实验研究表明，调节焦点调节期望评价与创造力之间的关系，对于促进焦点的个体而言，期望信息性评价的个体比期望控制性评价的个体表现出更多的创造力，而对于防御焦点的个体，期望控制性评价的个体比期望信息性评价的个体表现出更多的创造力，也就是说，相对于在调节不匹配情境下促进–控制组和预防–信息组的参与者，在调节匹配情境下促进–信息组和防御–控制组的参与者表现出更多的创造力。Du et al.（2018）以中国东北地区企业研发、市场和财务等部门领导与员工的配对数据为样本的研究表明，促进焦点正向调节工作控制对创新自我效能感的正向影响，而防御焦点对工作控制与创新自我效能感的正向关系无调节作用。宋锟泰等（2020）以我国多个行业企业的研发、设计和销售部门人员为样本的研究表明，调节焦点在时间压力与和谐–强迫激情的关系中具有调节作用。促进调节焦点正向调节时间压力与对谐式激情的正向影响，防御调节焦点负向调节时间压力与对谐式激情的正向影响；促进调节焦点负向调节时间压力对强迫式激情的正向影响，防御调节焦点正向调节时间压力对强迫式激情的正向影响。二是有调节的中介作用研究。Du et al.（2018）的研究表明，促进焦点调节创新自我效能感在工作控制与创新行为之间的中介作用，即高促进焦点比低促进焦点的中介作用更强，而防御焦点未起到有调节的中介作用。宋锟泰等（2020）的研究表明，调节焦点调节了和谐式–强迫式激情在时间压力与探索式–利用式创新行为之间的中介作用。当促进调节焦点越高时，和谐式激情的中介作用更强；当防御调节焦点越高时，强迫式激情的中介作用更强。综上，虽然缺乏调节焦点在绩效薪酬或奖励与工作动机关系的调节作用的研究，但已有研究表明调节焦点具有调节作用或有调节的中介作用，而且调节匹配可以有助于促进组织期望的某种员工行为或态度，这都为本研究提供了一定的文献支持。

2.4.3 研究启示

1. 明确绩效薪酬对主动 – 响应二元创新行为影响研究在理论上具有突破价值

第一，从直接影响的变量关系研究来看，这一研究尚未得到关注。在所甄选出的24篇文献中，采用绩效薪酬强度为自变量的文献仅有7篇，其中因变量为单维度创新行为的有4篇，因变量为探索性 – 利用性二元创新行为的有3篇，因此采用绩效薪酬强度为自变量的研究文献较少。有关单维度创新行为的已有研究都将其视为主动创新行为（Malik，2017），已有有关绩效薪酬对单维度创新行为影响的研究结论存在争议，其原因可能是忽略区分创新行为的类型（Unsworth，2001；Gilson & Madjar，2011），也可能是这些研究采用不同的绩效薪酬测量变量以及基于不同的样本数据来源所导致的。其中，以绩效薪酬强度为自变量、基于中国企业员工问卷调查数据的研究结论表明绩效薪酬与创新行为之间的关系呈U型，但是由于该类研究文献极少，需要研究进一步验证。有关绩效薪酬对二元创新行为影响的研究尚未关注主动 – 响应创新行为，仅涉及了探索性 – 利用性、渐进式 – 突破式创新行为。虽然本研究获得的文献支持很有限，但另一方面也再次表明探讨绩效薪酬对主动 – 响应二元创新行为的影响具有理论突破性研究价值。

第二，从中介作用来看，缺乏以自主-受控工作动机为中介变量的研究。已有的有关绩效薪酬与创新行为之间关系的研究涉及的中介变量有自我决定感知、绩效压力、内在兴趣、自主-能力面子压力、创造力自我效能感和内在动机，其中有关绩效薪酬与二元创新行为中介机制的研究仅有一篇文献，涉及的中介变量是内在-外在工作动机。此外，以往有关奖励与创新行为关系的工作动机中介机制多见关于内在-外在动机的研究，但研究结论未达成完全一致。因此，绩效薪酬如何通过自主-受控动机作用于主动-响应二元创新行为的双路径中介机制的研究非常具有理论价值。

第三，从调节作用来看，忽略了调节焦点作为调节变量的有调节的中介作用研究。通过前述文献综述发现，有关绩效薪酬与创新行为研究涉及的调节变量主要有个人-工作匹配度、情绪追求动机、工作绩效和相对绩效评价、创新培训、组织支持和组织公平感、程序公平和冒险意愿、关系人力资源管理实践、领导信任等，已有绩效薪酬对二元创新行为影响的调节变量主要涉及薪酬水平、考核周期、变革型和交易型领导风格、创新自我效能感等，由此可见已有研究的调节变量涉及个体人格特质极少。正如 Anderson et al.（2014）和 Malik & Butt（2017）所指出的目前调节变量涉及个体人格特质研究较少，但个体人格特质应作为奖励与创新行为关系研究的重要调节变量。因此，以调节焦点为调节变量的有调节的中介作用研究会丰富绩效薪酬对创新行为影响的边界条件研究。

此外，Lee & Aaker（2004）认为在理论上调节焦点与风险态度之间有概念上的联系。尽管目前还缺少实证研究检验，但也有研究如 Lee et al.（2000）采用在虚拟报酬场景下，依据被试对几种风险不同的报酬支付方式的选择来测量促进焦点和防御焦点，从而使得调节焦点的测量与风险态度的测量在一定程度上联系起来（Lee et al.，2000；Lockwood et al.，2002）。因此，本研究在探讨创新能力对绩效薪酬偏好影响研究中将风险态度作为调节变量，在探讨绩效薪酬对主动－响应二元创新行为影响研究中将调节焦点作为调节变量，从而使绩效薪酬偏好影响创新行为的分选效应与激励效应研究在边界条件的变量上具有一定的联系。

综上，主动－响应创新行为二元分类的重要依据是激发创新行为的不同工作动机（Unsworth，2001），而且也是概念上重叠最少、区分最清晰的两种类型（Sung et al.，2017）。因此，本书认为，以绩效薪酬强度为自变量，依据自主－受控工作动机的不同心理活动路径并考虑促进－防御调节焦点的个人人格特质的边界条件，来探讨绩效薪酬对主动－响应二元创新行为的作用机制的研究模型，不仅有助于在理论上澄清已有研究结论矛盾的根源，而且能更好地揭示绩效薪酬对创新行为影响的作用机理。因而，绩效薪酬对主动－响应二元创新行为影响的中介机制及其边界条件研究具有理论突破价值。

2. 确定研究的理论基础

根据前述文献综述，本书以期望理论、自我决定理论和调节焦点理论作为绩效薪酬对主动－响应二元创新行为影响的中介机制及其边界条件实证研究的理论基础。首先，期望理论用于阐释绩效薪酬对主动－响应二元创新行为的直接影响。期望理论有关动机认知的过程，较好地解释了绩效薪酬能够对员工行为产生激励作用的原因，为奖励与创新行为之间的直接关系研究提供了理论基础（Eisenberger & Aselage，2009；张勇和龙立荣，2013b，2013c；Yoon et al.，2015b；Malik et al.，2015）。其次，自我决定理论用于阐释工作动机的中介作用。近20年来，自我决定理论的发展使之成为有关奖励与创新行为之间关系的实证研究的主流理论基础。该理论阐述了从受控到自主的工作动机连续变化的心理过程，即不同形式的外在动机以及促进或阻碍这些行为的内化和整合的因素（Vansteenkiste et al.，2004；Ryan & Deci，2017），因而能够较好地解释自主-受控工作动机在奖励与创新行为之间的中介作用。最后，调节焦点理论用于阐释调节焦点的边界条件。调节焦点理论指出，调节焦点和调节匹配存在于组织、团队与个体任何一个层面上，特质型调节焦点与外在环境因素的匹配对于激发工作动机有重要影响（Higgins，1997，2000，2006），因此可以更深入地解释如何从调节焦点与绩效薪酬匹配的视角来揭示工作动机的中介作用。总之，以上三个理论为实证研究假设提供更严谨的理论逻辑推论。

3. 采用基于以企业知识型员工为样本的问卷调查法的实证研究具有很强的现实应用价值

已有实证研究主要采用实验法和问卷调查法来获取样本数据。由于以儿童或学生为被试的实验法设置的情境与真实工作场所差异较大，采用问卷调查获取的样本数据更能真实地反映绩效薪酬对创新行为的作用机制，因而真实工作场所的奖励对创新行为影响的研究更应值得关注（Byron & Khazanchi，2012）。而且，已有以企业员工为样本的问卷法研究中，大专及以上学历占比都在95%以上，符合知识型员工的样本要求。虽然以企业员工为样本的问卷法研究文献有限，但为本研究提供了直接的文献支持。此外，已有绩效薪酬对创新行为影响的研究主要是以我国企业知识型员工的问卷调查数据为样本，这也反映了我国企业实践对理论研究的迫切需要。因而，本书以我国信息业和制造业企业知识型员工问卷调查数据为样本的研究结论将对我国企业实践有很强理论指导价值。

4. 研究假设的支持文献选取更严谨

目前有些研究在论证绩效薪酬、创新奖励对创新行为影响的假设支持时，经常不加区分地混用两者的研究文献，也就是说，使用后者的研究来支持前者的假设，或者反过来，此外，国内外某些综述性论文还将货币与非货币绩效薪酬、创新奖励的研究混在一起进行的归纳总结。上述研究文献的混用反映了这一领域研究的严谨性有待于加强，本书对创新奖励与绩效薪酬、货币与非货币绩效薪酬、绩效薪酬强度与绩效薪酬感知的文献都做了区分，从而为后文假设论证提供更严谨的文献支持。

第三章　研究的理论基础

根据第二章文献综述，本章阐述个人–组织匹配理论、前景理论、期望理论、自我决定理论和调节焦点理论的主要观点，并对研究变量间的关系进行理论逻辑推演。

3.1　个人–组织匹配理论

个人–组织匹配理论（person–organization fit）是源于人与环境互动的视角，并基于互动心理学观点而提出的。正如 Chatman（1991）所指出的，理解和预测组织中的行为需要考虑人和环境因素以及这些因素是怎样相互影响的，因此通常把个人的组织行为看作人与组织发生互动的结果。Schneider（1987）提出的 ASA 模型，将个人与环境匹配转向个人与组织匹配，从而推动了个体与组织匹配的研究。其后，Kristof（1996）提出了一个综合的个人–组织匹配理论的定义和概念模型，并获得了研究者的广泛接受。以下主要回顾 Schneider 的 ASA 模型和 Kristof 的个人–组织匹配理论的观点。

3.1.1 Schneider 的 ASA 模型

Schneider（1987）认为，员工构成了工作环境，即 E = f（P, B），并提出 ASA 模型（Attraction–Selection–Attrition Model），即吸引 – 选择 – 摩擦模型，该模型阐释了组织和员工都试图实现自身特征和另一方特征相匹配的过程。该模型有关个人 – 组织匹配的主要命题是：第一，人们自己选择加入或退出组织，是因为他们被组织环境所吸引、所选择并与之共存，不同类型的组织吸引、选择和保留不同类型的人员。第二，作为吸引、选择和摩擦循环的结果，组织对其人员类型进行严格的限定，组织与员工实现高度匹配。吸引 – 选择 – 摩擦模型框架如图 3.1 所示。在吸引阶段，潜在员工通过评估自身和组织的匹配性，对特定组织产生偏好；在选择阶段，组织通过正式和非正式选择程序选择在能力和个人特质上符合组织期望和要求的员工；在摩擦阶段，当员工发现自己不适合组织时，就会选择离开组织。在吸引 – 选择 – 摩擦循环中，组织呈现的特征决定了哪些人会被某一特定组织吸引，哪些人会被该组织选中，哪些人会留在该组织，随着时间的推移，组织表现出同质性。第三，被组织吸引、选择并留在组织中的人决定了组织结构和政策、组织氛围和文化等组织特征，进而这些组织特征又会对员工行为产生影响。

Schneider 的 ASA 模型既展示了组织与员工之间的互动作用，同时也提示学者要从个体和组织两方面去关注个人 – 组织匹配研究，该模型在其后的个人 – 组织匹配实证研究中被许多学者所应用。

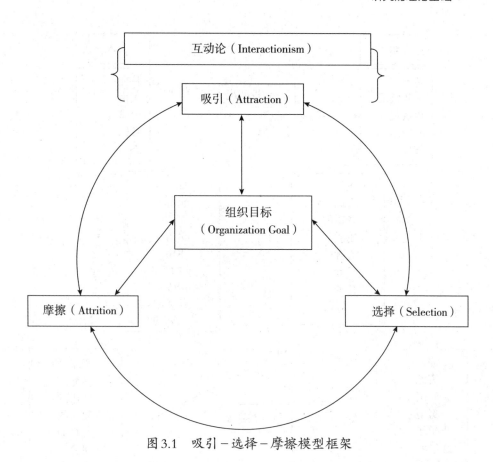

图 3.1　吸引－选择－摩擦模型框架

3.1.2　Kristof的个人－组织匹配理论

Kristof（1996）整合已有有关个人－组织匹配理论的研究，提出了个人与组织匹配的一个综合性概念结构，如图3.2所示。个人与组织的匹配包括两种形式，即一致性匹配（supplementary fit）和互补性匹配（complementary fit）。图3.2箭头 A 代表的是一致性匹配，即指价值观、人格、目标和态度等个人特征与文化氛围、价值观、目标和规范等组织特征之间具有相似性。从组织和个人的雇佣合同中体现的供求关系来看，互补性匹配是指个体与组织能够互为对方

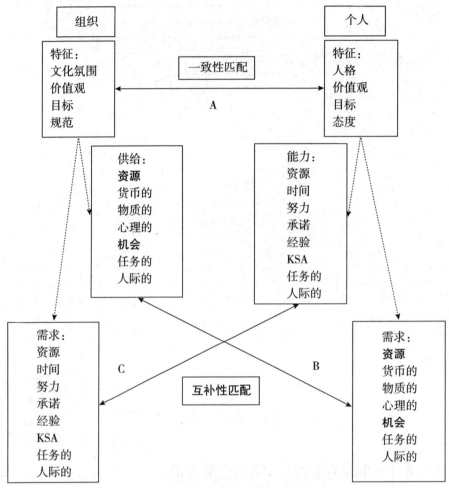

图3.2　个人-组织匹配的概念结构

注：KSA代表知识、技能和能力（Knowledge, Skills and Abilities）。

提供满足其所需的资源，包括需求-供给匹配（needs-supplies fit）和需求-能力匹配（demands-abilities fit）。需求-供给匹配是指组织提供了员工所需要的货币、物质和心理的资源以及与任务和人际相关的发展机会，如图3.2箭头B所示；需求-能力匹配是指员工在时间、努力、承诺、经验、知识、技能、能力等方面能满足组织的需求，如图3.2箭头C所示。而且，个人和组织的需求和供应很可能受到个人和组织的基本特征的影响，如图3.2中的虚线显示了这种影响。

Kristof（1996）通过整合上述一致性匹配和互补性匹配的观点，将个人与组织的匹配界定为个人和组织之间的兼容性（compatibility），并指出这种兼容性发生在以下情况：组织和个人之间至少有一方提供了另一方之所需，或组织和个人拥有相似的基本特征，或两者都有。虽然有研究者认为该定义表述不够清晰，并对之进行修正（奚玉芹和戴昌钧，2009），但总体来看Kristof（1996）的界定较系统、全面地呈现了多种个人–组织匹配形式，在个人–组织匹配研究领域获得普遍认同。

3.1.3　个人–组织匹配理论在薪酬选择研究中的应用

员工与组织薪酬的匹配是个人与组织匹配的一个重要方面，个人–组织匹配理论为绩效薪酬分选效应的研究提供了理论基础。Waller & Chow（1985）从个人与组织匹配角度研究发现，员工通过评估其自我感知的个人属性和可获得的雇佣合同感知属性之间的匹配，来选择其认为主观期望效用最大化的雇佣合同。Cable & Judge（1994）认为薪酬政策的自我选择与个人与组织匹配原理相一致，研究发现薪酬政策之所以具有吸引力，是因为员工个人性格特征与薪酬制度特征之间的匹配度高。总之，由于绩效薪酬分选效应研究一直被忽视，因此目前基于个人–组织匹配理论的分选效应研究也很有限。

3.1.4 个人 – 组织匹配理论对本研究的逻辑演绎

根据个人 – 组织匹配理论，本研究认为 Kristof（1996）区分的三种个人 – 组织匹配形式仅仅是基于不同视角而言的，其本质具有共融性：一方面，绩效薪酬强度的高低代表了组织绩效薪酬的特征，而创新能力、风险厌恶态度是员工个人特征的体现；另一方面，绩效薪酬也表明了为满足员工需要组织所提供的资源和机会，同时员工也通过提供创新能力、风险厌恶态度满足组织的需要，因此创新能力 – 绩效薪酬匹配体现了 Kristof（1996）的一致性匹配及互补性匹配。根据 ASA 模型，首先员工通过评估自身创新能力、风险厌恶态度和组织绩效薪酬的匹配性，对特定组织产生偏好，即绩效薪酬特征对员工产生吸引力，然后，组织选择创新能力和风险态度符合组织期望和要求的员工。例如，高创新能力或低风险厌恶的员工更可能选择高强度绩效薪酬的企业，因此企业可以通过不同强度的绩效薪酬招聘到符合其创新能力、风险厌恶态度要求的员工来任职。本研究通过探讨不同的个体创新能力对不同绩效薪酬强度的选择，即个体创新能力与绩效薪酬强度的匹配度，从而揭示创新能力的绩效薪酬分选效应发生机制。综上，个人 – 组织匹配理论解释了个体创新能力对绩效薪酬偏好影响的作用机制。

3.2 前景理论

Kahneman & Tversky（1979）提出了前景理论（prospect theory），该理论阐述了个体在不确定情形下的风险决策行为，目前前景理论已广泛应用于各种决策行为分析中，如金融决策、人力资源管理决策和产品定价决策等领域。

3.2.1 前景理论的主要观点

前景理论认为，在不确定情境中做出决策时，个体是以其心理上的中立基点即参照点为基准，将决策结果看作实际损益偏离参照点的方向与程度，而并不是根据决策方案可能的各种结果的绝对效用值（Kahneman & Tversky，1979）。

前景理论的核心概念是参照点（reference point），它是指个体判断决策方案的得失或备选方案的概率分布时所隐含的心理上的参照标准（Kahneman & Tversky，1979）。参照点可以用前景理论的价值函数（value function）的价值中性点来表示，如图3.3所示坐标轴的原点，高于参照点区域为收益（gains），低于参照点区域为损失（losses）。个体对前景的各种可能结果的价值与概率权重做出估算，然后根据所评估的各种前景预期价值，选择最高预期价值的决策。S型的价值函数曲线表示，面对不同决策框架，个体参照点会发生变化，使决策结果的损益也发生变化。由此，个体的主观价值感受就会随之发生改变，从而对个体决策行为产生影响（Kahneman & Tversky，1979）。简而言之，参照点决定了个体对某一决策结果的损失–收益框架的认知与判断的心理计量过程，从而对其决策行为产生影响。

参照点可用于解释非理性决策行为，如风险厌恶、框架效应以及效用的敏感性等。第一，参照点与风险厌恶。在不确定情形下，通常个体对损失的感受大于收益，如图3.3所示，相对于收益

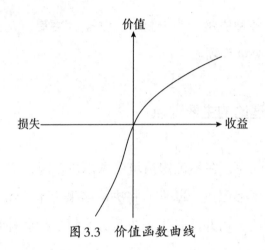

图 3.3　价值函数曲线

曲线，损失曲线更为陡峭，因而个体通常规避损失倾向大于寻求收益，即损失厌恶，存在"维持现状偏差"（Dupont & Lee，2002）。个体是风险厌恶还是风险追求取决于现状与参照点的比较，当现状高于参照点即面对收益时，在预期收益下，个体往往把风险看作威胁，倾向于风险厌恶者，所以更可能选择风险较低的决策方案；当现状低于参照点即面对损失时，在预期损失下，个体往往把风险看作机会，倾向于风险追求者，所以更可能选择风险较高的决策方案。因此，相对于相同程度的奖励，惩罚所带来的激励效应更强烈（Kahneman & Tversky，1979）。第二，参照点与框架效应。个体面对结果相同的决策方案的不同语义表述，会形成不同的参照点，从而对本质上相同的决策方案的选择结果形成不同的认知，最终影响到个体对决策方案做出不同的选择。受制于损失厌恶的心理影响，在收益框架下，个体为确保收益往往表现出较高的风险厌恶倾向从而选择较保守的决策方案；在损失框架下，个体为规避损失往往表现出较低的风险厌恶倾向从而选择较冒险的决策方案。框架效应获得一些研究的支持（Fiegenbaum，1990；

Fiegenbaum & Thomas，1988）。第三，参照点与敏感性。如图3.3
所示，偏离参照点越远，价值函数曲线就越平缓，说明参照点效应
敏感性逐渐下降，即离参照点较近的边际效用大于离参照点较远
的边际效用，因此在参照点附近的收益–损失变动带来的效用变化
是最大的。

3.2.2 前景理论在薪酬管理决策研究中的应用

前景理论有关价值函数与参照点的观点为薪酬管理决策的研究
提供了理论基础，如高管薪酬契约设计（Fehr et al.，2009，2011）、
绩效薪酬的分选效应（贺伟和龙立荣，2011；Kuhn & Yockey，
2003；丁明智等，2014a；汪波和段琪，2014）、绩效薪酬激励效应
（马君和Van Dijk Dina，2013；陈叶烽等，2020）等。已有研究通过
参照点与框架效应构建了心理计量过程，来解释个体面临不同薪酬
合同的选择行为以及不同薪酬形式对个体绩效的激励效应。

3.2.3 前景理论对本研究的逻辑推演

前景理论对本研究的逻辑推演体现在创新能力影响绩效薪酬偏
好的逻辑推演上。

根据前景理论，在不确定情形下，个体做出某一决策行为选择
是一个心理计量过程，也就是说，个体会估算前景的各种可能结果
的价值与概率权重，然后根据所评估的各种前景预期价值，选择最
高预期价值的决策。绩效薪酬强度越高，一方面意味着绩效薪酬的
不确定性和风险性越大，另一方面意味着可能获取的风险收益越高。

在面对不同的绩效薪酬强度方案时，创新能力越强的个体，可能会更看重较高风险收益，并认为较强的创新能力可以使其获取风险收益的概率更高，因而更倾向于选择高绩效薪酬强度，即其绩效薪酬偏好更高。即使个体创新能力较强，但相对于风险厌恶程度较低的个体，较高风险厌恶程度的个体较不看重风险收益，并认为获得较高风险收益的概率也较低，因此风险厌恶程度会降低较高创新能力的个体对较高绩效薪酬强度的选择。

根据参照点与框架效应，个体面对相同绩效薪酬方案的不同语义表述，会形成不同的参照点，由于存在损失厌恶的心理影响，在收益框架下，个体为确保收益往往表现出较高的风险厌恶倾向而选择较保守的决策方案，因而在绩效薪酬收益框架下，个体倾向于选择较低强度的绩效薪酬；在损失框架下，个体为规避损失往往表现出较低的风险厌恶倾向而选择较冒险的决策方案，因而在绩效薪酬损失框架下，个体倾向于选择较高强度的绩效薪酬。

此外，虽然前景理论对绩效薪酬影响工作绩效的非线性激励效应有一定的解释力度（马君和Van Dijk Dina，2013），但是从第二章文献综述来看，有关绩效薪酬对创新行为影响研究的主要理论基础是以自我决定理论为代表的心理学理论，而经济学理论对此解释力很有限。作为行为经济学的重要理论，前景理论用于解释绩效薪酬对创新行为影响的研究极少，并仅限于诠释绩效薪酬感知对单一维度创新行为的影响（Eisenberger & Aselage，2009；杨涛，2016），目前尚未用于解释绩效薪酬对二元创新行为的影响。因此，本研究认为，相对于自我决定理论，前景理论在诠释绩效薪酬与二元创新行为关系上有局限，故仅将前景理论作为绩效薪酬分选效应的理论基础。

3.3　期望理论

期望理论（expectancy theory）是由弗鲁姆（Vroom）于1964年提出的一种有关人们行为动机的理论，目前已成为受到广泛认可的动机认知过程理论。

3.3.1　期望理论的主要观点

期望理论（Vroom，1964）认为人们之所以采取某种行为，是因为他们觉得这种行为可以有把握达到某种结果，并且这种结果对其有足够的价值。换言之，动机水平取决于人们认为在多大程度上可以期望达到预计的结果，以及人们判断自己的努力对于个人需要的满足是否有意义。

期望理论指出人们行为选择的三个关键组成要素是效价（valence）、功用性（instrumentality）和期望值（expectancy）。效价是指个体对某种成果的偏好程度或评价，如个体对特定奖励的重要性或价值的评价。功用性是指对基于绩效进行奖励的信念，如个体绩效达到预期就会得到加薪、晋升与认可等奖励。期望值是指通过特定的活动所带来的预期成果的概率，如相信通过更多的努力能够提高绩效。人们之所以采取某种行为而不是另一种，取决于激励力（motivational force）大小。激励力等于效价、功用性和期望值三者的乘积。由此，该理论主要关注以下三种关系：①效价体现了奖励与个人目标的关系，即奖励可以满足个体的需要或目标的程度。这是对奖励的预期满意度，并不是实际的满意度。②功用性体现了绩效与奖励的关系，即相信奖励是基于公正的绩效评价体系而确定的。
③期望值体现了努力与绩效的关系。期望值通常取决于个人过去的
经验、自信（自我效能）、对绩效标准或目标的感知难度以及对预
期结果的控制力。

期望理论指出了个体动机源于效价、功用性和期望值三个方面。
具体而言，如果个体相信自己通过努力能够达到绩效标准，完成绩
效标准就会获得奖励，这些奖励又可以满足其个人的需要，那么个
体就会更有动力付出更多的努力以完成某种绩效要求。反之，如果
个体在任意一个方面出现问题，如对通过努力达到绩效标准没有信
心、不相信完成绩效标准就会获得奖励，或者缺乏对所提供的奖励
的渴望，就会削弱个体付出努力完成绩效要求的动机。

3.3.2 期望理论在奖励与创新行为关系研究中的应用

期望理论的有关动机认知过程为奖励与创新行为的关系研究
提供了理论基础（Eisenberger & Aselage，2009；张勇和龙立荣，
2013b，2013c；Yoon et al.，2015b；Malik et al.，2015）。根据期望理
论，只有当员工重视给定的报酬（效价）并表现出对实现创新绩效
（功用性）的强烈信念（期望值）时，外在奖励才能对创新绩效产生
积极影响（Malik et al.，2015）。

3.3.3 期望理论对本研究的逻辑演绎

已有研究指出，绩效薪酬之所以对员工产生激励作用是因为员
工相信绩效薪酬在付出努力（期望值）、绩效（功用性）与获得奖

励（效价）之间建立了更直接、更清晰的联系，从而促使其为了期望的回报而展现组织期望的行为。

主动创新行为是指个体对开放式问题（如有待发现的、没有具体要求的问题）积极主动地提出创造性想法并实施解决方案；响应创新行为是指个体对封闭式问题（如现有特定问题或外在要求）做出回应，提交创造性想法并实施解决方案（Unsworth，2001；Sung et al.，2017）。面对开放与封闭两种不同的任务类型，根据期望理论，员工在效价、功用性和期望值上的认知有所不同，因此引发主动与响应创新行为的激励力会有不同。对于开放性、没有具体要求的任务，实现日常工作绩效与主动创新行为的联系较模糊（功用性），这种模糊的联系致使员工通过主动创新获取绩效薪酬的信心降低（期望值），努力程度也会降低。与此相对照，对于职责性、有具体要求的任务，实现日常工作绩效与响应创新行为的联系更清晰（功用性），这种清晰的联系也增强了员工对响应创新获取绩效薪酬的信心（期望值），员工也会更加努力。同时，无论是主动创新还是响应创新都具有风险性，需要员工付出更多的努力，员工也期望通过工作绩效的提高而获得绩效奖励。因此，本研究推断，绩效薪酬对主动创新行为的影响可能会呈现先上升后下降的倒 U 型，而对响应创新行为则可能呈正向影响。

3.4　自我决定理论

自我决定理论（self-determination theory）于 1985 年由 Deci 和 Ryan 在其著作 *Intrinsic Motivation and Self-determination in Human Behavior* 中提出，2017 年 Ryan 和 Deci 在 *Self-determination Theory* 专

著中对以往研究做了进一步系统阐述，本节中的主要观点引自这两本著作。自我决定理论是有关社会情境下个体动机和人格发展的理论，关注的是个体自主性或自我决定的程度，强调个体的内在心理历程对人格发展和自我调节行为的重要性。该理论包括基本心理需要理论（Basic psychological Need Theory）认知评价理论（Cognitive Evaluation Theory，CET）、有机整合理论（Organismic Integration Theory，OIT）和因果定向理论（Causality Orientations Theory，COT）四个子理论（Deci & Ryan，1985b；Ryan & Deci，2017），目前在教育心理学、组织行为学和管理学等研究领域得到广泛应用。

3.4.1 自我决定理论的主要观点

1.认知评价理论

认知评价理论假设人们天生并不反感努力，认为个体被驱使付出努力即内在动机，是为了满足其基本心理需要（Deci & Ryan，1985b；Ryan & Deci，2017）。基本心理需要包括自主需要、能力需要与关系需要三种形式。自主需要（autonomy need）是指个体对可以根据自己意志从事活动的自主选择感的需要；能力需要（competence need）是指个体对有能力从事活动的胜任感的需要；关系需要（relatedness need）是指个体对与他人保持联系、关爱别人与被关爱感的需要。外在环境因素对个体意味着三种明显不同的功能性含义，即信息性、控制性和缺乏动机性。信息性是指个体感受到外在环境因素的正向积极反馈；控制性是指个体感受到被外在环境因素控制、要求和不能自主选择（Deci & Ryan，1985b）；缺乏动机性是指对外在环境因素感到无能为力（Deci & Ryan，1985b）。它们在满足基本心理需要中的作用也不同。当外部环境的信息性能满足或不损害基本心理需要时，就会提高或不会削弱内在动机；当外部环境因素的控制性有损于基本心理需要时，个体感到被控制，就会降低内在动机（Deci & Ryan，1985b）；当外部环境因素使个体感受到持续的消极绩效反馈、失败或不能实现期望目标时，个体就会产生无助感、沮丧感和自我贬低感，从而阻滞基本心理需要，就会出现缺乏动机性（Deci & Ryan，1985b）。该理论还认为，无趣工作本身不能产生内在动机，所以该理论只解释有趣工作的内在动机，而不解释无趣工作的内在动机，因而不用于解释外在奖励对内在动机的影响。

2. 有机整合理论

内在动机和外在动机之间的简单二分法使得认知评价理论难以应用于工作环境。Deci & Ryan（1985b）通过对无趣工作的内在动机研究发现，内在动机并不是唯一一种自我决定动机类型，还需要关注外在动机内化的调节作用，并提出了有机整合理论（Deci & Ryan，1985b；Ryan & Deci，2017）。有机整合理论的主要观点是：

第一，该理论根据外在动机内在化的差异，将外在动机划分为外部调节、整合调节、认同调节和内摄调节四种调节类型。该理论整合了在无趣工作下，由去动机的缺少调节到外在动机的外部调节、内摄调节、认同调节、整合调节，再到内在动机的内部调节的心理轨迹。

第二，区分外在动机的四种类型。外部调节实际上等同于早期的外在动机，内摄调节不同于外部调节，内摄调节是通过自我控制及自尊的需要而进行的，行为的产生在一定程度上仍然是外在的；认同调节与整合调节的根本区别在于，认同调节仅指个体认同工作活动的价值，而整合调节是个体对外在规则的完全认同与内化；内部调节与整合调节的根本区别在于，内在调节即为内在动机，而外在动机的内化不等同于内在动机。

第三，定义并区分了自主动机和受控动机。根据不同的调节过程，将外部调节和内摄调节归类为受控动机，将认同调节、整合调节和内部调节归类为自主动机，这些调节过程与从被控制到自主的连续变化的行为相关，呈现一种递进的自我决定连续体，如图3.4所示（Ryan & Connell, 1989；Ryan & Deci, 2000；Ryan & Deci, 2017）。自主动机与受控动机的区别在于个体自我决定的程度不同，而个体受控动机的程度则反映了其被外部因素或内在需要所胁迫或诱惑的程度。能够满足基本心理需要的信息性环境因素和个体差异促进了自主动机，包括内在动机和外在动机的内部化，而阻碍基本需要满足的控制性环境因素则与动机不足、绩效和幸福感较低相关。

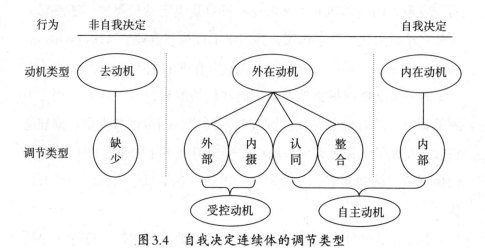

图3.4　自我决定连续体的调节类型

3.因果定向理论

因果定向理论（Deci & Ryan, 1985b；Ryan & Deci, 2017）是

有机整合理论的进一步发展，主要关注与环境互动相关的个体动机倾向差异。Deci & Ryan（2008）将因果定向界定为一种人格特质，是指个体自我决定外在活动的感知倾向性，可分为自主定向（autonomy orientations）、控制定向（controlled orientations）、非个人定向（impersonal orientations）三种类型。具体而言，自主定向是指个体感知到与环境相关的信息发起与调控行为时的高度自主性，他们会将外在环境因素视为信息性，会从现实出发有效利用信息主动选择能最大限度满足基本心理需要的行为。控制定向是指个体把环境相关因素视为控制、压力，在自身需求满足的同时却阻碍了自身对自主的需要，个体行为受到外部因素的控制。非个人定向是指个体对自身行为意图的发展超出控制，即个体认为自己没有能力与信心调控行为，以及行为结果不受自己控制，缺乏行为意愿，与去动机是一致的。该理论认为，上述三种人格定向呈现程度不同，可用于预测各种心理或行为结果。即使在控制环境情境中，自主定向的个体也能够有效利用信息内化外在控制，更有弹性地调控行为，使其与环境因素相一致，从而减少对基本心理需要的损害，因此表现出更强的自主动机，始终与有效行为结果呈正相关。然而，控制定向的个体由于将外部环境视为控制性，其调控僵化会降低基本心理满足感，非个人定向则与自我贬低和缺乏活力相关（Deci & Ryan，2008）。

3.4.2 自我决定理论在奖励与创新行为关系研究中的应用

自我决定理论的最重要贡献体现在：考虑了工作有趣性与工作无趣性的特征，首次用内化的概念对外部动机进行了区别分析。在

111

工作场所中，绝大部分人以赚得薪酬收入为主要工作目的，而并非主要是为了工作有趣性。该理论描述了无趣工作不同形式的外部动机以及促进或阻碍这些行为的内化和整合的因素，并指出自主–受控连续体是区分动机类型的核心概念（Vansteenkiste et al.，2004；Ryan & Deci，2017），打破了以往内在动机与外在动机之间简单二分法，从而更好地搭建了工作动机在外部控制因素与员工行为或态度之间的桥梁，增强了理论对实践的解释性，因此成为引用非常广泛的动机理论（Howard et al.，2017）。

对于奖励与创新关系的研究，自我决定理论突出外在动机内化的观点，解释了从外在动机到内在动机的个体心理的调节过程，强调在工作的有趣与无趣的不同特征下，外在奖励对内在动机的不同影响。对于有趣的工作，外在奖励倾向于削弱自主动机，而对于无趣的工作，外在奖励倾向于增强自主动机，进而在理论上有效地解释了外在奖励既能促进内在动机又能削弱内在动机的矛盾性。已有实证研究主要体现在基于自我决定理论探讨了工作动机的前因变量、结果变量以及工作动机的中介作用（郭桂梅和段兴民，2008；赵燕梅等，2016；张春虎，2019），其中基于自我决定理论对奖励与工作动机的关系，以及工作动机在奖励与创新行为关系的中介作用，也是研究关注的重要方面，参见本研究第二章的相关文献综述。

3.4.3 自我决定理论对本研究的逻辑演绎

本研究将自我决定理论作为绩效薪酬影响主动–响应二元创新行为的中介作用研究的理论基础。

绩效薪酬兼有信息性与控制性环境因素两种属性（Deci & Ryan，1985b），在不同强度的绩效薪酬下，绩效薪酬信息性与控制性属性有不同的呈现。根据自我决定理论，当员工感受到绩效薪酬信息性因素所反馈的信息性可以满足个体基本心理需要时，就会触发自主动机，从而促进主动创新行为；反之，当员工感受到绩效薪酬控制性反馈的被控制感，会阻滞个体基本心理需要的满足，触发受控动机，从而引发响应创新行为。此外，受控动机的外部调节、内摄调节与自主动机的认同调节、内部调节是一个从控制到自主的连续、递进变化的心理调节过程，即使在控制环境情境中，如果个体也能够有效利用信息内化绩效薪酬的外在控制性，表现出更有弹性的调控行为，从而减少对基本心理需要的损害，将受控动机转化为自主动机，就会表现出更强的自主动机，并促进主动创新行为。本研究认为，存在受控动机可以转化为自主动机的可能性，当受控动机转化为自主动机就可以视为自主动机，而自主动机对主动创新行为有积极影响，受控动机对响应创新行为有促进作用。综上，自我决定理论为绩效薪酬通过自主–受控工作动机对主动–响应二元创新行为影响机制提供解释。

3.5 调节焦点理论

Higgins（1997）基于自我差异理论（self–discrepancy theory）提出了调节焦点理论（regulatory focus theory），目前该理论在组织行为学、管理学、市场营销学、医疗健康和社会福利等领域的研究中得到广泛的应用。

3.5.1 调节焦点理论的主要观点

在心理学上，对动机的假设是人们倾向于追求快乐和逃避痛苦的享乐原则（hedonic principle），这种趋利避害的个体倾向指出了动机的本质，但以往的动机理论没有解释人们为什么和如何趋近快乐与避免痛苦，以及二者的关系，只是指出人们的确这样做了。Higgins（1997）提出了调节焦点理论，解释了如何从调节焦点的视角看待动机，揭示了趋近－规避原则（approach-avoidance principle）、期望－价值关系（expectancy-value relations）以及情感与评价的敏感性，称为自我调节的动机理论（Johnson et al., 2015）。

根据调节焦点理论，个体具有促进焦点和防御焦点两种自我调节方式，这两种方式在心理变量上的四个明显差异，如图3.5所示（Higgins，1997）。第一，在诱发动机因素上，促进焦点是由成长需要、强烈理想和"得而非得"情境引发的，防御焦点是由安全需要、强烈责任和"失而非失"情境引发的。第二，在目标选择及其实现策略上，促进焦点以进取为策略手段，要确保成功和不遗漏错误，而防御焦点以规避为策略手段，确保纠正错误和不犯错误。第三，在结果关注上，促进焦点对积极结果是否出现敏感，而防御焦点对消极结果是否出现敏感。第四，在情感上，促进焦点表现出快乐－沮丧，防御焦点表现出平静－激动。

促进焦点和防御焦点是两个独立的自我调节行为策略选择系统，是呈正交关系的概念，这一观点得到Lockwood et al.（2002）、Gorman et al.（2012）和Lanaj et al.（2012）的实证研究及元分析支持。由于促

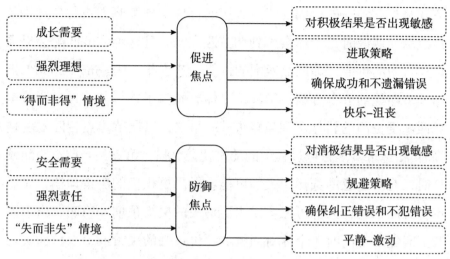

图3.5 促进调节焦点与防御调节焦点在心理变量上的区别

进焦点和防御焦点的每个方面都包括接近期望的最终状态和避免不期望的最终状态（Johnson et al.，2015），所以两种调节与趋近－规避动机是正交的。个体可能同时具有高促进焦点和高防御焦点取向，同时看重得与失，或者也可能同时具备低促进焦点和低防御焦点取向，其动机水平会较低。

基于调节焦点理论，Higgins（2000，2006）提出了调节匹配观点。该观点认为一个好的决策必须关注结果，所谓的结果应是高收益和低成本的，也就是说，收益－成本最佳的决策会让人们感到有价值去做（it is worthwhile），并且物有所值（it is worth it）。调节匹配关注的是个体对某一活动的取向与从事该活动的策略手段之间的关系，个体可以以不同的调节焦点取向和不同的策略方式追求同一目标活动，这些不同的调节焦点取向与实现策略方式之间的匹配程度各不相同。将值得的价值（value from worth）独立出来就产生了额外的匹配价值（value from fit）。结果或值得的价值与目标实现策略方式是相互独立的，因此当所采用的目标实现策略方式与自身调节焦点取向匹配时，个体会感到调节匹配，并且这种调节匹配会提高个体行为的价值，即调节匹配的价值。基于此，Higgins（2000）指出调节匹配的五个方面：第一，个体更倾向于选择与其自身调节焦点匹配度更高的目标实现策略方式；第二，当调节焦点相匹配度越高时，在追求实现目标过程中的动机就会更强；第三，当调节匹配较高时，对所合意的选择，人们可能会做出更积极的决策预期，而对不合意的选择，人们可能会做出更消极的决策预期；第四，当个体调节匹配度更高时，个体对回顾或评价过去的决策或追求目标实现的态度更为积极；第五，当决策与自身调节匹配度更高时，个体所给予的价值评价会更高。

3.5.2　调节焦点理论在奖励与创新行为关系研究中的应用

调节焦点理论的重要贡献在于：区分了个体追求快乐和逃避痛苦的不同方式，并解释其原因及实现途径，作为自我调节的动机理论，推动了动机理论的发展与应用。调节匹配观点为探讨调节焦点作为调节变量与组织因素、个体因素的交互作用对员工行为或态度的影响提供了理论依据。

促进焦点对创新行为有积极作用的结论得到实证研究的普遍支持，而已有大多数研究表明防御焦点对创新行为可能有消极作用或没有影响，或者在某些条件下会有积极作用。然而，虽然已有研究表明调节焦点具有调节作用或有调节的中介作用，如调节焦点在期望与动机、领导行为与自我效能感、工作控制与自我效能感之间具有调节作用，而且调节匹配有助于增强动机、促进组织期望的某种员工行为或态度出现，但目前缺乏调节焦点在绩效薪酬或奖励与自主-受控工作动机关系中的调节作用的研究。

3.5.3　调节焦点理论对本研究的逻辑演绎

根据调节焦点理论及调节匹配理论，本研究将促进焦点和防御焦点作为绩效薪酬对主动-响应二元创新行为的调节变量，其理论逻辑演绎如下。

由于调节焦点和调节匹配存在于组织、团队与个体任何一个层面上，调节焦点和调节匹配对工作动机的激活有很强的影响。当个体长期调节焦点与其环境因素匹配时，存在额外匹配价值，会增强其动机，当二者不匹配的时候，额外的匹配价值不存在，对动机没有影响。绩效薪酬兼有信息性与控制性环境因素两种属性，在不同强度的绩效薪酬下，不同调节焦点取向的个体对绩效薪酬信息性与控制性属性有不同的感知与评估。对于促进焦点的个体，倾向于感知到绩效薪酬信息性反馈胜任、认可积极信息，满足其追求自我成长和理想需要，从而使其调节焦点趋向与绩效薪酬信息性环境因素相匹配，进而促使工作动机来自个人成就、发展和期望，在获得奖励时产生快乐，他们在调节行为时倾向于以进取为策略，会通过积极尝试各种行为来追求目标的实现，因此有助于绩效薪酬激发自主动机。对于防御焦点的个体，倾向于感知到绩效薪酬控制性反馈的压力与受控的消极感，出于职责和安全的需要，从而使其调节焦点趋向与绩效薪酬控制性环境因素相匹配，进而促使工作动机来自职责、满足他人要求与期望，对获得奖励反应平静，在调节行为时倾向于采用规避保守策略以避免惩罚、失败，因此有助于绩效薪酬激发受控动机。当员工个体调节焦点取向与绩效薪酬的属性不相匹配时，则会降低其动机，也就是说，促进焦点可能不会调节绩效薪酬对受控动机的影响，同理，防御焦点可能会负向调节绩效薪酬对自主动机的影响。

第四章　创新能力对绩效薪酬偏好的影响

4.1　研究假设

结合第二章相关文献综述与第三章理论逻辑演绎推论，提出本章的研究假设。

4.1.1　创新能力对绩效薪酬偏好的直接影响

Schneider（1987）ASA模型指出，个体通过评估自身和组织的匹配性，对特定组织产生偏好，即组织特征对员工具有吸引力，然后，组织选择能力和个人特质符合其要求的员工。根据Kristof（1996）指出的一致性匹配和互补性匹配，从组织角度来看，绩效薪酬强度不仅代表了组织薪酬制度在风险性和不确定性上的特征（Gerhart & Fang，2015），同时也表明了组织所提供的资源。如果组织的绩效薪酬强度越高，预示着其绩效薪酬计划的风险性和不确定性就越大，所提供的风险收益就越高。从员工个体角度来看，创新能力是个人能力特征之一，也是组织所需要的个体资源。因此，根据个人–组织匹配理论，员工个体会对自身创新能力和组织绩效薪酬特征的匹配性进行评估，当员工感到组织绩效薪酬计划能够满足自身需要时，就会对该组织的绩效薪酬计划产生偏好。换言之，绩效薪酬在个体创造力上的分选效应，体现了不同创造力的个体对不同的绩效薪酬计划的自我选择（Waller & Chow，1985；Fehrenbacher et al.，2017）。

根据前景理论，在不确定情形下，个体做出某一决策行为选择是一个心理计量过程，个体会估算前景各种可能结果的价值与概率，然后根据所评估的各种前景预期价值，选择最高预期价值的决策（Kahneman & Tversky，1979）。当个体面对不同绩效薪酬强度计划时，会基于其创新能力对之做出评估。通常，创新能力越高的个体认为，其取得较高绩效水平或高于最低绩效阈值的概率更高。研究表明，高创新能力自我感知的个体表现出较高的创新加权生产率（Kachelmeier & Williamson，2010）。因而，创新能力较高的个体，所估算的在该类计划下获得风险收益的概率较高，他们会更看重较高绩效薪酬强度的计划，因此他们会倾向于选择较高绩效薪酬强度，这是其最高价值预期的决策。

已有有关创新能力对绩效薪酬偏好的研究罕见，目前本书只检索到Kachelmeier & Williamson（2010）的研究。该研究表明，相对于仅按数量付酬计划，自我创新能力感知越高的个体，越倾向于选择不确定性更强的创新加权薪酬计划。此外，较多的文献研究结论表明，相对于固定薪酬，个体日常工作能力越强，越倾向于选择绩效薪酬（Chow，1983；Lazear，2000；Cadsby et al.，2007；Eriksson & Villeval，2008；Cornelissen et al.，2011；Dohmen & Falk，2011；丁明智等，2014a；丁明智等，2014b；张浩和丁明智，2017；Fehrenbacher et al.，2017）。而且，在选择绩效薪酬的个体中，个体日常工作能力越强，越倾向于选择高激励程度的绩效薪酬（Waller & Chow，1985；Dohmen & Falk，2011；Lee et al.，2011；Fehrenbacher et al.，2017）。由此，本研究提出以下假设。

H1：创新能力对绩效薪酬偏好呈正向影响。具体而言，创新能力越高的个体，越可能选择较高绩效薪酬强度。

4.1.2 风险厌恶的调节作用

风险厌恶是指在预期确定利润不小于预期潜在利润均值的情况下，个体总是会倾向于确定利润前景（Chiles & Mcmackin, 1996；Fox et al.，2015）。Cadsby et al.（2007）将风险厌恶的个体定义为宁愿接受平均薪酬较低但薪酬收入是确定的，而不愿接受平均薪酬更高但薪酬收入不可预测、不可控的员工。风险厌恶程度具有个体差异，个体风险厌恶的异质性会影响个体行为方式（Cable & Judge，1994；Fehrenbacher et al.，2017；Femminis，2019）。因此，不同风险厌恶程度的个体会选择不同的绩效薪酬强度。

已有研究表明，相对于固定薪酬，风险厌恶程度越低的个体越会选择绩效薪酬（Cable & Judge，1994；Cadsby et al.，2007；Cornelissen et al.，2011；Dohmen & Falk，2011；贺伟和龙立荣，2011；丁明智等，2014a、2014b；张浩和丁明智，2017；Fehrenbacher et al.，2017）。而且，研究还表明，风险厌恶程度越低的个体，越会选择不确定性更大、激励更强的绩效薪酬形式（Fehrenbacher & Pedell，2012；Fehrenbacher et al.，2017），如选择锦标赛薪酬而非计件薪酬（Eriksson et al.，2009）。

虽然已有研究主要关注风险厌恶对绩效薪酬偏好的直接影响，

但也有个别研究对风险厌恶在技能、成就需求和控制焦点与绩效薪酬选择之间的调节作用进行了探索性研究（Fehrenbacher et al.，2017）。尽管这一探索性研究没有通过统计检验，但风险厌恶可能会对其他个体特征和绩效薪酬选择之间的关系产生影响仍然值得进一步检验（Fehrenbacher et al.，2017）。

如前所述，根据个人–组织匹配理论（Schneider，1987；Kristof，1996），风险态度是个人特征之一，也是组织所需要的个体资源，因此个体会评估自身风险厌恶程度和组织绩效薪酬的匹配性。根据前景理论（Kahneman & Tversky，1979），在创新能力相同的情况下，相对于较低风险厌恶的个体，较高风险厌恶的个体会较不看重风险收益，所估算的获得较高风险收益的概率也较低，因此随着风险厌恶程度增强，会降低个体创新能力对绩效薪酬强度偏好的正向影响。由此，本研究提出以下假设。

H2：风险厌恶在创新能力与绩效薪酬偏好之间起负向调节作用。具体而言，对高风险厌恶者而言，创新能力对绩效薪酬偏好的正向影响较弱。

4.1.3　绩效薪酬框架的调节作用

根据前景理论的参照点与框架效应（Kahneman & Tversky，1979），个体面对相同绩效薪酬方案的不同语义表述，会形成不同的参照点。个体通常存在损失厌恶心理，即规避损失倾向大于寻求收益，框架效应体现在个体是风险厌恶还是风险追求取决于不同框架现状与参照点的比较（Sharma et al.，2020）。

在收益框架下，个体倾向于将基本薪酬作为参照点，面对预期收益，这时个体往往把风险看作威胁，为确保收益而表现出较高的风险厌恶，从而倾向选择较保守的决策方案（Diederich et al.，2020；贺伟和龙立荣，2011；丁明智等，2014a，2014b），即倾向于选择较低绩效薪酬强度。因此，在收益框架下，个体创新能力对绩效薪酬偏好的正向影响更弱。在损失框架下，个体倾向于将总薪酬作为参照点，从总薪酬中分离绩效薪酬对个体意味着预期损失，这时个体往往把风险看作机会，为规避损失而表现出较低的风险厌恶，从而倾向选择较冒险的决策方案（Diederich et al.，2020；贺伟和龙立荣，2011；丁明智等，2014a，2014b），即倾向于选择较高绩效薪酬强度。因此，在损失框架下，个体创新能力对绩效薪酬偏好的正向影响更强。

同理，在绝对绩效标准下，个体以客观确定的指标值为参照点，对任务要求和自身是否完成任务有明确的感知。这时，个体往往把风险看作机会，为规避损失而表现出较低的风险厌恶，从而倾向选择较冒险的决策方案，即更可能选择较高绩效薪酬强度。因此，在绝对绩效标准下，个体创新能力对绩效薪酬偏好的正向影响更强。在相对绩效标准下，个体绩效高低取决于与他人绩效的对比，个体以相对指标为参照点，从而使其感到完成指标的不确定性较高（Belogolovsky & Bamberger，2014）。这时，个体往往把风险看作威胁，引发个体规避风险，从而倾向选择较保守的决策方案（贺伟和龙立荣，2011），即更可能选择较低绩效薪酬强度。因此，在相对绩效标准下，个体创新能力对绩效薪酬偏好的正向影响更弱。

综上所述，损失框架与绝对标准框架，对个体创新能力与绩效薪酬偏好之间关系的影响具有一致性，即更强化了二者之间的正向关系。收益框架与相对标准框架，对个体创新能力与绩效薪酬偏好之间关系的影响具有一致性，即更弱化了二者之间的正向关系。然而，收益框架与绝对标准框架、损失框架与相对标准框架，对个体创新能力与绩效薪酬偏好之间关系的影响呈现相反的取向，由于在理论上无法推论孰大孰小，因此二者之间的正向关系可能略有增强，也可能略有减弱。虽然目前未发现结合绩效评价指标的薪酬框架的研究，但已有绩效薪酬分选效应研究表明薪酬框架、绩效评价标准分别具有调节作用（贺伟和龙立荣，2011；Belogolovsky & Bamberger，2014；丁明智等，2014a）。由此，本研究提出以下假设。

H3：绩效薪酬框架调节创新能力对绩效薪酬偏好的影响。

H3a：在损失+绝对标准框架下，创新能力与绩效薪酬偏好的正向关系更强。

H3b：在收益+相对标准框架下，创新能力与绩效薪酬偏好的正向关系更弱。

H3c：在收益+绝对标准框架和损失+相对标准框架下，创新能力与绩效薪酬偏好之间的正向关系可能略有增强，也可能略有减弱。

4.2 实验研究设计

4.2.1 实验的目的

本实验分预实验和正式实验两个阶段实施。

预实验的目的是：第一，检验实验过程、相关材料与操控的可行性和有效性。第二，检验中文远距离联想测试量表的信度与效度。第三，检查绩效薪酬的目标绩效标准的合理性。通过被试的创新能

力均值，即被试平均答对多少道中文远距离联想测试题目，以确定
绩效薪酬的目标绩效标准设置是否合理。第四，检查绩效薪酬偏好
量表和付酬水平的合理性。根据被试对三档绩效薪酬强度选择的百
分比分布，以确定薪酬偏好和付酬水平设置是否合理。第五，检查
风险厌恶量表的适用性。根据被试的风险厌恶程度均值以及低、中、
高风险厌恶程度的百分比分布，以确定风险厌恶量表的适用性。

正式实验的目的是：根据预实验数据结果进一步完善实验的实
施，并获取实验数据来验证创新能力对绩效薪酬偏好影响的三个假
设是否成立。

4.2.2 实验对象与实验任务

为了较好地控制薪酬以外的其他因素如工作经历、职位等，对
个体薪酬选择的影响，在进行有关薪酬选择的真实任务实验时，大
多选择大学高年级本科生和低年级研究生为被试。北京 GS 大学是一
所多科性大学，管理学和工科是其两大优势专业学科，这两大专业
学科学生也是制造业和信息业企业知识型员工的主要后备军，因此
被试符合本研究的需要。本研究遵循自愿原则，面向管理学和工科
的学生招募被试。在招募时，本研究与自愿参加实验的学生签署了
知情同意书（请参见附录 E.5）。本研究承诺参与者匿名参加本次实
验，对所有实验信息遵循严格保密原则，所有实验数据仅用于我们
的研究。被试主要来自人力资源管理、工商管理专业的大三、大四
学生和企业管理专业的研一学生，以及机械电子工程、计算机与软
件工程专业的大三学生。

本研究采用真实任务实验法，要求学生完成中文远距离联想测

试的练习任务和正式任务。该测试是对创新能力进行客观评价的测量方法，以中文语言词汇使用统计规律为测量基准（李良敏等，2015），完成这一任务所需的知识和技能是大学生所普遍具备的。在实验结束后，被试学生可以获得真实现金报酬。

为确保实验的真实、可靠，本实验采用随机编号的方式，且被试的编号具有唯一性。由于本研究需要探讨四种绩效薪酬的框架效应，因而采用被试间、项目内实验设计。被试间设计是指本实验所招募的被试只能参加一种绩效薪酬框架下的实验，而不能再参加其他框架的实验。项目内设计是指在不同绩效薪酬框架下的实验，使用的实验材料完全相同。根据被试间项目内实验设计要求，在预实验和正式实验中，依据绩效薪酬框架的四种形式，将所招募的管理学被试、工科被试分别随机分为四组来完成实验任务。组1为收益+绝对标准框架，组2为收益+相对标准框架，组3为损失+绝对标准框架，组4为损失+相对标准框架，并确保四个组的被试在管理学、工科两个专业学科中大致相当。

4.2.3　实验材料与实验过程

1.实验材料

（1）变量测量量表

变量测量量表包括中文远距联想测试量表的练习任务版和正式任务版、绩效薪酬偏好量表/绩效薪酬框架量表、风险厌恶量表与个人基本信息，具体参见附录E.1、附录E.2和附录E.3。

（2）实验任务指导语

实验任务指导语是指在实施实验时，主试人向被试解释相关实验内容的细节，主要包括实验目的、实验具体流程、实验任务的要求以及注意事项，以便被试了解实验，更好地配合完成实验。本实验任务指导语参见附录E.4。遵照舒华和张亚旭（2008）的建议，本次实验的"虚假的目的"是薪酬管理课程薪酬支付模拟教学实验，在实验结束后才告知被试实验真实目的，即受国家社会科学基金支持的有关创新能力与绩效薪酬偏好关系研究。此外，为确保被试易于理解实验任务，本实验任务指导语的表述力求简洁明确，并将绩效薪酬相关专业术语以及四种绩效薪酬框架进行了通俗化表达与解释。

2.实验过程

实验在教学工作日的午休时间进行。实验大约需要60分钟（其中有5分钟用于发放和回收量表），分以下三个阶段进行：

第一阶段，实施练习任务。该阶段共计25分钟，包括5分钟的实验讲解和20分钟的答题时间。被试按照编号就座后，主试人进行实验目的、实验任务和实验规则以及报酬支付方式的说明，随后发放练习任务版测试题。在所有被试收到练习任务测试题后，要求被试先阅读练习版的测试任务答题规则，并由主试人向被试说明具体的答题规则，此时被试不能开始答题。在主试人讲解完答题规则后，要询问被试是否有疑问，在确保每一位被试都充分了解答题规则后，主试人宣布开始进行练习，同时计时20分钟。该阶段要避免被试之间进行交谈，如果有被试在测试时间结束前作答完毕，则请该被试坐在座位上安静等待。测试时间满20分钟后，要求所有被试停笔，由主试人收回练习任务版测试题。

第二阶段，实施正式任务，共计25分钟，包括5分钟的填写绩效薪酬偏好量表和20分钟的答题时间。在主试人将所有被试的练习任务版测试题收取完毕后，根据被试所在分组，向被试发放绩效薪酬偏好量表（绩效薪酬框架量表），并提示被试阅读该量表的报酬支付说明。然后，由主试人介绍报酬支付方式，并强调会根据接下来的正式任务完成的成绩和所选择的报酬支付方式来给付真实现金报酬。待所有被试填写完毕绩效薪酬偏好量表后，发放正式任务版测试题，同时计时20分钟。该阶段的答题规则与练习任务一致，在被试答题时，由主试人收回绩效薪酬偏好量表，并待答题结束后收回正式任务版测试题。

第三阶段，风险厌恶量表和个人基本信息填写，共计5分钟。在主试人将所有被试者的正式任务版测试题收取完毕后，向被试者发放风险厌恶量表和个体基本信息表，待被试填写完毕后收回量表，并再次提醒被试记住自己的编号，两天后按照编号在实验微信群里领取自己本次实验的报酬。

4.2.4 变量测量

1.创新能力量表

个体创新能力的测量采用的是中文远距离联想测试。由于该测试在国内应用处于起步阶段，适合国内中文语境测试量表很少（李良敏等，2015），本研究只检索两套测试量表。在练习任务阶段，采用的中文远距离联想测试量表来源于百度文库[①]，包括"氛、服、争"等30个题目。在正式任务阶段，采用李良敏等（2015）中文

---

① https://wenku.baidu.com/view/c542add1690203d8ce2f0066f5335a8102d266ac.htmlRAT.

远距离联想测试量表，包括"章、学、艺"等30个题目，该量表以大学生为被试的信效度都通过了检验。练习任务版和正式任务版量表分别参见附录E.1.1和附录E.1.2。本研究对正式实验的练习任务测试题和正式任务测试题两套中文远距离联想测试进行信度分析，其 Cronbach's α 系数为0.804，说明量表的信度较好。

个体创新能力为自变量，其取值是以被试实际答对的题目个数为准。被试答对的题目个数越多，说明个体的创新能力越强，测量值范围为0~30。

2. 绩效薪酬偏好量表

（1）绩效薪酬强度的设置

本实验对绩效薪酬偏好的测量，采用绩效薪酬强度区间分布法。由于本实验设置了四种绩效薪酬框架，绩效薪酬偏好的测量是按绩效薪酬框架分组进行的，因此绩效薪酬偏好与绩效薪酬框架使用相同的量表，参见附录E.2。该量表设置的低、中、高三档绩效薪酬强度，分别为10%、30%和50%。

上述三档绩效薪酬强度的设置是依据本研究预调查和正式调查问卷的统计数据。样本员工对题项"您目前平均每月绩效工资收入占工资总额的比重是"[①]的回答如下（预调查的统计数据见括号）：在0%~5%的占比4.3%（7.0%），在6%~15%的占比24.7%（29.0%），在16%~30%的占比39.8%（38.3%），在31%~50%的占

---

① 参照杜旌（2009）的绩效薪酬强度单题项测量，具体参见第五章5.2.1节。预调查和正式调查样本信息参见第五章，正式调查问卷参见附录F。

129

比19.1%（18.7%），在51%~69%的占比9.7%（6.1%），在70%~84%的占比0.5%（0.5%），在85%~94%的占比1.4%（0.5%），在95%~100%的仅占比0.5%（0%）。以上数据表明，绩效薪酬强度从低到高的分布集中在6%~15%、16%~30%和31%~50%三个区间，课题组通过访谈获得的信息（参见附录A）也支持了这一结论。受访人员表示，通常将50%左右看作进入高绩效薪酬强度区间临界值，超过50%的绩效薪酬强度就过高或很高了。为被试在选择绩效薪酬方案时便于计算，根据以上问卷调查与访谈调研结论，本实验设置10%、30%和50%分别表示低、中、高三档绩效薪酬强度。

在已有研究的薪酬选择实验设计中，被试通常在绩效薪酬与固定薪酬进行选择（Chow，1983；Cable & Judge，1994；Lazear，2000；Montmarquette et al.，2004；Cadsby et al.，2007；Eriksson & Villeval，2008；Cornelissen et al.，2011；Dohmen & Falk，2011；贺伟和龙立荣，2011；Fehrenbacher & Pedell，2012；丁明智等，2014a、2014b；张正堂等，2015；张浩和丁明智，2017；Fehrenbacher et al.，2017），仅少量研究涉及不同绩效薪酬形式，如计件薪酬与锦标赛薪酬（Eriksson et al.，2009），计件薪酬与预算薪酬（Fehrenbacher & Pedell，2012；Fehrenbacher et al.，2017），绩效加薪、一次性奖励与长期激励计划（Park & Sturma，2016），按数量付酬与创造力加权薪酬（Kachelmeier & Williamson，2010）。然而，由本研究问卷调查和访谈调研可知，目前企业仅在非常特殊的情境下才实施单一固定薪酬。因此，本研究的三档绩效薪酬强度的实验设计更符合企业薪酬实践。

（2）绩效薪酬强度编码

绩效薪酬强度为因变量，采用有序分类变量表示，1代表选择

10%的绩效薪酬强度，2代表选择30%的绩效薪酬强度，3代表选择50%的绩效薪酬强度。

3.风险厌恶量表

本研究采用贺伟和龙立荣（2011）本土改良版的Holt & Laury（2002）博彩决策测量。在一组10轮次的博彩决策中，要求被试在A、B两种选择模式下做出决策，如表4.1所示。在全部10轮彩票决策中，选择A是相对安全的决策，其收益波动不大，高收益为20元、低收益为16元；选择B是相对冒险的决策，其收益波动较大，高收益为50元、低收益为1元。从第一轮到第十轮，选择A和选择B高收益的概率由10%逐渐提高到100%，低收益的概率由90%逐渐降低到0，整体期望收益值从第五轮开始超过选择A。随着轮次的增大，选择B的风险性逐步降低。个体在第一轮博彩决策中往往会选择风险性较低且期望收益较高的选择A，但在某一轮之后会转而选择B。由于个体的风险厌恶程度不同，所以在10轮决策中选择拐点出现在不同的轮次。个体风险厌恶程度的测量是以选择出现拐点的轮次为准，测量值范围为2~10，拐点出现的轮次越往后，说明风险厌恶程度越高。

表4.1　　　个体风险厌恶量表——Holt & Laury（2002）博彩决策

轮次	选择A	选择B
1	10%的概率赢20元，90%的概率赢16元	10%的概率赢50元，90%的概率赢1元
2	20%的概率赢20元，80%的概率赢16元	20%的概率赢50元，80%的概率赢1元
3	30%的概率赢20元，70%的概率赢16元	30%的概率赢50元，70%的概率赢1元
4	40%的概率赢20元，60%的概率赢16元	40%的概率赢50元，60%的概率赢1元

续表

轮次	选择A	选择B
5	50%的概率赢20元，50%的概率赢16元	50%的概率赢50元，50%的概率赢1元
6	60%的概率赢20元，40%的概率赢16元	60%的概率赢50元，40%的概率赢1元
7	70%的概率赢20元，30%的概率赢16元	70%的概率赢50元，30%的概率赢1元
8	80%的概率赢20元，20%的概率赢16元	80%的概率赢50元，20%的概率赢1元
9	90%的概率赢20元，10%的概率赢16元	90%的概率赢50元，10%的概率赢1元
10	100%的概率赢20元，0的概率赢16元	100%的概率赢50元，0的概率赢1元

4.绩效薪酬框架

（1）付酬水平设定

本实验研究采用真实报酬给付方式。虽然心理学研究通常认为真实金钱给付和虚拟金钱给付对于人们行为决策具有相似的效应，但实验经济学研究通常认为只有真实金钱给付才能诱发人们的真实经济行为（Gillis & Hettler，2007），而且所设定的报酬支付水平对被试要有足够的吸引力。本研究的目的是揭示不同创新能力的个体对不同绩效薪酬强度是如何做出选择的，因此采用真实报酬给付以使实验更接近真实工作场景。

由于被试是在校三、四年级的本科生与一年级硕士研究生，为确保付酬水平对被试学生参与实验有一定吸引力并使实验具有真实性，因此本实验主要参照本科生与硕士研究生的实习工资来设置付酬水平。本研究在预实验前也对企业人力资源部以及有实习经历的学生进行了访谈调研，采纳其对付酬水平设置的建议。本研究对2020年北京市本科生和硕士研究生的实习工资的调查表明，大多数非信息业企业所提供的本科生实习工资为80~120元/天，即10~15

元/小时，硕士研究生的实习工资为120~170元/天，即15~21元/小时。然而，信息业或互联网企业的实习工资普遍相对较高，本科生为100~150元/天，即12.5~19元/小时，硕士研究生150~200元/天，即19~25元/小时。本实验根据征询的反馈建议，参照信息业本科生与硕士研究生的小时实习工资来设置付酬水平。报酬给付由底薪与绩效薪酬构成，根据报酬的风险性与不确定性越高、其风险收益越高的原则，将10%、30%、50%三档绩效薪酬强度的底薪分别设置为20元、18元和16元；相应的，超过目标绩效的答对题数，每道题的绩效薪酬分别为0.15元、0.5元和1元。如果被试所有答对题数等于或低于目标绩效标准，则只能获得底薪。如果被试答对全部30道题，三档绩效薪酬强度10%、30%、50%所对应的总报酬分别22.4元、26元、32元。

本实验在预实验实施前，随机邀请GS大学的高年级本科生和低年级研究生共20名，进行中文远距离联想测试，他们平均答对题数为14.2道。参考李良敏等（2015）中文远距离联想测试的平均答对题数14.8道，本实验将绝对目标绩效标准设定为14道题。由于相对目标绩效标准为相对绩效标准组的被试平均答对题数，可以预期为14道，因此绝对与相对绩效标准可视为相同。本实验将通过预实验来检验这一绩效标准是否合适。此外，在实验开始时，告知被试根据完成组词正式任务测试题成绩与所选择的报酬支付方式来支付本次实验报酬。

（2）四种绩效薪酬框架

本研究根据支付总报酬和绩效评价指标表述方式的不同，提出四种绩效薪酬框架，即收益+绝对标准框架、收益+相对标准框架、损失+绝对标准框架、损失+相对标准框架。在同一绩效薪酬强度下，本实验为四种绩效薪酬框架设置三个相同的条件：总报酬相同，超过目标绩效标准之上的每答对一题的绩效收入相同，绝对绩效标准与相对绩效标准基本相同。在这三个设置条件下，虽然四种绩效薪酬给付表述方式不同，但只要被试选择的绩效薪酬强度相同且绩效水平相同，则不管选择哪一种绩效薪酬框架，都会获得相同的预期总报酬收入。三档绩效薪酬强度分别在四种绩效薪酬框架下的表述如下，相对绩效标准框架的表述见括号，更详细的表述可参见附录E.2。此外，为确保四种绩效薪酬框架表述准确且易于理解，本研究在预实验前分别征询了十几名本科生、研究生及在职人员对不同绩效薪酬框架表述的意见，并根据反馈建议进行了调整修改。譬如，在附录E.2中将"绩效收入"替代"绩效薪酬"。

①收益+绝对标准（相对标准）框架。

总报酬=底薪+绩效薪酬，目标绩效是答对14道题（平均答对题数）。若被试答对题数<14道（平均答对题数），则仅获得底薪，无绩效薪酬；若被试答对题数>14道（平均答对题数），则所获报酬=底薪+绩效薪酬。

第一，选择绩效薪酬强度为10%。若答对题数≤14道（平均答对题数），则所获报酬=底薪20元；若答对题数>14道（平均答对题数），则每多答对一道题多得0.15元，所获报酬=底薪20元+绩效薪酬；若答对30道题，则所获报酬=22.4元。

第二，选择绩效薪酬强度为30%。若答对题数≤14道（平均答对题数），则总报酬=底薪18元；若答对题数>14道（平均答对题数），则每多答对一道题多得0.5元，所获报酬=底薪18元+绩效薪酬；若答对30道题，所获报酬=26元。

第三，选择绩效薪酬强度为50%。若答对题数≤14道（平均答对题数），则所获报酬=底薪16元；若答对题数>14道（平均答对题数），则每多答对一道题多得1元，所获报酬=底薪16元+绩效薪酬；若答对30道题，所获报酬=32元。

②损失+绝对标准（相对标准）框架。

从总报酬中拿出一部分作为总绩效薪酬，目标绩效是答对14道（平均答对题数）。答对所有30道题，可获得全部总报酬；若答对题数大于14道（平均答对题数）而小于30道，则少答对一道，则从总绩效薪酬中扣除一道的绩效薪酬，所获报酬=总报酬－扣除的绩效薪酬；若答对题数≤14道（平均答对题数），则无绩效薪酬，所获报酬=总报酬－总绩效薪酬。

第一，选择绩效薪酬强度为10%。总报酬22.4元，其中2.4元为作为总绩效薪酬；若答对题数=30道，获得全部总报酬22.4元；若答对题数大于14道（平均答对题数）而小于30道，则少答对一道从2.4元中扣除0.15元，所获报酬=总报酬－扣除的绩效薪酬；答对题数≤14道（平均答对题数），则无绩效薪酬，所获报酬=20元。

第二，选择绩效薪酬强度为30%。总报酬26元，从中拿出8元作为总绩效薪酬；若答对题数=30道，则获得全部报酬26元；若答对题数大于14道（平均答对题数）而小于30道，则少答对一道从8元中扣除0.5元，所获报酬=总报酬－扣除的绩效薪酬；若答对题数≤14道（平均答对题数），则无绩效薪酬，所获报酬=18元。

第三，选择绩效薪酬强度为50%。总报酬32元，从中拿出16元作为总绩效薪酬；若答对题数=30道，则获得全部报酬32元；若答对题数大于14道（平均答对题数）而小于30道，则少答对一道从16元中扣除1元，所获报酬=总报酬－扣除的绩效薪酬；若答对题数≤14道（平均答对题数），则无绩效薪酬，所获报酬=16元。

5. 控制变量

控制变量为个体社会人口统计信息中的性别和专业学科，均采用二分类变量表示。性别的编码为0代表男性、1代表女性，专业学科类别的编码为0代表管理学、1代表工科。

4.2.5 预实验样本来源和基本信息

预实验时间为2020年11月，实验对象为北京GS大学人力资源管理、工商管理、机械电子工程专业的高年级本科生，共收回实验样本220份。其中，有效样本204份，有效率达92.73%。预实验样本的个人基本信息如下：男性占比为46.6%，女性占比为53.4%；年龄在18~23岁，平均年龄为20.55岁；管理学专业占比为52.0%，机械电子工科专业占比为48.0%。

4.2.6 预实验结果分析与总结

第一，实验过程、相关实验材料和操控具备可行性和有效性。预实验样本有效率达到92.73%，说明实验得到操控，绝大多数被试者对相关实验材料中的说明能够很好地理解，实验过程有效性很高。

第二，中文远距离联想测试的信度良好。参考李良敏等（2015）的方法，对练习版和正式版两套中文远距离联想测试题进行信度分析，其Cronbach's α系数为0.771，大于0.7的标准，说明两套中文远距离联想测试的信度较好。

第三，风险厌恶量表具有适用性。预实验的风险厌恶均值为

5.56，虽然略低于贺伟和龙立荣（2011）的5.68，略高于丁明智等（2014a、2014b）的5.288、张浩和丁明智（2017）的5.292，但基本一致，说明被试风险厌恶均值大致处于风险厌恶中性，与国外基于Holt & Laury（2002）的研究也大体一致（左聪颖和周业安，2013）。从预实验风险厌恶分布来看，高风险厌恶者占比为34.3%、中风险厌恶者占比为46.1%，低风险厌恶者占比为19.6%。由于基于Holt & Laury（2002）的已有研究结论很不一致，风险厌恶分布差异较大，故难以提供参考比较依据。例如，有些研究表明，高风险厌恶占比在63%~79%、中风险厌恶在11%~26%、低风险厌恶在5%~21%（左聪颖和周业安，2013），另有研究表明高、中、低风险厌恶占比分别为15%、46%、39%（Bellemare & Shearer，2010），但也有研究表明高、中、低风险厌恶占比分别为93%、3.5%、3.5%（Cadsby et al.，2007）。因此，本研究根据风险厌恶均值来推断，预实验风险厌恶测量结论合理，风险厌恶测量量表具有适用性。

第四，绩效薪酬偏好量表具有适用性。绩效薪酬偏好的均值为1.92，接近中等绩效薪酬强度。从三档绩效薪酬强度的百分比分布来看，选择绩效薪酬强度为10%的占比29.4%，选择绩效薪酬强度为30%的占比49.0%，选择绩效薪酬强度为50%的占比21.6%，表明三档绩效薪酬偏好的人数分布较为均衡，且有区分度。结合以上风险厌恶程度均值与百分比分布，可知三档绩效薪酬强度设置合理，绩效薪酬偏好量表具有适用性。

第五，付酬水平与目标绩效标准设置合理。预实验被试全部为本科生，获得的平均薪酬是19.46元，与北京市信息业企业所提供的本科生实习工资的最高小时工资（19元/小时）基本持平，因此付酬水平设计合理，无须再做修改。此外，创新能力的均值为14.94，即被试者的中文远距离测试平均答对14.94道题。虽然该均值比目标绩效标准14道题多0.94道题，但二者基本持平。考虑到在正式实验中被试中文远距离测试的均值可能会略有波动，结合上述在14道的目标绩效标准下报酬支付水平设定合理的前提下，因此认为预实验对目标绩效数量设置较合理，无须再做修改。

以上预实验结果表明，实验过程、相关材料和实验操控具备可行性和有效性，中文远距离联想测试的信度良好，风险厌恶量表与绩效薪酬偏好量表具有适用性，付酬水平以及目标绩效标准设置合理。

4.2.7　正式实验样本来源与基本信息

本研究于2020年12月实施正式实验，实验对象为北京GS大学人力资源管理、工商管理、机械与电子工程、计算机与软件专业的高年级本科生以及企业管理专业的低年级研究生，共收回实验样本383份，其中有效样本362份，有效率达94.52%。正式实验样本的个人基本信息如下：男性占比为48.1%，女性占比为51.9%；年龄范围为18~25岁，平均年龄为20.7岁；本科生占比为90.6%，研究生占比为9.4%；管理学专业占比为51.4%，机械与电子工程、计算机与软件专业占比为48.6%。被试获得的平均薪酬是19.91元/人，与预实验大致持平。

4.3　创新能力对绩效薪酬偏好影响的统计检验

本研究使用统计软件SPSS25.0，基于北京某高校学生为被试的正式实验样本数据，对创新能力影响绩效薪酬偏好的研究假设进行统计检验。第一，对变量进行描述性统计分析和皮尔逊相关分析；第二，运用有序Logistic层级回归分析法，检验创新能力对绩效薪酬偏好的主效应和风险厌恶的调节作用；第三，运用分组回归检验绩效薪酬框架的调节作用。

4.3.1　描述性统计分析与相关分析

本研究将控制变量性别、学科以及自变量创新能力、调节变量风险厌恶和因变量绩效薪酬偏好进行描述性统计分析和皮尔逊相关分析，结果如表4.2所示。描述性统计分析如下：第一，创新能力均值为15.099，说明被试者的创新能力水平处于中等水平；第二，风险厌恶的均值为5.580，说明被试的风险厌恶水平大致是风险中性的；第三，绩效薪酬偏好的均值为1.912，说明接近中等绩效薪酬强度。由相关分析可知，创新能力与绩效薪酬偏好有显著正向相关关系（$r=0.611$，$P<0.001$），风险厌恶与绩效薪酬偏好有显著负向相关关系（$r=-0.535$，$P<0.001$）。

表4.2　　　　　　　　　描述性统计分析与相关分析

	均值	标准差	性别	专业学科	创新能力	风险厌恶	绩效薪酬偏好
性别	0.519	0.500	1.000				
专业学科	0.486	0.501	−0.027	1.000			
创新能力	15.099	4.307	0.078	−0.033	1.000		

续表

	均值	标准差	性别	专业学科	创新能力	风险厌恶	绩效薪酬 偏好
风险 厌恶	5.580	1.529	0.050	−0.055	−0.090	1.000	
绩效 薪酬 偏好	1.912	0.807	−0.037	0.045	0.611[***]	−0.535[***]	1.000

注：*$P<0.05$, **$P<0.01$, ***$P<0.001$。

4.3.2 研究假设检验

根据回归统计分析原理，如果因变量是分类变量，因变量和自变量之间存在非线性关系，采取 Logistic 回归模型进行分析。其中，若分类变量为二分类变量，且服从二项分布，则采用二分类 Logistic 回归模型进行分析；若分类变量为多项无序分类变量，即变量水平数大于 2，且取值无大小顺序，则采用多项分类 Logistic 回归模型进行分析；若分类变量为多项有序分类变量，即变量水平数大于 2，且取值有大小顺序，则采用有序 Logistic 回归模型进行分析（薛薇，2014；武松和潘发明，2014）。由于本研究的因变量绩效薪酬偏好是多项有序分类变量，因此运用有序 Logistic 层级回归分析来检验个体的创新能力对绩效薪酬偏好的影响以及风险厌恶的调节作用。另外，根据方杰等（2022），当自变量为连续变量且调节变量为多类别变量时，按调节变量的类别对主效应进行分组回归。进而，根据连玉君和廖俊平（2017）的建议，通过费舍尔组合检验（Fisher's Permutation Test）进行组间系数差异检验，即比较不同组的主效应回归系数的差异是否显著来检验调节作用。若主效应回归系数不全相等，也就是说，如果存在两组主效应回归系数费舍尔组合检验的经验 P 值小于0.05，则表明调节作用显著。此外，可以通过比较不同组的主效应回归系数大小，以及组与总样本回归系数大小，来判断不同组的主效应更强还是更弱（Wang et al.，2021；严焰和池仁勇，2013）。

在模型评价方面（Lipsitz et al.，1996；Burnham & Anderson，2004；Nagelkerke，1991），选择似然比检验（Likelihood Ratio Test，LRT）、赤池信息量准则（Akaike Information Criterion，AIC）和内戈尔科伪R方（Nagelkerke Pseudo R^2）作为整体回归模型和数据拟合优度方面的评价指标。LRT是包含所有预测变量的最终模型与截距模型–2对数似然值之差的卡方检验（Chi–Square Test）。若卡方检验显著，说明模型的拟合程度较好，且AIC的值越小说明模型的整体拟合程度越好。Nagelkerke Pseudo R^2 反映了自变量对因变量的方差解释程度，该值范围为0~1，其越接近1，模型的拟合程度越好。

1. 主效应检验

如表4.3所示，模型1是以绩效薪酬偏好为因变量，对控制变量性别、学科和自变量创新能力进行有序Logistic回归。模型1的回归结果显示，LRT显著（LR Chi2=179.148，$P<0.001$），AIC为397.791，Nagelkerke Pseudo R^2 为0.440，说明模型整体拟合效果较好；创新能力对绩效薪酬偏好有显著正向影响（B=0.399，$P<0.001$），说明创新能力越高的个体，越倾向于选择更高的绩效薪酬强度，且创新能力每提高一个单位，个体选择更高绩效薪酬强度的概率将显著上升为原来的1.490倍（OR=1.490）。由此，H1得到验证。

2. 调节作用检验

（1）风险厌恶的调节作用检验

本研究在构建自变量和调节变量的交互项前，先对自变量创新能力、调节变量风险厌恶进行中心化处理。之后，如表4.3所示，在模型1的基础上，加入调节变量风险厌恶、创新能力与风险厌恶的交互项，形成模型3。有序Logistic回归结果显示，LRT显著（LR Chi2=350.544，$P<0.001$），且相对于模型1和模型2，AIC降低到379.055，Nagelkerke Pseudo R^2提高为0.699（$P<0.001$），说明模型整体拟合效果更好；创新能力与风险厌恶的交互项对绩效薪酬偏好有显著负向影响（B=-0.085，$P<0.001$），说明风险厌恶负向调节创新能力对绩效薪酬偏好的影响，H2得到验证。以风险厌恶均值加减一个标准差作为分组标准，分别对低风险厌恶和高风险厌恶情况下创新能力对绩效薪酬偏好的影响进行描绘，调节作用如图4.1所示。由图4.1可知，对高风险厌恶者而言，创新能力与绩效薪酬偏好的正向关系更弱。

表4.3　　　　　　　　　有序Logistic层级回归结果

变量	模型1	模型2	模型3
性别	0.370 （0.220）	0.410 （0.251）	0.370 （0.255）
学科	−0.393 （0.220）	−0.246 （0.249）	−0.392 （0.255）
创新能力	0.399*** （0.035）	0.483*** （0.042）	0.532*** （0.046）
风险厌恶		−1.145*** （0.111）	−1.191*** （0.118）

续表

变量	模型1	模型2	模型3
创新能力*风险厌恶			-0.085*** (0.023)
LR Chi2	179.148***	334.445***	350.544***
AIC	397.791	393.155	379.055
Nagelkerke Pseudo R^2	0.440	0.679	0.699

注：括号内数值为标准差；*P<0.05, **P<0.01, ***P<0.001。

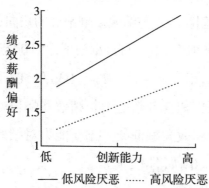

图4.1 风险厌恶对创新能力与绩效薪酬偏好关系的调节作用

（2）绩效薪酬框架的调节作用检验

对收益+绝对标准框架（组1）、收益+相对标准框架（组2）、损失+绝对标准框架（组3）和损失+相对标准框架（组4）四组样本进行分组回归分析，分别检验每一组样本中个体创新能力对绩效薪酬偏好的影响。如表4.4所示，模型4（组1）、模型5（组2）、模型6（组3）和模型7（组4）为分组样本回归结果。在组1、组2、组3和组4中，回归系数分别为0.418（P<0.001）、0.166（P=0.005）、0.921（P<0.001）和0.409（P<0.001）。进一步的，运用Stata 17.0对

组1、组2、组3和组4的主效应回归系数进行组间系数费舍尔检验，如表4.4所示，组1与组2、组1与组3、组2与组3、组2与组4、组3与组4回归系数差异检验的经验P值均小于0.05，即主效应系数有显著差异，表明绩效薪酬框架对创新能力与绩效薪酬偏好之间关系的调节作用显著，H3得到验证。此外，通过比较回归系数可知，组3的回归系数明显大于其他三组的回归系数，组2的回归系数明显小于其他三组的回归系数，而组1和组4的回归系数介于组2和组3的回归系数之间且略大于总样本的回归系数（B=0.399，$P<0.001$）。由此说明，在损失+绝对标准框架下，创新能力与绩效薪酬偏好的正向关系更强；在收益+相对标准框架下，创新能力与绩效薪酬偏好的正向关系更弱；而在收益+绝对标准框架和损失+相对标准框架下，创新能力与绩效薪酬偏好之间的正向关系略有增强。由此，H3a、H3b和H3c得到验证。为了更好地体现绩效薪酬框架在创新能力与绩效薪酬偏好关系中的调节作用，分别对在四种绩效薪酬框架下创新能力对绩效薪酬偏好的影响进行描绘，调节作用图如图4.2所示。

表4.4 分组回归分析与费舍尔组合检验结果

变量	模型4	模型5	模型6	模型7
性别	0.387 (0.479)	0.449 (0.444)	0.340 (0.548)	0.296 (0.467)
学科	−0.373 (0.478)	−0.426 (0.428)	−0.247 (0.530)	−0.213 (0.464)
创新能力	0.418*** (0.072)	0.166** (0.060)	0.921*** (0.154)	0.409*** (0.069)
LR Chi2	50.569***	8.514*	91.416***	51.065***
AIC	139.500	135.026	99.949	135.123
Nagelkerke Pseudo R^2	0.484	0.105	0.721	0.490

续表

变量	模型4	模型5	模型6	模型7
经验 P 值				
组1 vs. 组2	0.044	组2 vs. 组3	0.000	
组1 vs. 组3	0.046	组2 vs. 组4	0.044	
组1 vs. 组4	0.492	组3 vs. 组4	0.013	

注：括号内数值为标准差；$*P<0.05$，$**P<0.01$，$***P<0.001$；经验 P 值是通过Bootstrap抽样1000次获得的。

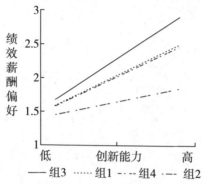

图4.2　绩效薪酬框架对创新能力与绩效薪酬偏好之间关系的调节作用

第五章 绩效薪酬对主动－响应二元创新行为的影响

5.1 研究假设与模型

结合第二章相关文献综述与第三章理论逻辑演绎推论，提出本章研究假设与模型。

5.1.1 绩效薪酬对主动－响应二元创新行为的直接影响

当前，员工创新成为影响日常工作绩效的一个重要因素（Drucker，2001）。无论是主动创新还是响应创新都具有风险性，需要员工付出更多的努力，员工也期望工作绩效提高而获得绩效奖励。根据期望理论（Vroom，1964），只有当员工重视给定的报酬（效价）并表现出对实现创新绩效（功用性）的强烈信念（期望值）时，外在奖励才能对创新绩效的积极影响（Malik et al.，2015)。

研究表明，绩效薪酬期望会增加绩效压力而促进创新行为（Eisenberger & Aselage，2009），绩效薪酬强度增加可能会改变行为（Gerhart et al.，2009）。在不考虑工作任务问题类型的情况下，随着绩效薪酬强度的逐步增加，员工对绩效薪酬的期望会增强，进而绩效压力逐渐提高，由此会促进主动和响应创新行为。然而，对于开放性、没有具体要求的任务，实现日常工作绩效与主动创新行为的联系较模糊（功用性）。而且，随着绩效薪酬强度的增加，这种模糊的联系致使员工通过主动创新获取绩效薪酬的信心逐渐降低（期望值），努力程度也会逐渐降低。因此，可以推断：随着绩效薪酬强度的增加，起初主动创新行为会增强，但速率递减，达到顶点后，最终主动创新行为会以递增速率呈下降趋势。本研究预测绩效薪酬与主动创新行为之间可能存在倒U型关系。与此相对照，对于职责性、有具体要求的任务，实现日常工作绩效与响应创新行为的联系更清晰（功用性）。而且，随着绩效薪酬强度的增加，这种清晰的联系也增强了员工对响应创新获取绩效薪酬的信心（期望值），员工也会更加努力，更倾向于表现出更多的响应创新行为。因此，本研究预测绩效薪酬对响应创新行为呈正向影响。

从绩效薪酬与单一维度创新行为的关系来看，已有研究表明绩效薪酬强度与创新行为之间呈倒U型（张勇和龙立荣，2013a；刘智强等，2014）。由于长期以来，学术界将创新行为视为单一维度的个体自愿主动的行为（Unsworth，2001；Parker & Collins，2010；Gilson & Madjar，2011），已有的奖励与创新行为关系研究也大都采用这一观点（Malik & Butt，2017）。所以，以上研究结论在一定程度上表明绩效薪酬与主动创新行为之间呈倒U型关系。从绩效薪酬与二元创新行为的关系来看，已有研究发现绩效薪酬强度对探索性创新行为的影响呈倒U型关系（张勇和龙立荣，2013b；顾建平和王相云，2014），对利用性创新行为有正向影响（张勇和龙立荣，2013b，2013c；顾建平和王相云，2014）。虽然尚未检索到绩效薪酬对主动－响应二元创新行为影响的研究文献，但已有研究在一定程度上为本研究提供了间接的文献支持。由此，本研究提出以下假设。

H1a：绩效薪酬对主动创新行为的影响呈倒 U 型。

H1b：绩效薪酬对响应创新行为呈正向影响。

5.1.2　自主－受控工作动机的双路径中介作用

自我决定理论认为，绩效薪酬作为外部工具性环境因素，对个体意味着信息性、控制性和缺乏动机性三种明显不同的功能性含义（Deci & Ryan，1985：60-112）。信息性是个体感受到绩效薪酬的正向积极反馈，控制性是个体感受到被绩效薪酬控制、要求和不能自主选择，缺乏动机性是对绩效薪酬感到的无能为力。绩效薪酬的功能性含义在满足人们基本心理需要的作用上是不同的，而基本心理需要是产生不同动机的必要前提（Deci & Ryan，2000，2008；Gagné et al.，2015）。

虽然工作动机是一种稳定的人格特质，但同时也是一种受环境影响的可变动的状态；稳定的动机取向是对特定环境情况做出某种动机反应的基础，而特别强烈动机的环境因素可能会改变个体的动机取向（Amabile，1993）。换言之，动机具有动态性，其变动取决于外在环境因素的影响（Amabile & Pratt，2016）。环境因素对人们行为的影响则取决于个体差异，即个体对同一环境因素的不同认知和归因（Ajzen，1991）。根据 Papachroni et al.（2015）二元性的观点，二元心理认知、行为或现象不再是非此即彼的对立的两极，而是在新的综合体同时存在的关系。因此，根据自我决定理论和二元性的观点，在不同的绩效薪酬强度下，自主动机和受控动机处于变动状态中，是既相互冲突又同源共生的两种工作动机。

在低和中等绩效薪酬强度下，随着绩效薪酬强度的逐渐增加，一方面，绩效薪酬反馈给员工的信息性逐渐增强，体现了员工达到绩效指标会得到更多的认可，能够提升员工胜任感与自我选择感，即员工基本心理需要满足感逐步提升，由此不断强化自主动机（Deci & Ryan，1985b；Ryan & Deci，2017）。研究证实了绩效薪酬、自主性支持和组织支持感等外在支持因素满足基本心理需求进而对员工自主动机有正向影响（Eisenberger & Aselage，2009；Güntert，2015；Nie et al.，2015；Van Schie et al.，2015；Chambel et al.，2015）。另一方面，绩效薪酬的不确定性与风险性也在不断增强，由此员工感受到控制性逐渐增强；绩效薪酬控制性会随着绩效薪酬强度的增加而持续增强，所引致的员工被控制感与焦虑感也越来越强，进而不断降低其基本心理满足感，因而受控动机也会不断增强（Deci & Ryan，1985b；Eisenberger & Aselage，2009；Gubler et al.，2016；Ryan & Deci，2017）。此外，Amabile（1993）指出高水平的内在动机和高水平的外在动机可以通过社会情境因素暂时共存。

当绩效薪酬强度持续提高，进入高绩效薪酬强度区间，绩效薪酬不确定与收入损失风险继续提升，会产生过高的绩效压力，绩效薪酬反馈的信息性逐渐减弱，基本心理需要满足感逐步被削弱，自主动机就会逐渐减弱；而同时，绩效薪酬的控制性继续得以强化，绩效压力逐渐超出员工承受范围；这时，个体感受到持续的消极绩效反馈或失败不能实现期望目标时，越来越严重地阻碍了其基本心理需要的满足，从而产生无助感、沮丧感和自我贬低感，即出现去动机。随着绩效薪酬强度的逐渐增强，最终受控动机就会呈衰退趋势（Deci & Ryan，1985b）。由此本研究提出以下假设。

H2a：绩效薪酬对自主动机的影响呈倒U型。

H2b：绩效薪酬对受控动机的影响呈倒U型。

自主动机的内部调节和认同调节会使员工表现出自我认同、自愿的行为（Ryan & Connell，1989；Ryan & Deci，2000；Deci & Ryan，2000；Gagné & Deci，2005；Deci & Ryan，2008；Ryan & Deci，2017）。自主动机越高的员工越愿意接受挑战、追求成就感，因此他们会积极主动地寻找工作中可能存在的问题，并提出创新性解决方案，从而表现为更多的主动创新行为。虽然目前缺乏自主动机对主动创新行为影响的研究，但自主动机对员工积极行为或态度有显著正向影响的研究结论获得较普遍支持（Deci & Ryan，2008；Ryan & Deci，2017；张春虎，2019），如自主动机正向预测主动性行为、员工活力、组织情感承诺（Gagné et al.，2015；张正堂和吴琼，2016）、工作努力（Gagné et al.，2015；Kuvaas et al.，2016）、目标进展（Koestner et al.，2008）、工作投入（Lopes & Chambel，2017）以及利他主义、公民美德和工作满意度（Battistelli et al.，2013）。

受控动机的外部调节和内摄调节会使员工为避免焦虑、愧疚或出于某种工具性目的如奖惩而采取较保守的行为（Ryan & Connell，1989；Ryan & Deci，2000；Deci & Ryan，2000；Gagné & Deci，2005；Deci & Ryan，2008；Ryan & Deci，2017）。因而，当受控动机越高时，员工倾向于仅对工作现有的特定问题提出创新想法，更多地表现出响应创新行为。同样，目前缺乏受控动机对响应创新行为影响的研究，但已有有限的研究表明受控动机会强化个体消极行为或态度，如受控动机正向预测情绪衰竭、离职倾向（Gagné et al.，

2015；Kuvaas et al.，2016）。虽然本研究并不认为应将响应创新行为归于消极行为，但相对于主动创新行为而言，响应创新行为是在受控动机驱动下产生的，具有一定的被动应对性。此外，也有一些研究表明受控动机对主动行为性（Gagné et al.，2015；张正堂和吴琼，2016）、工作努力（Kuvaas et al.，2016）等个体积极行为或态度有促进作用，并将其解释为外在动机内化的原因。然而，本研究认为，根据二元性观点和自我决定理论，个体吸收并重新界定外部工具化需求，将外部强迫与控制最小化，并产生了自我认同，从而促使外在动机内化（Deci & Ryan，1985b；Ryan & Deci，2017），即转化为自主动机，因此应将内化的外在动机视为自主动机。"受控动机对个体积极行为或态度有促进作用"，实际上最终是自主动机驱动的结果。由此，可推断受控动机驱动响应创新行为，本研究提出以下假设。

H3a：自主动机对主动创新行为呈正向影响。

H3b：受控动机对响应创新行为呈正向影响。

根据自我决定理论，当员工感受到绩效薪酬所反馈的信息性时，可以满足个体基本心理需要，触发自主动机，从而驱动主动创新行为；反之，当员工感受到绩效薪酬所反馈的被控制感，会阻滞个体基本心理需要的满足，触发受控动机，从而引发响应创新行为。尽管还没有实证研究表明自主-受控动机在绩效薪酬与主动-响应创新行为之间具有中介作用，但三十多年的研究已表明自主-受控动机与其他前因变量和结果变量之间具有的紧密联系（Howard et al.，2017)。诸如，一些研究表明自主动机在绩效薪酬与工作努力之间（Kuvaas et al.，2016），在行为控制、促进焦点与创新行为之间（Ren et al.，2017；李明军等，2016），在组织承诺与工作满意度、公民道德之间（Battistelli et al., 2013）具有中介作用；另有研究也表明受控动机在绩效薪酬与离职倾向之间（Kuvaas et al., 2016）、在防御焦点与创新行为之间（李明军等, 2016）具有中介作用。以上研究结论为自主-受控动机在绩效薪酬与主动-响应创新行为之间的中介作用提供间接的文献支持。由此，本研究提出以下假设。

H4a：自主动机在绩效薪酬与主动创新行为的关系中起中介作用。

H4b：受控动机在绩效薪酬与响应创新行为的关系中起中介作用。

5.1.3　调节焦点的调节作用与有调节的中介作用

绩效薪酬兼有信息性与控制性环境因素两种属性，传递了积极信号与控制信号两种不同的反馈感知，这两种反馈感知分别引导员工采取自主动机与受控动机两种工作动机。根据调节焦点理论与调节匹配理论，当个体长期调节焦点与其环境因素匹配时，存在额外匹配价值，会增强其动机，当二者不匹配的时候，额外的匹配价值不存在，对动机没有影响（Higgins, 1997, 2000, 2006）。

当绩效薪酬传递的价值认同、成就认可等积极信号与促进焦点特质相匹配时，即促进焦点取向的员工对成就获取等积极结果更敏感，绩效薪酬的积极信号与其个体自我调节过程中自我成就、理想的目标追求具有一致性，就会激发个体动机的内化与整合，体会到高度的行为认同与价值体验，进而增强自主动机。因此，在低和中等绩效薪酬强度区间，相对于低促进焦点取向的员工而言，高促进焦点取向的员工会感知到更强的绩效薪酬积极信号，从而强化绩效薪酬引发激发自主动机的增加。即使绩效薪酬强度超过一定阈值后，随着绩效薪酬强度的不断提高，进入高绩效薪酬强度区间，绩效薪酬的积极信号出现衰退，引致自主动机降低，但是相对于低促进焦点取向的员工而言，高促进焦点取向的员工由于对成就获取等积极结果更敏感，则可以减缓其对积极信号感知的衰退，从而弱化了绩效薪酬引致自主动机的降低。

同理，当绩效薪酬传递的压力等控制信号与防御调节焦点特质相匹配时，即对于防御焦点取向员工，其对绩效压力带来的职责和义务表现出避免惩罚等消极结果更敏感，绩效薪酬的控制信号与个体自我调节过程中满足组织期望、职责要求、安全需要的目标追求具有一致性，就能体会到更多的个体行为控制和价值不认同感知，进而增强受控动机。因此，在低和中等绩效薪酬强度区间，相对于低防御焦点的员工，高防御焦点的员工更关注完成岗位责任和要求以及避免惩罚等消极结果，更易受到绩效薪酬带来的压力和风险等消极信号的驱使，从而强化绩效薪酬激发受控动机的增加。即使绩效薪酬强度超过一定阈值后，随着绩效薪酬强度的不断提高，进入高绩效薪酬强度区间，绩效薪酬的控制性因素继续增强，逐渐产生动机不足，引致受控动机衰退，但相对于低防御焦点员工而言，高防御焦点员工由于对消极结果更敏感，则可以减缓其对控制信号感知的衰退，从而弱化了绩效薪酬引致受控动机的降低。

反之，绩效薪酬反馈的控制性与促进焦点取向的员工不匹配，即促进焦点取向的员工对绩效压力产生消极结果不敏感，绩效薪酬的控制信号与其个体自我调节过程中自我成就、理想的目标追求不一致，则促进焦点取向可能不会影响绩效薪酬与受控动机的关系；同理，绩效薪酬反馈的信息性与防御焦点取向的员工不匹配，即防御焦点取向的员工对成就获取等积极结果不敏感，绩效薪酬的积极信号与其个体自我调节过程中满足组织期望、职责要求、安全需要的目标追求不一致，则防御焦点取向可能不会影响绩效薪酬与自主动机的关系。

虽然缺乏调节焦点在绩效薪酬或奖励与工作动机之间关系的调节作用研究，但已有的有限研究探讨了调节焦点在领导行为与自我效能感、心理安全（雷星晖等，2015）、自我构念与创造力（Jin et al.，2016）、期望评价与创造力（Wang et al.，2017）、工作控制与创新自我效能感（Du et al.，2018）、时间压力与和谐-强迫激情（宋锟泰等，2020）之间的调节作用。这些研究表明，调节焦点与环境因素匹配时，可以有助于促进组织期望的某种员工心理认知、动机情感或行为，调节焦点与环境因素不匹配时，调节焦点不起调节作用。由此，本研究提出以下假设。

H5a：促进焦点在绩效薪酬与自主动机之间起调节作用。在低和中等绩效薪酬强度区间，高促进焦点比低促进焦点更强化绩效薪酬激发自主动机的增加；在高绩效薪酬强度区间，高促进焦点比低促进焦点更弱化绩效薪酬引致自主动机的降低。

H5b：防御焦点在绩效薪酬与受控动机之间起调节作用。在低和中等绩效薪酬强度区间，高防御焦点比低防御焦点更强化绩效薪酬激发受控动机的增加；在高绩效薪酬强度区间，高防御焦点比低防御焦点更弱化绩效薪酬引致受控动机的降低。

H5c：促进焦点在绩效薪酬与受控动机之间无调节作用。

H5d：防御焦点在绩效薪酬与自主动机之间无调节作用。

H4a、H4b阐述了自主动机、受控动机分别在绩效薪酬和主动创新行为、响应创新行为之间的中介作用，H5a、H5b阐释了促进焦点在绩效薪酬和自主动机之间、防御焦点在绩效薪酬与受控动机之间的调节作用。遵循上述假设逻辑及刘东等（2018）的研究，本研究提出有调节的中介模型，自主动机的中介作用受到促进焦点的调节、受控动机的中介作用受到防御焦点的调节。

根据自我决定理论和调节匹配理论，在低和中等绩效强度区间，相对于低促进焦点取向的员工，随着绩效薪酬强度的增加，高促进焦点取向的员工感知到更多的绩效薪酬积极信号，在获得奖励时感到更为愉悦，则会增强其自主动机，从而在追求目标实现的过程中以进取为策略。他们会更积极大胆地做出各种尝试，更加倾向于接受挑战进行主动创新行为，也就是说，相对于低促进焦点取向的员工，高促进焦点取向的员工会强化绩效薪酬对自主动机的驱动，从而表现出更多的主动创新行为。即使当绩效薪酬强度超过一定阈值后，随着绩效薪酬强度的不断提高，进入高绩效薪酬强度区间，绩效薪酬的积极信号出现衰退，引致自主动机降低，但相对于低促进焦点取向的员工而言，高促进焦点取向的员工会弱化绩效薪酬引致自主动机的降低，从而减缓了主动创新行为的衰退。同理，相对于低防御焦点取向的员工，随着绩效薪酬强度的增加，高防御焦点取向的员工感知更多的是绩效薪酬的控制信号，对获得奖励反应平静，将高绩效薪酬强度认定为高工作职责的要求，受控动机会增强，从而在追求目标实现过程中倾向于以规避保守为策略。他们倾向于避免惩罚和失败，进而为达成绩效目标而增加响应创新行为，也就是说，相对于低防御焦点取向的员工，高防御焦点取向的员工会强化绩效薪酬引发受控动机的增加，从而表现出更多的响应创新行为。

虽然研究尚未关注调节焦点在绩效薪酬或奖励与工作动机

之间的有调节的中介作用，但已有研究发现调节焦点具有有调节的中介作用。Du et al.（2018）的研究表明促进焦点调节创新自我效能感在工作控制与创新行为之间的中介作用，宋锟泰等（2020）的研究表明调节焦点调节了和谐式-强迫式激情在时间压力与探索式-利用式创新行为之间的中介作用。由此，本研究提出以下假设。

H6a：促进焦点调节了绩效薪酬通过自主动机影响主动创新行为的中介作用，具体而言，促进焦点越高，自主动机的中介作用越强。

H6b：防御焦点调节了绩效薪酬通过受控动机影响响应创新行为的中介作用，具体而言，防御焦点越高，受控动机的中介作用越强。

根据以上假设，本研究构建了绩效薪酬对主动-响应二元创新行为影响的研究模型，如图5.1所示。

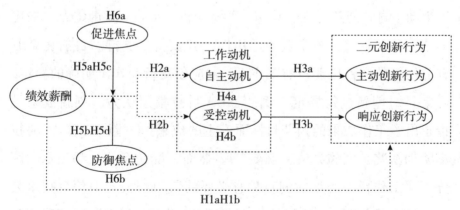

图5.1　绩效薪酬对主动-响应二元创新行为影响的研究模型
注：实线表示线性关系，虚线表示非线性关系。

5.2 实证研究设计

5.2.1 变量的测量

本研究全部变量测量量表均来自现有研究文献的量表。为尽可能确保测量量表的信度和效度，避免沿用现有量表在文化上、时间上和语言上的局限性，本研究实施以下措施（梁建和谢家琳，2018）。

第一，选择获得普遍认可、使用率高并在现有文献中占据显著地位的量表。具体而言，所选择的量表主要来源于国内外引用率较高的论文文献，并参考其在国内研究中的应用状况。

第二，沿用现有国外量表需要确定变量在概念上、文化上和样本上的适用性。一是所采用的国外量表在国内研究中的应用都具有较高的信度，说明变量本土化上具有较好的适用性；二是对于主动－响应创新行为、自主－受控动机、促进－防御焦点，采用半结构化访谈①审核变量的适用性，并获得了支持。目前在企业有关创新的文件中还没有对主动－响应创新行为作出明确的界定，通常只对创新进行界定。例如，QA科技集团认为"创新成果是指超出了工作成果的预期目标而产生的成果"（"附录D《QA科技集团创新奖励实施办法》摘要"）。然而，受访企业大都表示"区分不同工作任务类型的创新是有必要的"。此外，XD信息技术公司倡导全员创新，所提出的在工作中的"你要创新"和"我要创

---

① 访谈大纲与说明请见附录A。

新", 在一定程度上表达了自主动机与受控动机驱动下的主动创新与响应创新。最后, 企业受访人员描述了在工作中创新的员工个性特质主要有"敢于挑战、有勇气与信心、积极主动、责任心强等", 在一定程度上体现了促进－防御焦点取向。

第三, 对英文量表采用反向翻译并广泛征求目标样本员工的建议, 以保证量表语言表述准确易懂。反向翻译是用两组不同的研究人员对同一量表进行翻译 (梁建和谢家琳, 2018)。先由课题组教师将英文量表译成中文, 再请一名商务英语专业的教师将中文量表译成英文, 对双向翻译中存在的差异进行修正。其后, 将修订后的量表发给20多名企业经理人员与员工①填写, 并逐一征求他们对量表的反馈意见和建议。根据反馈, 对量表题项的语言表达再次做了修改, 以力求量表语言表述准确且通俗易懂。

本研究的四个变量测量量表的具体内容如下。

1.绩效薪酬量表

采用绩效薪酬强度区间分布法, 参照杜旌 (2009) 单题项测量。该题项是: "您目前平均每月绩效工资收入占工资总额的比重是'A.0 ~ 5%; B.6% ~ 15%; C.16% ~ 30%; D.31% ~ 50%; E.51% ~ 69%; F.70% ~ 84%; G.85% ~ 94%; H.95% ~ 100%'"。以上八个区间值没有平均划分, 以便更好地测量绩效薪酬强度的极端值。在统计分析时, 绩效薪酬强度取值为每一区间的中间值。

---

① 主要包括技术与研发、产品设计与开发岗、产品开发岗、运营岗、销售岗、财务/人力/项目管理/法务/客服/等职能类岗位的管理者和员工。

2.工作动机量表

采用Gagné et al.（2015）工作动机量表。自主动机包括内部调节和认同调节6题项，受控动机包括内摄调节和外部调节10题项，共16题项，如表5.1所示。运用likert六点量表对题项的符合程度进行评分：1~6依次表示"完全不符合""较不符合""基本符合""基本不符""比较符合"和"完全符合"。

表5.1 工作动机量表

题项	维度	变量
1.我做的这份工作让我开心		
2.我做的这份工作让我兴奋	内部调节	
3.我做的这份工作是有趣的		自主动机
4.我个人认为为这份工作付出努力是重要的		
5.为这份工作付出努力和我的个人价值观是一致的	认同调节	
6.为这份工作付出努力对我个人来说是有意义的		
7.做这份工作或为之努力，是为向自己证明能够胜任这份工作		受控动机
8.做这份工作或为之努力，这会让我为自己感到骄傲	内摄调节	
9.不做这份工作或不为之努力，这会让我为自己感到羞愧		
10.不做这份工作或不为之努力，这会让我为自己感到难受		
11.只有当我为工作付出足够的努力时，我才会得到满意的经济性报酬	外部调节	
12.只有当我为工作付出足够的努力时，我的工作才更有保障		
13.如果我对工作不付出足够的努力，就有失去这份工作的风险		

续表

题项	维度	变量
14.做这份工作或为之付出努力，是为获得他人（如上司、同事、家人、客户）的认可		
15.做这份工作或为之付出努力，是为使他人（如上司、同事、家人、客户）更尊重我		
16.做这份工作或为之付出努力，是为避免被他人（如上司、同事、家人、客户）批评		

3.调节焦点量表

采用Zhou等（2012）改编的Lockwood等（2002）量表。促进调节焦点包含4题项，防御调节焦点包括3题项，共7题项，如表5.2所示。运用Likert六点量表对题项的符合程度进行评分：1~6依次表示"完全不符合""较不符合""基本符合""基本不符""比较符合"和"完全符合"。

表5.2　　　　　　　　　　　调节焦点量表

题项	维度
1.总的来说，我在意的是未来能够取得好的结果	
2.我通常把精力集中在我未来希望获得成功的事情上	促进调节焦点
3.我经常思考我会如何实现自己的工作目标和总体目标	
4.总的来说，我更倾向于获得成功，而不是防止失败	
5.我经常担心我会完不成自己的工作目标	
6.我经常担心我会达不到自己的职责和义务要求	防御调节焦点
7.总的来说，我更倾向于防止损失，而不是取得收益	

4.主动创新行为和响应创新行为量表

采取 Sung（2017）编制的主动–响应创新行为两个单维度量表，并参考赵斌等（2014，2015）对量表个别题项表述进行了修改，以更符合我国国情。主动–响应创新行为分别包括5题项，共10题项，如表5.3所示。运用Likert六点量表对题项的符合程度进行评分：1~6依次表示"完全不符合""较不符合""基本符合""基本不符""比较符合"和"完全符合"。

表5.3　　　　　　　　　主动创新行为与响应创新行为量表

题项	维度
1. 我在工作中对创新有兴趣，自发地想要创新	
2. 我会积极主动地提出开展工作的新方法或意想不到的创新性解决方案	
3. 即使在没有具体问题要解决的情况下，我也能发现问题并提出有用的想法和解决办法	主动创新行为
4. 我会积极促进他人支持新想法和方案，克服创新中遇到的困难	
5. 我在工作中自发地做出许多创新性的贡献	
6. 我对创新努力的要求只做出适当的回应，不超过要求	
7. 我仅在指导下才提出新的想法和解决方案	
8. 当遇到要解决的特定问题时，我才提出新的想法和解决方案	响应创新行为
9. 只有在被告知要这样做时，我才会提出创新解决方案	
10. 为完成工作任务，我不得不在工作中执行创新要求	

5.2.2　问卷设计

本研究正式调查问卷包括样本基本信息、绩效薪酬强度、自主–

受控工作动机量表、促进–防御调节焦点量表以及主动–响应创新行为，正式调查问卷参见附录F。为保证问卷数据质量，减少共同方法偏差，保证回答的真实性，本研究在问卷设计上采用以下事前控制措施。

1.隐匿题项意义

在问卷调查时，详尽地告知问卷填写者问卷所列出的研究概念的含义及研究的目的，可以提高问卷填写者参与问卷调查的积极性（梁建和谢家琳，2018），但容易造成社会赞许性和共同方法偏差。为降低社会赞许性和共同方法偏差，本研究使用隐匿题项意义的方法，没有列明量表测量变量的名称。

2.同一测量变量随机排列题项

在问卷设计中，题项排序有三种做法。第一种做法是将同一测量变量的题项集中放在一起，如果是多维度变量就将各维度题项放在一起，所有问卷填写者都按相同的题项编排顺序回答。这种做法既有利于填写者集中回答某一问题（梁建和谢家琳，2018），也便于研究者后期整理数据。第二种做法是将所有测量变量题项混合并随机排列。第三种做法是按第一种做法将同一测量变量的题项集中放在一起，但同一变量下的题项随机排列。由此，按第二、第三种做法，不同问卷填写者可能按不同的题项顺序回答问题。虽然还没有研究明确表明随机排列题项有助于有效降低共同方法偏差，但可以考虑该方法并使用（彭台光等，2006）。综合比较三种题项排序做法，本研究采用第三种做法，除了填写者基本信息以外，同一测量变量的题项随机排列，以尽可能减少共同方法偏差问题。目前在线问卷技术为混合随机编排题项的数据整理提供了便利。

3.设置禁止同一变量的所有题项选择相同选项的功能

当问卷填写者填写不认真时，可能会对变量题项选择趋同。例如，同一个量表全部题项都选择"1"或"2"等。利用在线问卷技术设置禁止同一变量的所有题项选择相同选项的功能，可以强迫问卷填写者经认真思考再作答，从而提高问卷回答质量。

4.问卷设置甄选题目以鉴别回答的真实性和认真程度

通过设置"您的岗位名称"这一题项，用于鉴别回答的真实性和认真程度。岗位是员工的个人社会特征，员工对岗位回答真实度高，岗位与员工收入、职位层级密切相关，由此可判断问卷填写人基本工资回答的真实性和认真程度。

5.采用Likert六点量表

为消除问卷填写人存在的普遍趋中倾向，问卷全部变量题项采用Likert六点量表。

5.2.3　预调查问卷收集数据

研究发现，在线问卷数据收集和现场问卷收集在心理测量特性、回答者的社会赞许性和数据完整性等方面没有明显差异，越来越多有关组织行为的研究实施在线调查数据（梁建和谢家琳，2018）。因此，本研究预调查和正式调查问卷的发放、填写和回收采用线上调查方式。

制造业和信息业样本企业经营范围符合《2017年国民经济行业分类》（中华人民共和国国家标准GB/T4754—2017）的要求。根据第二章对知识型员工界定，本研究将样本员工学历限定为大专及以上，涉及四种岗位类型，即技术与研发、产品设计与开发岗，运营岗，销售外勤岗，财务／人力／项目管理／法务／客服／销售内勤等职能类岗，这四类岗位涵盖了样本企业所有知识型员工。以下如无研究特殊需要，为表述简洁，以下将知识型员工简称为员工。

1. 预调查样本来源和基本信息

本研究于2019年9—10月委托Y调查公司对我国制造业和信息业企业知识型员工进行线上问卷预调查。制造业涉及计算机、通信和其他电子设备制造、医药制造、汽车制造、设备制造等企业，信息业涉及软件开发、互联网搜索、互联网游戏等企业。为控制共同方法偏差，预调研进行了两期定向追踪调查。首先由员工填写个人社会人口变量、企业状况等基本信息，绩效薪酬强度、自主性动机与控制性动机、调节焦点量表，然后，间隔两周，再由同一员工填写创新行为自我评价。预调查共收回问卷251份，其中有效问卷214份，有效率达85.26%。小样本预调查的样本基本信息，如表5.4所示。

公司基本信息如下：第一，从所在公司行业来看，信息业占比44.9%，制造业占比55.1%；第二，从所在公司规模来看，100人及以下占比7.9%，101~500人占比36.0%，501~1000人占比16.4%，1001~2000人占比19.6%，2000人以上占比20.1%；第三，从公司性质来看，国有企业占比23.4%，民营企业占比59.8%，中外合资／外商独资占比16.8%；第四，从公司成立年限来看，1~5年占比4.7%，

6~10年占比23.4%，11~20年占比41.6%，21~30年占比20.1%，30年以上占比10.3%；第五，从公司所在区域来看，东部地区占比66.4%，中部地区占比24.3%，西部地区占比9.3%。

表5.4 样本的基本信息

项目	样本特征	百分比	有效百分比
公司行业	信息业	44.9%	44.9%
	制造业	55.1%	55.1%
	合计	100.0%	100.0%
所在公司规模	100人以下	7.9%	7.9%
	101~500人	36.0%	36.0%
	501~1000人	16.4%	16.4%
	1001~2000人	19.6%	19.6%
	2000人以上	20.1%	20.1%
	合计	100.0%	100.0%
公司性质	国有企业	23.4%	23.4%
	民营企业	59.8%	59.8%
	中外合资/外商独资	16.8%	16.8%
	合计	100.0%	100.0%
公司成立年限	1~5年	4.7%	4.7%
	6~10年	23.4%	23.4%
	11~20年	41.6%	41.6%
	21~30年	20.1%	20.1%
	30年以上	10.3%	10.3%
	合计	100.0%	100.0%

续表

项目	样本特征	百分比	有效百分比
公司所在区域	东部	66.4%	66.4%
	中部	24.3%	24.3%
	西部	9.3%	9.3%
	合计	100.0%	100.0%
性别	男	53.7%	53.7%
	女	46.3%	46.3%
	合计	100.0%	100.0%
年龄	18~25岁	21.0%	21.0%
	26~35岁	35.0%	35.0%
	36~45岁	21.5%	21.5%
	45岁以上	22.4%	22.4%
	合计	100.0%	100.0%
受教育程度	大专	10.7%	10.7%
	本科	58.9%	58.9%
	硕士	28.5%	28.5%
	博士	1.9%	1.9%
	合计	100.0%	100.0%
岗位等级	初级技术/专员岗	18.7%	18.7%
	中级技术/专员岗	34.1%	34.1%
	高级技术/专员岗	17.8%	17.8%
	基层管理者	15.4%	15.4%
	中层管理者	14.0%	14.0%
	合计	100.0%	100.0%

项目	样本特征	百分比	有效百分比
工作年限	1年以下	4.7%	4.7%
	1~3年	30.4%	30.4%
	4~9年	43.5%	43.5%
	10~15年	15.9%	15.9%
	16~20年	4.2%	4.2%
	20年以上	1.4%	1.4%
	合计	100.0%	100.0%
岗位类型	技术与研发、产品设计与开发岗	39.7%	39.7%
	运营岗	25.2%	25.2%
	销售外勤岗	12.1%	12.1%
	财务/人力/项目管理/法务/客服/销售内勤等职能类岗位	22.9%	22.9%
	合计	100.0%	100.0%
每月税后工资总额	5000元及以下	6.1%	6.1%
	5001~10000元	43.0%	43.0%
	10001~20000元	39.3%	39.3%
	20001~50000元	8.4%	8.4%
	5万元以上	3.3%	3.3%
	合计	100.0%	100.0%

员工个人基本信息如下：第一，从性别分布来看，男性员工占比53.7%，女性员工占比46.3%；第二，从年龄分布来看，18~25岁占比21.0%，26~35岁占比35.0%，36~45岁占比21.5%，45岁以上

占22.4%；第三，从受教育程度分布来看，大专占比10.7%，本科占比58.9%，硕士占比28.5%，博士占比1.9%；第四，从岗位等级分布来看，初级技术/专员岗占比18.7%，中级技术/专员岗占比34.1%，高级技术/专员岗占比17.8%，基层管理者占比15.4%，中层管理者占比14.0%；第五，从在现公司工作年限分布来看，1年以下占比为4.7%，1~3年占比为30.4%，4~9年占比为43.4%，10~15年占比为15.9%，16~20年占比为4.2%，20年以上的占比1.4%；第六，从员工岗位类型来看，技术与研发、产品设计与开发岗占比39.7%，运营岗占比25.2%，销售外勤岗占比12.1%，财务/人力/项目管理/法务/客服/销售内勤等职能类岗位占比22.9%；第七，从每月税后工资总额来看，5000元及以下占比6.1%，5001~10000元占比43.0%，10001~20000元占比39.3%，20001~50000元占比8.4%，5万元以上占比3.3%。

2. 预调查的变量量表的信效度检验

（1）信度检验

由于自变量绩效薪酬强度是客观变量，因此以下对主动创新行为与响应创新行为、自主动机与受控动机、促进焦点与防御焦点量表进行信度检验，其Cronbach's α 系数如表5.5所示：主动创新行为、响应创新行为量表Cronbach's α 系数分别为0.937>0.9、0.869>0.8，表明量表信度很高或高；自主动机、受控动机量表Cronbach's α 系数分别为0.900>0.9、0.827>0.8，表明量表信度很高或高；促进焦点、防御焦点量表的Cronbach's α 系数分别为0.716、0.736>0.7，表明量表信度较高。

表5.5 各量表信度分析

变量	Cronbach's α 系数
主动创新行为	0.937
响应创新行为	0.869
自主动机	0.900
受控动机	0.827
促进焦点	0.716
防御焦点	0.736

（2）效度检验

　　由于自变量绩效薪酬强度是客观变量，因此以下采用AMOS23.0对主动创新行为与响应创新行为、自主动机与受控动机、促进焦点与防御焦点进行验证性因子分析以检验其区分效度，得出六因子模型以及五个备择因子模型的拟合指标对比情况。其中，将主动创新行为、响应创新行为合并成一个因子得到五因子模型，基于五因子模型将自主动机、受控动机合并成一个因子得到四因子模型，基于四因子模型将促进焦点、防御焦点合并成一个因子得到三因子模型，基于三因子模型将主动创新行为、响应创新行为、自主动机、受控动机合并成一个因子得到二因子模型，将所有变量合并成一个因子得到单因子模型。检验结果如表5.6所示，六因子模型各项拟合指标均达到评估模型适配度的指标标准，χ^2/df小于3，RMSEA、RMR均小于0.08，NFI、CFI、GFI的数值指标均大于0.80，其拟合度优于其他备择模型，表明测量量表具有较好的区分效度。

表5.6   验证性因子分析

	χ^2	df	χ^2/df	NFI	CFI	GFI	RMSEA	RMR
六因子模型	778.230	480	1.621	0.819	0.921	0.818	0.054	0.074
五因子模型	853.185	485	1.759	0.801	0.902	0.800	0.060	0.077
四因子模型	987.991	489	2.020	0.770	0.867	0.759	0.069	0.082
三因子模型	1182.078	492	2.403	0.725	0.817	0.727	0.081	0.095
二因子模型	2161.479	494	4.375	0.497	0.557	0.376	0.126	0.150
单因子模型	2261.439	495	4.569	0.473	0.531	0.421	0.129	0.148

（3）绩效薪酬强度在员工岗位类型上的差异化分析

四类岗位在绩效薪酬强度上单因素方差分析的结果如表5.7所示。从绩效薪酬强度均值来看，从高到低依次是销售外勤岗最高（0.289）、技术与研发、产品设计与开发岗（0.244）、职能类岗（0.238）、运营岗（0.214），四类岗位绩效薪酬强度均值与岗位性质一致。虽然四类岗位均值有差异，但未通过显著性检验（$P>0.05$），即岗位类型在绩效薪酬强度上不具有显著性差异。此外，从工作的创新要求来看，相对于其他岗位，技术与研发、产品设计与开发岗对创新有更多的要求。因此，为简化岗位类型，在正式调查中将运营岗、销售外勤岗以及职能类岗进行合并，将岗位类型划分为两类，一类是技术与研发、产品设计与开发岗，另一类是其他岗位，即运营/销售岗或财务/人力/项目管理/法务/客服等职能岗。

表5.7　　　　　员工岗位类型在绩效薪酬强度上的ANOVA检验

员工岗位类型	绩效薪酬强度	
	均值	标准差
1.技术与研发、产品设计与开发岗（N=85）	0.244	0.145
2.运营岗（N=54）	0.214	0.137
3.销售外勤岗（N=26）	0.289	0.202
4.财务/人力/项目管理/法务/客服/销售内勤等职能类岗（N=49）	0.238	0.173
F	1.342	

　　基于预调查样本数据对量表的信效度检验后的变量量表，参见表5.1、表5.2和表5.3，正式调查问卷见附录F。

5.2.4　正式问卷调查收集数据

　　本研究正式调查采用两期定向追踪配对调查方法，于2019年11月—2020年1月再次委托Y调查公司进行正式线上问卷调查的同时，也自行联系企业委托人力资源部进行现场线上正式问卷调查。为控制共同方法偏差，正式问卷调查采取两期定向追踪配对调查。在第一阶段，由员工填写个人社会人口变量、企业状况等基本信息、绩效薪酬强度、自主动机与受控动机量表、调节焦点量表；间隔两周后，在第二阶段，再由同一组员工的直接上级来评价其下属的主动–响应创新行为。在阶段一收回问卷451份，阶段二收回121名主管的评价，最终获得373份有效配对问卷。正式调查样本基本信息，如表5.8所示。

表5.8 样本的基本信息

项目	样本特征	百分比	有效百分比
公司行业	信息业	70.4%	70.4%
	制造业	29.6%	29.6%
	合计	100.0%	100.0%
所在公司规模	100人以下	11.8%	11.8%
	101~500人	34.9%	34.9%
	501~1000人	17.7%	17.7%
	1001~2000人	15.3%	15.3%
	2000人以上	20.2%	20.2%
	合计	100.0%	100.0%
公司性质	国有企业	26.6%	26.6%
	民营企业	45.2%	45.2%
	中外合资/外商独资	28.2%	28.2%
	合计	100.0%	100.0%
公司成立年限	1~5年	9.7%	9.7%
	6~10年	31.7%	31.7%
	11~20年	36.0%	36.0%
	21~30年	15.1%	15.1%
	30年以上	7.5%	7.5%
	合计	100.0%	100.0%
公司所在区域	东部	66.1%	66.1%
	中部	22.0%	22.0%
	西部	11.8%	11.8%
	合计	100.0%	100.0%

项目	样本特征	百分比	有效百分比
性别	男	52.2%	52.2%
	女	47.8%	47.8%
	合计	100.0%	100.0%
年龄	18~25岁	13.7%	13.7%
	26~35岁	57.8%	57.8%
	36~45岁	22.8%	22.8%
	45岁及以上	5.6%	5.6%
	合计	100.0%	100.0%
受教育程度	大专	7.3%	7.3%
	本科	64.2%	64.2%
	硕士	26.9%	26.9%
	博士	1.6%	1.6%
	合计	100.0%	100.0%
岗位等级	初级技术/专员岗	12.6%	12.6%
	中级技术/专员岗	44.6%	44.6%
	高级技术/专员岗	19.4%	19.4%
	基层管理者	8.3%	8.3%
	中层管理者	15.1%	15.1%
	合计	100.0%	100.0%
工作年限	1年以下	3.8%	3.8%
	1~3年	35.2%	35.2%
	4~9年	44.9%	44.9%
	10~15年	12.1%	12.1%

续表

项目	样本特征	百分比	有效百分比
工作年限	16~20年	3.5%	3.5%
	20年以上	0.5%	0.5%
	合计	100.0%	100.0%
岗位类型	技术与研发、产品设计与开发岗	56.7%	56.7%
	运营/销售岗、职能岗如财务/人力/项目管理/法务/客服等	43.3%	43.3%
	合计	100.0%	100.0%
每月税后工资总额	5000元及以下	7.3%	7.3%
	5001~10000元	41.1%	41.1%
	10001~20000元	38.4%	38.4%
	20001~50000元	11.0%	11.0%
	5万元以上	2.2%	2.2%
	合计	100.0%	100.0%

公司基本信息如下：第一，从所在公司的行业来看，信息业占比70.4%，制造业占比29.6%；第二，从所在公司规模来看，100人及以下占比11.8%，101~500人占比34.9%，501~1000人占比17.7%，1001~2000人占比15.3%，2000人以上占比20.2%；第三，从公司性质来看，国有企业占比26.6%，民营企业占比45.2%，中外合资/外商独资占比28.2%；第四，从公司成立年限来看，1~5年占比9.7%，6~10年占比31.7%，11~20年占比36.0%，21~30年占比15.1%，30年以上占比7.5%；第五，从公司所在区域来看，东部地区占比66.1%，中部地

区占比22.0%，西部地区占比11.8%。

员工个人基本信息如下：第一，从性别分布来看，男性员工占比52.2%，女性员工占比47.8%；第二，从年龄分布来看，样本员工18~25岁占比13.7%，26~35岁占比57.8%，36~45岁占比22.8%，45岁以上占比5.6%；第三，从受教育程度分布来看，大专员工占比7.3%，本科员工占比64.2%，硕士员工占比26.9%，博士员工占比1.6%；第四，从岗位等级分布来看，初级技术/专员岗占比12.6%，中级技术/专员岗占比44.6%，高级技术/专员岗占比19.4%，基层管理者占比8.3%，中层管理者占比15.1%；第五，从在现公司工作年限分布来看，1年以下员工占比3.8%，1~3年的员工占比35.2%，4~9年的员工占比44.9%，10~15年员工占比12.1%，16~20年员工占比3.5%，20年以上员工占比0.5%；第六，从员工岗位类型来看，技术与研发、产品设计与开发岗占比56.7%，运营/销售岗、职能岗位如财务/人力/项目管理/法务/客服等占比43.3%；第七，从每月税后工资总额来看，5000元及以下的员工占比7.3%，5001~10000元的员工占比41.1%，10001~20000元的员工占比38.4%，20001~50000元的员工占比11.0%，5万元以上的员工占比2.2%。

5.3 绩效薪酬对主动-响应二元创新行为影响的统计检验

本研究使用统计软件SPSS21.0和AMOS23.0，基于制造业和信息业企业知识型员工样本数据，对绩效薪酬影响创新行为的研究假设进行统计检验。第一，对量表信度进行检验。第二，运用验证性因子分析以检验量表的区分效度，并运用Harman单因素法检验量表的共同方差偏差。第三，对变量进行描述性统计分析和皮尔逊相关分析。第四，运用层次回归分析法，检验绩效薪酬对主动－响应二元创新行为的主效应、自主－受控工作动机的双路径中介作用、促进－防御调节焦点的调节作用和有调节的中介作用，并采用MEDCURVE宏插件对中介作用进行再次验证，以及采用Bootstrap法对有调节的中介作用进行再次验证。第五，采用MEDCURVE宏插件对中介作用进行事后分析。

5.3.1 量表的信效度与共同方法偏差检验

1.量表的信度检验

以下对主动创新行为与响应创新行为、自主动机与受控动机、促进焦点与防御焦点量表进行信度检验，其Cronbach's α 系数如表5.9所示：主动创新行为、响应创新行为量表Cronbach's α 系数分别为0.938、0.948>0.9这一非常理想水平，表明量表信度很高；自主动机、受控动机量表的Cronbach's α 系数分别为0.924、0.901>0.9这一非常理想水平，表明量表信度很高；促进焦点、防御焦点量表的Cronbach's α 系数分别为0.703、0.788>0.7，表明量表信度较高。

表5.9 各量表信度分析

变量	Cronbach's α 系数
主动创新行为	0.938
响应创新行为	0.948
自主动机	0.924
受控动机	0.901
促进焦点	0.703
防御焦点	0.788

2.量表的效度检验

以下采用AMOS23.0对因变量、中介变量和调节变量进行验证性因子分析以检验其区分效度，得出六因子模型以及五个备择因子模型的拟合指标对比情况。将主动创新行为、响应创新行为合并成一个因子得到五因子模型，基于五因子模型将自主动机、受控动机合并成一个因子得到四因子模型，基于四因子模型将促进焦点、防御焦点合并成一个因子得到三因子模型，基于三因子模型将主动创新行为、响应创新行为、自主动机、受控动机合并成一个因子得到二因子模型，将所有变量合并成一个因子得到单因子模型。检验结果如表5.10所示，六因子模型各项拟合指标均达到评估模型适配度的指标标准，χ^2/df小于3，$RMSEA$、RMR均小于0.08，NFI、CFI、GFI的数值指标均大于0.80，其拟合度优于其他备择模型，表明测量量表具有较好的区分效度。

表5.10　　　　　　　　　　验证性因子分析

	χ^2	df	χ^2/df	NFI	CFI	GFI	$RMSEA$	RMR
六因子模型	830.799	480	1.731	0.898	0.954	0.879	0.044	0.055
五因子模型	2419.632	485	4.989	0.704	0.747	0.662	0.104	0.181
四因子模型	3405.420	489	6.964	0.584	0.619	0.525	0.127	0.195
三因子模型	3768.056	492	7.659	0.539	0.572	0.507	0.134	0.205
二因子模型	5148.143	494	10.421	0.371	0.392	0.424	0.159	0.248
单因子模型	5373.475	495	10.856	0.343	0.362	0.417	0.163	0.251

3.共同方法偏差检验

本研究在调查问卷的编排上进行了事前控制，采用隐匿题项含义、同一变量量表随机配置题项，并运用在线问卷调查设置禁止同一变量的所有题项选择相同选项的功能，以减少填写者的一致性倾向，而且在调查中采用两期定向配对追踪法，通过以上多种方法来降低共同方法偏差影响。除此之外，本研究采用Harman单因素检验法进行共同方法偏差检验，除了控制变量以外，将其他所有的变量题项进行因子分析，其结果表明在采用主成分分析方法且未做任何旋转的情况下，得到六个特征值大于1的因子，其中特征值最大的第一因子的方差解释率为26.842%，低于临界值40%。因而，从统计上看，共同方法偏差不会对本研究造成严重影响。

5.3.2 描述性统计分析与相关分析

本研究将公司行业（T）、公司规模（S）、性别（G）、年龄（A）、受教育程度（E）、职位层级（P）、工作年限（Y）、岗位类型（J）8个控制变量，以及绩效薪酬（PFP）、自主动机（AM）、受控动机（CM）、促进焦点（PMF）、防御焦点（PVF）、主动创新行为（PIB）和响应创新行为（RIB）共15个变量，进行描述性统计分析和皮尔逊相关分析，结果如表5.11所示。由描述性统计可知，绩效薪酬、自主动机、受控动机、促进焦点、防御焦点、主动创新行为、响应创新行为的均值分别为0.275、4.767、4.650、4.910、3.901、4.522、3.208。由相关分析可知，绩效薪酬分别与主动创新行为、响应创新行为、自主动机、受控动机无显著相关关系（$r=0.081$, $r=$

表5.11　描述性统计分析与相关分析

	均值	标准差	T	S	G	A	E	P	Y	J	PFP	AM	CM	PMF	PVF	PIB
T	1.30	0.457	1													
S	2.97	1.336	0.054	1												
G	1.48	0.500	-0.055	-0.063	1											
A	2.20	0.742	0.044	0.063	-0.039	1										
E	2.23	0.596	-0.011	0.174**	-0.097	-0.039	1									
P	2.69	1.242	-0.016	0.097	0.022	0.190**	0.079**	1								
Y	2.78	0.875	0.042	0.227**	-0.122*	0.518**	0.019	0.177**	1							
J	0.57	0.496	0.409**	0.184**	-0.184**	-0.008	0.117**	-0.178**	0.084	1						
PFP	0.275	0.182	0.128*	0.119*	-0.078	0.096	0.102	0.141**	0.155**	0.002	1					
AM	4.767	0.906	0.079	0.072	0.011	0.088	0.027	0.130**	0.110*	0.106*	-0.008	1				
CM	4.650	0.766	0.067	0.077	-0.031	0.059	0.021	0.117*	0.075	0.044	0.080	0.465**	1			
PMF	4.910	0.618	0.030	0.036	-0.094	0.070	0.049	0.184**	0.062	0.092	-0.002	0.279**	0.236**	1		
PVF	3.901	1.091	-0.049	-0.019	0.142**	-0.069	-0.038	0.041	-0.017	-0.071	0.054	0.019	0.085	0.160**	1	
PIB	4.522	1.033	0.191**	0.065	-0.019	0.074	-0.113*	0.022	0.094	0.177**	0.081	0.398**	0.278**	0.169**	0.033	1
RIB	3.208	1.284	-0.139**	-0.030	-0.058	-0.064	0.044	-0.121*	-0.097	0.005	-0.096	-0.141**	-0.150**	-0.072	0.013	-0.316**

注：*$P<0.05$，**$P<0.01$。

−0.096，r=−0.008，r=0.080，P>0.05），说明绩效薪酬与上述四个变量之间不呈现线性关系，绩效薪酬分别与促进焦点、防御焦点无显著关系（r=−0.002，r=0.054，P>0.05），自主动机与主动创新行为有显著正相关关系（r=0.398，P<0.01），受控动机与响应创新行为有显著负相关关系（r=−0.150，P<0.01）。

5.3.3 研究假设检验

1. 主效应检验

（1）检验绩效薪酬对主动创新行为影响的主效应

结果如表5.12所示，模型1是以主动创新行为为因变量对控制变量进行回归分析的结果；模型2将控制变量、绩效薪酬一次方进行回归分析，结果显示，绩效薪酬一次方对主动创新行为没有显著影响（β=0.057，P>0.05）；模型3将控制变量、绩效薪酬一次方、绩效薪酬二次方进行回归分析，结果显示，绩效薪酬一次方对主动创新行为有显著正向影响（β=0.474，P<0.01），绩效薪酬二次方对主动创新行为有显著负向影响（β=−0.434，P<0.01），因此绩效薪酬与员工主动创新行为呈倒U型关系，H1a得到验证。

（2）检验绩效薪酬对响应创新行为影响的主效应

结果如表5.13所示，模型9是以响应创新行为为因变量对控制变量进行回归分析的结果；模型10将控制变量、绩效薪酬一次方进行回归分析，结果显示，绩效薪酬一次方对响应创新行为没有显著影响（β=−0.065，P>0.05）；模型11将控制变量、绩效薪酬一次方、绩效薪酬二次方进行回归分析，结果显示，绩效薪酬一次方对响应创新行为有显著负向影响（β=−0.504，P<0.01），绩效薪酬二次方对响

应创新行为有显著正向影响（$\beta=0.458$，$P<0.01$），因此绩效薪酬与员工响应创新行为呈正U型关系，H1b没有得到验证。

表5.12　　绩效薪酬对主动创新行为影响的主效应与自主动机的中介作用回归分析结果

变量	主动创新行为					自主动机		
	模型1	模型2	模型3	模型4	模型5	模型6	模型7	模型8
公司行业	0.179***	0.172**	0.170**	0.151**	0.142**	0.074	0.080	0.079
公司规模	0.029	0.025	0.002	0.022	0.001	0.019	0.022	0.001
性别	0.020	0.023	0.040	0.003	0.019	0.045	0.043	0.058
年龄	0.027	0.026	0.013	0.015	0.005	0.032	0.032	0.020
受教育程度	−0.140**	−0.145**	−0.151**	−0.141**	−0.151**	0.003	0.007	0.002
职位层级	0.054	0.048	0.043	0.004	−0.006	0.135*	0.140*	0.136*
工作年限	0.046	0.040	0.046	0.025	0.022	0.057	0.062	0.068
岗位类型	0.189***	0.191***	0.192***	0.143**	0.146**	0.127*	0.126*	0.127*
绩效薪酬一次方		0.057	0.474**		0.356*		−0.051	0.326*
绩效薪酬二次方			−0.434**		−0.293			−0.393*
自主动机				0.368***	0.360***			
R^2	0.092	0.095	0.114	0.222	0.235	0.048	0.050	0.065
调整后R^2	0.072	0.073	0.089	0.202	0.212	0.027	0.027	0.040
F	4.618***	4.240***	4.634***	11.453***	10.062***	2.287*	2.135*	2.528**

注：*$P<0.05$, **$P<0.01$, ***$P<0.001$。

表5.13　绩效薪酬对响应创新行为影响的主效应与受控动机的中介作用
　　　　 回归分析结果

变量	响应创新行为					受控动机		
	模型9	模型10	模型11	模型12	模型13	模型14	模型15	模型16
公司行业	−0.140**	−0.132**	−0.131*	−0.132*	−0.125*	0.062	0.056	0.055
公司规模	−0.002	0.002	0.027	0.004	0.028	0.046	0.043	0.015
性别	−0.072	−0.075	−0.093	−0.073	−0.092	−0.014	−0.012	0.009
年龄	0.004	0.005	0.020	0.007	0.020	0.017	0.017	0.000
受教育程度	0.050	0.055	0.061	0.049	0.060	−0.002	−0.006	−0.013
职位层级	−0.116*	−0.109*	−0.105	−0.102	−0.094	0.114*	0.109*	0.104
工作年限	0.080	−0.073	−0.080	−0.077	−0.077	0.027	0.022	0.030
岗位类型	−0.021	−0.023	−0.024	−0.015	−0.018	0.049	0.050	0.051
绩效薪酬一次方		−0.065	−0.504**		−0.448**		0.047	0.550**
绩效薪酬二次方			0.458**		0.404*			−0.523**
受控动机				−0.127*	−0.103*			
R^2	0.047	0.051	0.072	−0.136**	0.082	0.027	0.029	0.056
调整后 R^2	0.026	0.028	0.046	0.051	0.054	0.005	0.005	0.029
F	2.252*	2.171*	2.786**	2.698**	2.907**	1.246	1.194	2.123*

注：*$P<0.05$, **$P<0.01$, ***$P<0.001$。

2.工作动机的中介作用检验

（1）检验自主动机在绩效薪酬与主动创新行为关系中的中介作用

结果如表5.12所示。第一，检验绩效薪酬对自主动机的影响。
模型6是以自主动机为因变量对控制变量进行回归分析；模型7是控

制变量、绩效薪酬一次方的回归分析结果，绩效薪酬一次方对自主动机没有显著影响（$\beta=-0.051$，$P>0.05$）；模型8将控制变量、绩效薪酬一次方、绩效薪酬二次方进行回归分析，结果显示，绩效薪酬一次方对自主动机有显著正向影响（$\beta=0.326$，$P<0.05$），绩效薪酬二次方对自主动机有显著负向影响（$\beta=-0.393$，$P<0.05$），因此绩效薪酬与自主动机呈倒U型关系，H2a得到验证。第二，检验自主动机对主动创新行为的影响。在模型1的基础上加入自主动机，形成模型4，回归结果显示，自主动机对主动创新行为有显著正向影响（$\beta=0.368$，$P<0.001$），H3a得到验证。第三，检验自主动机在绩效薪酬与主动创新行为之间的中介作用。在模型3的基础上加入自主动机形成模型5，回归结果显示，绩效薪酬二次方与主动创新行为的关系不再显著（$\beta=-0.293$，$P>0.05$），但绩效薪酬一次方与主动创新行为的关系仍然显著（$\beta=0.356$，$P<0.05$），说明自主动机在绩效薪酬与主动创新行为之间起到部分中介作用，H4a得到验证。进一步采用MEDCURVE宏插件对全样本进行5000次Bootstrap抽样结果见表5.14。当绩效薪酬取值为均值－标准差时，在95%误差修正置信区间内不包含0（LLCI = 0.0601，ULCI = 1.4973)，中介作用显著；当绩效薪酬取值为均值、均值+标准差时，在95%误差修正置信区间内包含0（LLCI = −0.0573，ULCI = 0.6158；LLCI = −0.5711，ULCI = 0.1366），中介作用不显著。这说明在绩效薪酬强度较小时，绩效薪酬会通过自主动机的中介作用对主动创新行为产生影响，而绩效薪酬强度适中或较大时，绩效薪酬强度的增加并不会通过影响自主动机而影响主动创新行为。综上，假设H4a再次得到验证。

表5.14　自主－受控动机在绩效薪酬与主动－响应创新行为之间瞬时中介
　　　　作用的检验结果

中介变量	自变量取值	Bootstrap 重复抽样次数	置信区间		瞬时中介作用
			下限	上限	
自主动机	0.0928	5000	0.0601	1.4973	0.6648
	0.2753	5000	−0.0573	0.6158	0.2432
	0.4578	5000	−0.5711	0.1366	−0.1783
受控动机	0.0928	5000	−0.9129	−0.0858	−0.4138
	0.2753	5000	−0.4616	−0.0407	−0.2007
	0.4578	5000	−0.0751	0.1788	0.0124

（2）检验受控动机在绩效薪酬与响应创新行为关系中的中介作用

结果如表5.13所示。第一，检验绩效薪酬对受控动机的影响。模型14是以受控动机为因变量对控制变量进行回归分析；模型15将控制变量、绩效薪酬一次方进行回归分析，结果显示，绩效薪酬一次方对受控动机没有显著影响（$\beta=0.047$，$P>0.05$）；模型16将控制变量、绩效薪酬一次方、绩效薪酬二次方进行回归分析，结果显示，绩效薪酬一次方对受控动机有显著正向影响（$\beta=0.550$，$P<0.01$），绩效薪酬二次方对受控动机有显著负向影响（$\beta=-0.523$，$P<0.01$），因此绩效薪酬与受控动机呈倒U型关系，H2b得到验证。第二，检验受控动机对响应创新行为的影响。在模型9的基础上加入受控动机形成模型12，回归结果显示，受控动机对响应创新行为有显著负向影响（$\beta=-0.127$，$P<0.05$），H3b未得到验证。第三，检验受控动机在绩效薪酬与响应创新行为之间的中介作用。在模型11的基础上加入受控动机形成模型13，回归结果显示，绩效

薪酬二次方与响应创新行为的关系显著（$\beta=0.404$，$P<0.05$），但系数降低了（由 0.458 降低为 0.404），说明受控动机在绩效薪酬与响应创新行为之间起到部分中介作用，H4b 得到验证。进一步采用 MEDCURVE 宏插件对全样本进行了 5000 次 Bootstrap 抽样，结果见表 14。当绩效薪酬取值为均值 – 标准差、均值时，在 95% 误差修正置信区间内不包含 0（LLCI = –0.9129，ULCI = –0.0858；LLCI = –0.4616，ULCI = –0.0407），中介作用显著；当绩效薪酬取值为均值 + 标准差时，在 95% 误差修正置信区间内不包含 0（LLCI = –0.0751，ULCI = 0.1788），中介作用不显著。这说明在绩效薪酬强度较小和强度适中时，绩效薪酬会通过受控动机的中介作用对响应创新行为产生影响，而在绩效薪酬强度较大时，受控动机在绩效薪酬与响应创新行为的关系中不起到中介作用。

3. 调节焦点的调节作用检验

运用层次回归分析方法检验调节焦点的调节作用，在构建自变量和调节变量的交互项前，先对自变量绩效薪酬一次方、绩效薪酬二次方、调节变量促进焦点和防御焦点做中心化处理，以避免共线性。另外，在验证二次曲线调节作用时，根据 Aiken & Stephen（1991）的以下观点进行判断：若自变量一次方与调节变量交互项的系数显著，而自变量二次方与调节变量交互项的系数不显著，则调节变量仅改变曲线的倾斜度但不改变其弯曲形状；若自变量一次方与调节变量交互项的系数不显著，而自变量二次方与调节变量交互项的系数显著，则调节变量仅改变曲线弯曲形状但不改变其倾斜度；若自变量一次方、二次方与调节变量交互项系数皆显著，则调节变量同时改变曲线的弯曲形状和倾斜度。

（1）检验促进焦点对绩效薪酬与工作动机之间关系的调节作用

第一，检验促进焦点对绩效薪酬与自主动机之间关系的调节作用。如表5.15所示，模型17是以自主动机为因变量，将控制变量、绩效薪酬一次方、绩效薪酬二次方、促进焦点、绩效薪酬一次方与促进焦点的交互项进行回归分析，在此基础上，模型18加入绩效薪酬二次方与促进焦点的交互项进行回归分析结果显示，绩效薪酬一次方、绩效薪酬二次方与促进焦点的交互项系数均显著（$\beta=-0.340$，$P<0.05$；$\beta=0.379$，$P<0.05$），说明促进焦点对绩效薪酬与自主动机关系间有调节作用，且促进焦点同时改变了绩效薪酬与自主动机的倒U型关系曲线的形状和倾斜度。为进一步检验具体的调节作用效果，以调节变量促进焦点的均值加减一个标准差为限，进行曲线斜率的简单估计，同时分别描绘低促进焦点和高促进焦点情况下绩效薪酬与自主动机的关系曲线图，即调节作用，如图5.2所示。此外，曲线斜率简单估计结果显示，对于低促进焦点，绩效薪酬一次方与自主动机之间有不显著的正向关系（$\beta=0.127$，$P>0.05$），绩效薪酬二次方与自主动机之间有显著的负向关系（$\beta=-0.244$，$P<0.01$）；对于高促进焦点，绩效薪酬一次方与自主动机之间有不显著的负向关系（$\beta=-0.041$，$P>0.05$），绩效薪酬二次方与自主动机之间有不显著的正向关系（$\beta=0.014$，$P>0.05$），且调节作用如图5.2所示，尽管促进焦点的调节作用改变了曲线的弯曲形状和倾斜度，但总体上，在低和中等绩效薪酬强度区间，高促进焦点比低促进焦点更加强化了绩效薪酬对自主动机的激发，而当绩效薪酬强度超过一定阈值后，进入高绩效薪酬强度区间，高促进焦点相比低促进焦点更能减缓绩效薪酬对自主动机的抑制作用。综上，H5a得到验证。

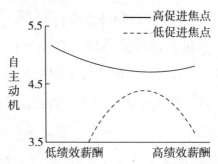

图5.2　促进焦点对绩效薪酬与自主动机关系的调节作用

第二，检验促进焦点对绩效薪酬与受控动机之间关系的调节作用。如表5.15所示，模型21是以受控动机为因变量，将控制变量、绩效薪酬一次方、绩效薪酬二次方、促进焦点、绩效薪酬一次方与促进焦点的交互项进行回归分析，在此基础上，模型22加入绩效薪酬二次方与促进焦点的交互项进行回归分析，结果显示，绩效薪酬一次方、绩效薪酬二次方与促进焦点的交互项系数均不显著（$\beta=-0.150$，$P>0.05$；$\beta=0.068$，$P>0.05$），说明促进焦点在绩效薪酬与受控动机之间无调节作用，H5c得到验证。

（2）检验防御焦点对绩效薪酬与工作动机之间关系的调节作用

第一，检验防御焦点对绩效薪酬与自主动机之间关系的调节作用。如表5.15所示，模型19是以自主动机为因变量，将控制变量、绩效薪酬一次方、绩效薪酬二次方、防御焦点、绩效薪酬一次方与防御焦点的交互项进行回归分析，在此基础上，模型20加入绩效薪酬二次方与防御焦点的交互项进行回归分析，结果显示，绩效薪酬一次方、绩效薪酬二次方与防御焦点的交互项系数均不显著（$\beta=-0.086$，$P>0.05$；$\beta=0.056$，$P>0.05$），说明防御焦点在绩效薪酬与自主动机之间无调节作用，H5d得到验证。

第二，检验防御焦点对绩效薪酬与受控动机之间关系的调节作用。如表5.15所示，模型23是以受控动机为因变量，将控制变量、绩效薪酬一次方、绩效薪酬二次方、防御焦点、绩效薪酬一次方与防御焦点的交互项进行回归分析，在此基础上，模型24加入绩效薪酬二次方与防御焦点的交互项进行回归分析，结果显示，绩效薪酬一次方、绩效薪酬二次方与防御焦点的交互项系数均显著（$\beta=0.427$，$P<0.05$；$\beta=-0.401$，$P<0.05$），说明防御焦点对绩效薪酬与受控动机关系间有调节作用，且防御焦点同时改变了绩效薪酬与受控动机倒U型关系曲线的形状和倾斜度。为进一步检验具体的调节作用效果，以调节变量防御焦点的均值加减一个标准差为限，进行曲线斜率的简单估计，同时分别描绘低防御焦点和高防御焦点情况下绩效薪酬与受控动机的关系曲线图，即调节作用，如图5.3所示。此外，曲线斜率简单估计结果显示，对于低防御焦点，绩效薪酬一次方与受控动机之间有不显著的正向关系（$\beta=0.037$，$P>0.05$），绩效薪酬二次方与受控动机之间有显著的负向关系（$\beta=-0.038$，$P<0.05$）；对于高防御焦点，绩效薪酬一次方与受控动机之间有显著的正向关系（$\beta=0.339$，$P<0.001$），绩效薪酬二次方与受控动机之间有显著的负向关系（$\beta=-0.401$，$P<0.001$），且调节作用如图5.3所示。尽管防御焦点的调节作用改变了曲线的弯曲形状和倾斜度，但总体上，在低和中等绩效薪酬强度区间，高防御焦点比低防御焦点更加强化了绩效薪酬对受控动机的激发，而当绩效薪酬强度超过一定阈值后，进高绩效薪酬强度区间，高防御焦点比低防御焦点更能减缓绩效薪酬对受控动机的抑制作用。综上，H5b得到验证。

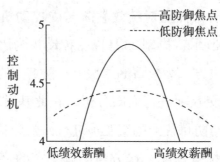

图5.3　防御焦点对绩效薪酬与控制动机关系的调节作用

表5.15　　促进焦点和防御焦点的调节作用回归分析结果

变量	自主动机				受控动机			
	模型17	模型18	模型19	模型20	模型21	模型22	模型23	模型24
公司行业	0.071	0.078	0.078	0.079	0.052	0.053	0.061	0.055
公司规模	0.005	−0.006	0.000	0.001	0.027	0.025	0.019	0.010
性别	0.078	0.078	0.052	0.052	0.013	0.013	0.001	−0.001
年龄	0.011	0.021	0.021	0.022	0.004	0.006	0.012	0.005
受教育程度	−0.003	0.011	0.004	0.004	−0.015	−0.012	−0.012	−0.014
职位层级	0.088	0.091	0.134^{**}	0.133^{**}	0.055	0.056	0.103	0.108
工作年限	0.070	0.068	0.067	0.067	0.025	0.025	0.027	0.026
岗位类型	0.099	0.088	0.127^{**}	0.126^{**}	0.025	0.023	0.055	0.064
绩效薪酬一次方	0.296	0.225	0.328^{**}	0.327^{*}	0.511^{**}	0.498^{**}	0.531^{**}	0.536^{**}
绩效薪酬二次方	-0.348^{*}	−0.271	-0.393^{**}	-0.392^{**}	-0.485^{**}	-0.471^{**}	-0.516^{**}	-0.518^{**}
促进焦点	0.242^{***}	0.233^{***}			0.219^{***}	0.218^{***}		
绩效薪酬一次方*促进焦点	0.019	-0.340^{*}			−0.085	−0.150		

续表

变量	自主动机				受控动机			
	模型17	模型18	模型19	模型20	模型21	模型22	模型23	模型24
绩效薪酬二次方*促进焦点		0.379^*				0.068		
防御焦点			0.026	0.027			0.088	0.082
绩效薪酬一次方*防御焦点			−0.032	−0.086			0.046	0.427^*
绩效薪酬二次方*防御焦点				0.056				$−0.401^*$
R^2	0.122	0.134	0.067	0.067	0.103	0.103	0.065	0.079
调整后R^2	0.092	0.103	0.036	0.034	0.073	0.071	0.034	0.046
F	4.147^{***}	4.260^{***}	2.152^{**}	1.990^{**}	3.434^{***}	3.175^{***}	2.083^{**}	2.364^{**}

注：$*P<0.05$, $**P<0.01$, $***P<0.001$。

4.有调节的中介作用检验

基于以上假设的验证得出，自主动机在绩效薪酬与主动创新行为、受控动机在绩效薪酬与响应创新行为之间起到中介作用（H4a、H4b），且促进焦点对绩效薪酬与自主动机、防御焦点对绩效薪酬与受控动机之间的关系有调节作用（H5a、H5b）。依据刘东等（2018）的有调节的中介作用假设逻辑，可初步判断，促进焦点能够调节绩效薪酬通过自主动机影响主动创新行为的中介作用、防御焦点能够调节绩效薪酬通过受控动机影响响应创新行为的中介作用。本研究进一步使用Process插件的Bootstrap方法，检验促进焦点和防御焦点的有调节的中介作用。检验结果如表5.16所示。

表5.16　　　　　　　有调节的中介作用Bootstrap检验结果

调节变量	路径	效应大小	95%置信区间	
			下限	上限
低促进焦点		−0.984	−2.223	0.101
中促进焦点	PFP^2–AM–PIB	−0.888	−2.137	−0.003
高促进焦点		−0.792	−1.986	0.071
低防御焦点		0.594	0.110	1.403
中防御焦点	PFP^2–CM–RIB	0.599	0.110	1.396
高防御焦点		0.604	0.107	1.477

（1）检验促进焦点在绩效薪酬与自主动机对主动创新行为影响中的有调节的中介作用。

检验结果显示，在低和高促进焦点调节下的中介作用不显著，95%置信区间为［−2.223，0.101］和［−1.986，0.071］，均包含0，即在低和高促进焦点情况下，绩效薪酬二次方通过自主动机影响主动创新行为的作用不显著，而在中等促进焦点调节下的中介作用均显著，95%置信区间为［−2.137，−0.003］，不包括0，间接效应值为−0.888，即对于中等促进焦点的员工，自主动机中介作用越强，H6a得到验证。

（2）检验防御焦点在绩效薪酬与受控动机对响应创新行为影响中的有调节的中介作用。

检验结果显示，在低、中、高三种防御焦点调节下的中介作用均显著，95%置信区间为［0.110，1.403］、［0.110，1.396］、［0.107，1.477］均不包括0，间接效应值分别为0.594、0.599、

0.604，说明防御焦点越高，受控动机的中介作用越强，H6b得到验证。

5.3.4　中介作用的事后分析

本书通过两组事后分析，以检验中介作用结论的稳健性。

第一，检验自主动机在绩效薪酬与响应创新行为之间的中介作用。自主动机对响应创新行为有显著负向影响（$\beta = -0.110$，$P<0.05$）；将自主动机加入表5.13中模型11后形成的新模型表明，自主动机对响应创新行为的影响不显著（$\beta = -0.096$，$P>0.05$），说明自主动机在绩效薪酬与响应创新行为之间未起到中介作用。

第二，检验受控动机在绩效薪酬与主动创新行为之间的中介作用。受控动机对主动创新行为呈显著正向影响（$\beta = 0.254$，$P<0.001$）；将受控动机加入表5.12中模型3后形成的模型表明，绩效薪酬二次方与主动创新行为的关系仍然显著（$\beta = -0.311$，$P<0.05$），但系数的绝对值有所降低（由模型3的0.434降为0.311）。进一步采用MEDCURVE 宏插件对全样本进行了 5000 次 Bootstrap 抽样结果见表5.17。当绩效薪酬取值为均值−标准差、均值时，在95%误差修正置信区间内不包含0（LLCI = 0.3507，ULCI = 1.2242；LLCI = 0.1518，ULCI = 0.6120），中介作用显著；当绩效薪酬取值为均值+标准差时，在95%误差修正置信区间内不包含0（LLCI = −0.2313，ULCI = 0.1342），中介作用不显著。这说明在绩效薪酬强度较小和强度适中时，绩效薪酬会通过受控动机的中介作用对响应创新行为产生影响，而在绩效薪酬强度较大时，受控动机在绩效薪酬与响应创新行为的关系中不起到中介作用。以上结果说明受控动机在绩效薪

酬与主动创新行为之间起部分中介作用。虽然受控动机对主动创新行为呈显著正向影响在一定程度上支持了Gagné et al.（2015）、张正堂和吴琼（2016）、Kuvaas et al.（2016）的研究结论，但是根据自我决定理论外在动机内化观点，受控动机对主动创新行为呈显著正向影响，实际上是自主动机起作用。由于变量间因果关系的实证研究必须基于关键的理论机制来阐明因果关系是如何产生的（梁建等，2018），因此受控动机在绩效薪酬与主动创新行为之间的中介作用缺乏理论支持，该路径并非一定存在。

表5.17　受控动机在绩效薪酬与主动创新行为之间的中介作用

中介变量	自变量取值	Bootstrap 重复抽样次数	置信区间		瞬时中介作用
			下限	上限	
	0.0928	5000	0.3507	1.2242	0.6983
受控动机	0.2753	5000	0.1518	0.6120	0.3387
	0.4578	5000	−0.2313	0.1342	−0.0210

第六章　研究结论、管理建议与研究展望

6.1　研究结论与讨论

6.1.1　创新能力对绩效薪酬偏好影响的研究结论与讨论

　　本研究基于个人–组织匹配理论与前景理论，提出了个体创新能力对绩效薪酬偏好的直接影响、风险厌恶与绩效薪酬框架对二者关系的调节作用的研究假设，采用真实任务和真实报酬给付的实验室研究，并以北京 GS 大学高年级本科生和低年级研究生为被试的实验数据进行统计检验，研究假设 H1、H2、H3（H3a、H3b 和 H3c）均通过统计验证，结果如表 6.1 所示。具体而言，创新能力对绩效薪酬偏好呈正向影响，风险厌恶在创新能力与绩效薪酬偏好之间起负向调节作用，绩效薪酬框架可以调节创新能力对绩效薪酬偏好的影响，而且在损失＋绝对标准框架下，创新能力与绩效薪酬偏好的正向关系更强，在收益＋相对标准框架下，创新能力与绩效薪酬偏好的正向关系更弱，在收益＋绝对标准框架和损失＋相对标准框架下，创新能力与绩效薪酬偏好之间的正向关系略有增强。

表6.1 　　　　　　创新能力对绩效薪酬偏好影响的假设检验结果

假设	验证结果
H1：创新能力对绩效薪酬偏好呈正向影响	成立
H2：风险厌恶在创新能力与绩效薪酬偏好之间起负向调节作用	成立
H3：绩效薪酬框架调节创新能力对绩效薪酬偏好的影响	成立
H3a：在损失+绝对标准框架下，创新能力与绩效薪酬偏好的正向关系更强	成立
H3b：在收益+相对标准框架下，创新能力与绩效薪酬偏好的正向关系更弱	成立
H3c：在收益+绝对标准框架和损失+相对标准框架下，创新能力与绩效薪酬偏好之间的正向关系可能略有增强，也可能略有减弱（实证结果为略有增强）	成立

对以上研究结论的讨论如下：

1. 创新能力对绩效薪酬偏好的直接影响

创新能力对绩效薪酬偏好呈正向影响，即创新能力越高的个体，越会选择较高的绩效薪酬强度，假设H1通过验证，因而证实了绩效薪酬在创新能力上具有分选效应。该研究结论与Kachelmeier & Williamson（2010）有关在自我创新感知上绩效薪酬具有分选效应的观点一致，并体现了个体对不同的绩效薪酬计划的自我选择（Waller & Chow，1985；Fehrenbacher et al.，2017）。而且，个人–组织匹配理论与前景理论能够对这一结论做出精确理论解释。根据个人–组织匹配理论与前景理论（Schneider，1987；Kahneman & Tversky，1979），个体会对自身创新能力和组织绩效薪酬的匹配性进行评估，当员工感到组织绩效薪酬计划能够满足自身需要时，就会对该组织的绩效薪酬产生偏好。绩效薪酬强度的高低不仅代表了不同组织薪酬制度在风险性和不确定性上的特征，也表明了组织所提供的资源。组织的绩效薪酬强度越高，预示了绩效薪酬计划的风险性和不确定性就越大，而同时所提供的风险收益就越高。创新能力越高的个体，通常所估算的在高绩效薪酬强度下获得较高风险收益的概率较大，从而倾向于选择较高绩效薪酬强度，以满足其追求高收益的需要。

从分选效应研究来看，已有研究主要聚焦于个体一般工作能力对绩效薪酬偏好的研究（Chow，1983；Waller & Chow，1985；Lazear，2000；Cadsby et al.，2007；Eriksson & Villeval，2008；Cornelissen et al.，2011；Dohmen & Falk，2011；Lee et al.，2011；丁明智等，2014a，2014b；张浩和丁明智，2017；Fehrenbacher et al.，2017），而忽略了不同创新能力的个体对绩效薪酬偏好的影响。此外，相对于激励效应研究来看，长期以来，分选效应研究一直被严重忽视（Gerhart & Fang，2014），特别是有关绩效薪酬与创新关系的研究主要关注的是对创新行为的激励效应研究（Malik & Butt，2017）。因此，本研究表明创新能力对绩效薪酬偏好呈显著正向影响，不仅对绩效薪酬分选效应研究做出了理论贡献，而且也是对绩效薪酬与创新关系研究的重要扩展。

2. 风险厌恶在创新能力与绩效薪酬偏好之间的调节作用

风险厌恶在创新能力与绩效薪酬偏好之间起负向调节作用，即相对于较低风险厌恶程度，在风险厌恶程度较高的条件下，创新能力对绩效薪酬偏好的正向影响减弱了，假设H2通过验证。虽然该研究结论与Fehrenbacher et al.（2017）有关风险厌恶调节作用的探索性研究不一致，但支持了Fehrenbacher et al.（2017）指出的应关注风险厌恶可能会对其他个体特征和绩效薪酬选择之间的关系产生影响的观点。此外，该研究结论也表明，前景理论与个人组织匹配理论对风险厌恶在创新能力与绩效薪酬偏好关系中的调节作用具有较好的解释力。在个体创新能力相同的情况下，相对于较低风险厌恶的个体，较高风险厌恶的个体认为获得较高风险收益的概率也较低，他们更看重薪酬收益保障性（Kahneman & Tversky，1979）。与此同时，个体会评估自身风险厌恶程度和组织绩效薪酬的匹配性，组织绩效薪酬强度较低则意味着虽然风险收益较低，但收益保障性高。因此，高风险厌恶会降低创新能力对绩效薪酬强度偏好的正向影响，即风险厌恶在创新能力与绩效薪酬偏好之间起负向调节作用。

已有研究聚焦于风险厌恶对绩效薪酬偏好的直接影响（Cable & Judge，1994；Cadsby et al.，2007；Cornelissen et al.，2011；Dohmen & Falk，2011；贺伟和龙立荣，2011；丁明智等，2014a、2014b；张浩和丁明智，2017；Fehrenbacher et al.，2017），而风险厌恶在其他个人特征与绩效薪酬偏好之间的调节作用未曾得到验证。因此，本研究验证了风险厌恶负向调节创新能力对绩效薪酬偏好的影响，从而为以个体心理因素为边界条件的绩效薪酬分选效应研究提供了新见解。

3. 绩效薪酬框架在创新能力与绩效薪酬偏好之间的调节作用

绩效薪酬框架调节创新能力对绩效薪酬偏好的影响，假设H3通过验证。具体而言，在损失＋绝对标准框架下，创新能力与绩效薪酬偏好的正向关系更强；在收益＋相对标准框架下，创新能力与绩效薪酬偏好的正向关系更弱；而在收益＋绝对标准框架和损失＋相对标准框架下，创新能力与绩效薪酬偏好之间的正向关系略有增强；H3a、H3b和H3c均通过统计验证。

　　该研究结论不仅支持了收益与损失框架以及绩效评价标准分别具有的调节作用（贺伟和龙立荣，2011；Belogolovsky & Bamberger，2014；丁明智等，2014a），也验证了前景理论的参照点与框架效应（Kahneman & Tversky，1979）的理论预测。在损失＋绝对标准框架下，个体对损失的感知是确定的，基于损失厌恶心理，为规避损失往往表现出较低的风险厌恶倾向，而选择较冒险的决策方案（Diederich et al.，2020），即较高绩效薪酬强度。因此，在损失＋绝对标准框架下，创新能力与绩效薪酬偏好的正向关系更强。在收益＋相对标准框架下，相对绩效标准会使个体对收益产生不确定感，与收益框架相同，个体为确保收益，往往表现出较高的风险厌恶倾向而选择较保守的决策方案（Diederich et al.，2020），即较低的绩效薪酬强度。因此，在收益＋相对标准框架下，创新能力与绩效薪酬偏好的正向关系更弱。在收益＋绝对标准框架和损失＋相对标准框架下，对创新能力与绩效薪酬偏好之间关系的影响呈现相反的取向，虽然在理论上无法推论孰大孰小，但实证检验结果表明二者之间的正向关系略有增强。该研究结论说明绝对标准的强化调节作用大于收益框架的弱化调节作用，损失框架的强化调节作用大于相对标准的弱化调节作用。其原因可能是相对于收益框架和相对绩效标准，被试对损失框架和绝对绩效标准更为敏感。

　　虽然有少量绩效薪酬分选效应的研究涉及了薪酬框架与绩效评价方式等制度因素的调节作用（贺伟和龙立荣，2011；Belogolovsky & Bamberger，2014；丁明智等，2014a），但尚未关注以薪酬框架与绩效评价方式的组合为调节变量的研究。因此，本研究根据总薪酬支付和绩效评价指标的不同表述方式，首次提出了四种绩效薪酬框架,并证实了这四种绩效薪酬框架在创新能力与绩效薪酬偏好之间的调节作用,从而为以制度因素为边界条件的绩效薪酬分选效应研究提供了新观点。

6.1.2 绩效薪酬对主动－响应二元创新行为影响的研究结论与讨论

本研究基于自我决定理论和调节焦点理论,提出了以绩效薪酬强度为自变量、以自主－受控工作动机为中介变量、以调节焦点为调节变量,来探讨绩效薪酬对主动－响应二元创新行为影响的有调节的中介作用的研究假设与模型,并以制造业、信息业企业的知识型员工为样本进行实证研究,假设统计检验结果如表6.2所示。本研究假设 H1a、H2a、H2b、H3a、H4a、H4b、H5a、H5b、H5c、H5d、H6a 和 H6b 通过统计验证,统计检验结果是:绩效薪酬对主动创新行为的影响呈倒 U 型,绩效薪酬对自主动机的影响呈倒 U 型,自主动机对主动创新行为呈正向影响,自主－受控动机分别在绩效薪酬与主动－响应二元创新行为的关系中起部分中介作用,促进焦点在绩效薪酬与自主动机之间起调节作用,防御焦点在绩效薪酬与受控动机之间起到调节作用,促进焦点在绩效薪酬与受控动机之间无调节作用,防御焦点在绩效薪酬与自主动机之间无调节作用,促进焦点调节了绩效薪酬通过自主动机影响主动创新行为的中介作用,防御焦点调节了绩效薪酬通过受控动机影响响应创新行为的中介作用。但是,研究假设 H1b、H3b 没有通过统计验证,统计检验结果是:绩效薪酬对响应创新行为的影响呈正 U 型,受控动机对员工响应创新行为呈负向影响。

表6.2　　　绩效薪酬对主动-响应二元创新行为影响的假设检验结果

假设	验证结果
H1a: 绩效薪酬对主动创新行为的影响呈倒U型	成立
H1b: 绩效薪酬对响应创新行为呈正向影响(实证结果为呈正U型关系)	不成立
H2a: 绩效薪酬对自主动机的影响呈倒U型	成立
H2b: 绩效薪酬对受控动机的影响呈倒U型	成立
H3a: 自主动机对主动创新行为呈正向影响	成立
H3b: 受控动机对响应创新行为呈正向影响(实证结果为负向影响)	不成立
H4a: 自主动机在绩效薪酬与主动创新行为的关系中起中介作用	成立
H4b: 受控动机在绩效薪酬与响应创新行为的关系中起中介作用	成立
H5a: 促进焦点在绩效薪酬与自主动机之间起调节作用	成立
H5b: 防御焦点在绩效薪酬与受控动机之间起调节作用	成立
H5c: 促进焦点在绩效薪酬与受控动机之间无调节作用	成立
H5d: 防御焦点在绩效薪酬与自主动机之间无调节作用	成立
H6a: 促进焦点调节了绩效薪酬通过自主动机影响主动创新行为的中介作用	成立
H6b: 防御焦点调节了绩效薪酬通过受控动机影响响应创新行为的中介作用	成立

对以上研究结论的讨论及其理论贡献如下。

1.绩效薪酬对主动-响应二元创新行为的直接影响

绩效薪酬对主动创新行为呈倒 U 型影响、对响应创新行为呈正U 型影响即随着绩效薪酬强度的增加，主动创新行为呈现先升后降、响应创新行为呈现先降后升的变动趋势，假设 H1a 通过验证，而假设 H1b 没有通过验证。

绩效薪酬对主动创新行为呈倒U型影响的这一结论，在一定程度上支持了张勇和龙立荣（2013a）、刘智强等（2014）、张勇和龙立荣（2013b）、顾建平和王相云（2014）的研究结论。根据期望理论（Vroom，1964），由于绩效薪酬是员工总货币收入的重要组成部分，因此随着绩效薪酬强度的增加，起初员工对绩效薪酬的期望会增强，进而绩效压力逐渐提高，主动创新行为会增强。然而，对于开放性、没有具体要求的任务，实现日常工作绩效与主动创新行为的联系较模糊，而且随着绩效薪酬强度的增加，这种模糊的联系致使员工通过主动创新获取绩效薪酬的信心逐渐降低，努力程度也会逐渐降低，从而使得主动创新行为增强的速率递减，达到顶点后，最终主动创新行为会以递增速率呈下降趋势。因此，绩效薪酬对主动创新行为呈倒U型影响。

对于绩效薪酬对响应创新行为呈正U型影响的这一结论，并没有支持已有研究有关绩效薪酬对利用性创新行为呈正向影响的研究结论（张勇和龙立荣，2013b，2013c；顾建平和王相云，2014），也说明期望理论的解释有一定的局限性，仅能解释正U型的右边部分。根据期望理论，对于职责性、有具体要求的任务，实现日常工作绩效与响应创新行为的联系更清晰。当绩效薪酬强度较高时，这种清晰的联系更增强了员工对响应创新获取绩效薪酬的信心，员工也会更加努力，更倾向于表现出更多的响应创新行为。然而，对于正U型的左边部分，从后文受控动机对响应创新行为影响的研究结论来看，需要结合受控动机的中介作用再进行解释。

综上，虽然已有研究划分了主动-响应创新行为，并将其视为非常有潜力的创新研究领域（Unsworth，2001；Sung et al.，2017；

Hwang & Choi, 2020; Anderson et al., 2014），但在外在奖励与创新行为关系的研究中尚未涉及（Malik & Butt，2017）。本书摒弃了单一维度创新行为的观点，基于二元性视角，将主动与响应创新行为视为组织对员工二元创新的需求（Bledow et al.，2009），所发现的绩效薪酬与主动–响应二元创新行为之间的非线性关系，弥补了已有绩效薪酬对创新行为的研究缺陷，并推进了外在奖励与创新行为关系研究。

2. 自主–受控工作动机的双路径中介作用

（1）绩效薪酬对自主–受控工作动机的影响

绩效薪酬分别与自主–受控动机呈倒U型关系。假设H2a和H2b通过验证，也就是说，随着绩效薪酬强度的增加，自主动机与受控动机都呈现先上升而后下降的趋势，即二者是同高同低的关系。该研究结论与Malik & Butt（2017）、Amabile（1993）有关内在动机和外在动机关系存在可能的积极协同的观点具有一致性。虽然在理论上无法推论自主动机与受控动机是否同时达到最高水平，但可知自主动机与受控动机不是一种非此即彼的关系中的两个对立的极点，而是共存的关系（Bledow et al.，2009; Papachroni et al.，2015）。

具体而言，在低绩效薪酬强度区间，绩效薪酬反馈给员工信息性与控制性都处于低水平，对员工基本心理需要满足或损伤都小，自主动机与受控动机处于低水平。随着绩效薪酬强度的逐渐增加，进入中等强度绩效薪酬区间，绩效薪酬所反馈的信息性与控制性不断增强，自主动机与受控动机逐渐增强。当绩效薪酬强度达到某一阈值时，自主动机与受控动机也达到最高水平。而后，随着绩效薪酬强度的继续增加，进入高强度绩效薪酬区间，绩效薪酬的信息性减弱，自主动机开始逐渐下降，同时，绩效薪酬的控制性不断提高，绩效压力逐渐超出员工承受范围，致使员工对工作的不胜任感、无力感逐渐增强，产生动机不足，因而受控动机呈衰退趋势，这一结论支持了自我决定理论的缺乏动机观点（Deci & Ryan，1985b）。

（2）自主-受控工作动机对主动-响应创新行为的影响

首先，自主动机对主动创新行为呈正向影响。假设H3a通过验证，该研究结论与已有研究观点一致（Deci and Ryan，2008；Ryan and Deci，2017；Deci et al.，2017；张春虎，2019）。这表明当自主动机增强时，员工强化了因兴趣快乐等内部调节、行为表现是有意义的认同调节、行为意义符合价值观的整合调节，由此更愿意接受外在挑战，去主动发现问题并采用新方法解决问题，从而促进主动创新行为。

其次，受控动机对响应创新行为呈负向影响。假设H3b没有通过验证，这一结论没有支持Gagné et al.（2015）和Kuvaas et al.（2016）的研究，但支持并验证了自我决定理论的受控动机可能转化为自主动机的观点（Deci & Ryan，1985b；Deci & Ryan，2008；Ryan & Deci，2017）。根据自我决定理论，受控动机的外部调节、内摄调节与自主动机的认同调节、内部调节是一个从控制到自主的连续、递进变化的心理调节过程。当个体受控动机越强，意味着为谋取更高的绩效薪酬、更多的组织认可等，个体越可能将外部显性规则转化为内部价值认同，就更可能将受控动机内化为自主动机，从而促进主动创新行为，而内化的受控动机被视为自主动机，因此只有在较低的受控动机下，受控动机难以转化为自主动机，才表现出更多的响应创新行为。此外，本研究提出的应将内化的受控动机视为自主动机的观点，可避免受控动机对积极行为或态度有促进作用（Gagné et al. 2015；张正堂和吴琼，2016；Kuvaas et al.，2016）的研究结论带来的困扰，验证了受控动机路径仅在绩效薪酬与响应创新行为关系中具有中介作用。

（3）自主–受控工作动机的双路径中介作用传导过程

自主–受控动机在绩效薪酬对主动–响应二元创新行为影响的双路径中介作用体现为，自主动机在绩效薪酬对主动创新行为的影响起部分中介作用，受控动机在绩效薪酬对响应创新行为的影响起部分中介作用。假设H4a和H4b通过验证，以上研究结论证实了已有研究表明自主–受控动机具有中介作用的结论（Kuvaas et al.，2016；Ren et al.，2017；李明军等，2016；Battistelli et al.，2013），其双路径中介作用传导过程解释如下：

首先，自主动机在绩效薪酬与主动创新行为的倒U型关系中起部分中介作用。研究表明，在低和中等绩效薪酬强度下，自主动机具有中介作用，这时，随着绩效薪酬强度的增加，自主动机呈上升趋势，且自主动机又正向影响主动创新行为，从而会强化绩效薪酬对主动创新行为的正向影响。当进入高强度绩效薪酬区间时，自主动机不起中介作用，绩效薪酬对主动创新行为的影响仅体现为呈下降趋势的直接效应。因而，从总效应来看，绩效薪酬对主动创新行为呈倒U型影响。

其次，受控动机在绩效薪酬与响应创新行为的正U型关系中起部分中介作用。研究表明，在低和中等绩效薪酬强度下，受控动机具有中介作用，这时，随着绩效薪酬强度的增加，受控动机呈上升趋势，且受控动机负向影响响应创新行为，从而改变了绩效薪酬与响应创新行为之间的正向关系，致使绩效薪酬对响应创新行为呈负向影响。当进入高强度绩效薪酬区间时，受控动机不起中介作用，绩效薪酬与响应创新行为的关系仅体现为呈上升趋势的直接效应。因而，从总效应来看，绩效薪酬对响应创新行为呈正 U 型影响，由此解释了假设 H1b 没有通过验证的原因。

综上，在中等绩效薪酬强度区间，随着绩效薪酬信息性与控制性的不断增强，自主动机与受控动机逐渐增强。由于受控动机的增强，根据二元性观点和自我决定理论，个体吸收并重新界定外部工具化需求，将外部强迫与控制最小化，并产生了自我认同，从而促使外在动机内化（Deci & Ryan，1985b；Ryan & Deci，2017），使得受控动机不断转化为自主动机，从而促进主动创新行为。然而，在低和高绩效薪酬区间，自主动机与受控动机处于低水平，低受控动机难以转化为自主动机，受控动机对响应创新行为呈负向影响，因而表现出更多的响应创新行为。

已有研究对绩效薪酬与创新行为之间工作动机中介机制的关注不足。本书基于自我决定理论和二元理论的观点（Deci & Ryan，1985；Ryan & Deci，2017；Papachroni et al.，2015），将自主 – 受控视为既相互冲突又同源共生的两种工作动机。通过自主 – 受控工作动机的双路径中介作用，首次揭示了绩效薪酬的信息性与控制性对二元创新行为影响的受控动机内化的心理过程，以及过高的绩效薪酬控制性会导致缺乏动机，更清晰地展现了自主 – 受控工作动机驱动机制的复杂性。因此，上述研究结论不仅丰富了绩效薪酬对创新行为影响的中介机制的研究，也增加了基于自我决定理论的自主 – 受控工作动机文献。

3. 调节焦点的调节作用与有调节的中介作用

（1）调节焦点的调节作用

促进焦点在绩效薪酬与自主动机之间起调节作用，也就是说，在低和中等绩效薪酬强度区间，高促进焦点比低促进焦点更强化绩效薪酬激发自主动机的增加，在高绩效薪酬强度区间，高促进焦点比低促进焦点更弱化绩效薪酬引致自主动机的降低。防御焦点在绩效薪酬与受控动机之间起调节作用，也就是说，在低和中等绩效薪酬强度区间，高防御焦点比低防御焦点更强化绩效薪酬激发受控动机的增加，在高绩效薪酬强度区间，高防御焦点比低防御焦点更弱化绩效薪酬引致受控动机的降低。促进焦点在绩效薪酬与受控动机之间无调节作用，防御焦点在绩效薪酬与自主动机之间无调节作用。假设H5a、H5b、H5c和H5d通过验证，以上研究结论一方面与已有研究表明调节焦点具有调节作用的结论（雷星晖等，2015；Jin et al.，2016；Wang et al.，2017；Du et al.，2018；宋锟泰等，2020）是一致性的；另一方面，也证实了调节焦点理论与调节匹配理论的理论推论，即当个体长期调节焦点与其环境因素匹配时，存在额外匹配价值，会增强其动机，当二者不匹配的时候，额外的匹配价值不存在，对动机没有影响（Higgins，1997，2000，2006）。该研究结论揭示了绩效薪酬与自主动机、受控动机的关系，受到个体的调节焦点特质的影响且调节匹配的重要性。

对促进焦点的调节作用的进一步解释是，在低和中等绩效薪酬强度区间，相对于低促进焦点的员工，高促进焦点取向的员工对积极结果更敏感，绩效薪酬强度越高，高促进焦点的员工更能感知到绩效薪酬提供的工作自主性以及价值认同和肯定等积极信号反馈，进而强化绩效薪酬激发自主动机的增加。当绩效薪酬强度超过一定阈值后，随着绩效薪酬强度的不断提高，进入高绩效薪酬强度区间，绩效薪酬的积极信号出现衰退，引致自主动机降低，但相对于低促进焦点的员工而言，高促进焦点的员工由于对成就获取等积极结果更敏感，则可以减缓对积极信号感知的衰退，从而会减缓绩效薪酬引致自主动机的降低。

对防御焦点的调节作用的进一步解释是，在低和中等绩效薪酬强度区间，相对于低防御焦点的员工，高防御焦点的员工更关注完成岗位责任和要求避免惩罚等消极结果，更易受到绩效薪酬带来的压力和风险等消极信号的驱使，更加强化了绩效薪酬激发受控动机的增加，当绩效薪酬强度超过一定阈值后，随着绩效薪酬强度的不断提高，进入高绩效薪酬强度区间，绩效薪酬的控制性因素继续增强，产生动机不足，受控动机衰退，但相对于低防御焦点的员工而言，高防御焦点的员工由于其对消极结果更敏感，则可以减缓对控制信号感知的衰退，从而会减缓绩效薪酬引致受控动机的降低。

对于促进焦点与防御焦点不起调节作用的进一步解释是，绩效薪酬反馈的控制性与促进焦点取向的员工不匹配，促进焦点取向可能不会影响绩效薪酬与受控动机的关系，因而促进焦点在绩效薪酬与受控动机之间无调节作用。同理，绩效薪酬反馈的信息性与防御焦点取向的员工不匹配，防御焦点取向可能不会影响绩效薪酬与自主动机的关系，因而防御焦点在绩效薪酬与自主动机之间无调节作用。

（2）调节焦点的有调节的中介作用

促进焦点调节了绩效薪酬通过自主动机影响主动创新行为的中介作用、防御焦点调节了绩效薪酬通过控制性动机影响响应创新行为的中介作用，假设H6a和H6b通过验证。以上研究结论不仅支持了已有研究表明调节焦点具有有调节的中介作用的观点（Du et al.，2018；宋锟泰等，2020），也证实了自我决定理论和调节匹配理论的理论推论。

首先，促进焦点调节了绩效薪酬通过自主动机影响主动创新行为的中介作用。具体而言，对于中等促进焦点的员工，自主动机更能够在绩效薪酬与主动创新行为关系中发挥中介作用。这一结论表明，相对于较低和较高促进焦点的员工，中等促进焦点的员工对积极结果的敏感度处于一种平衡状态，不会过于降低对成就的追求行为，也不会过高专注于奖励，感知到绩效薪酬带来的成就认同等积极结果时，更能将其内化为自主动机，增加自主动机对主动创新行为的积极影响。

其次，防御焦点调节了绩效薪酬通过受控动机影响响应创新行为的中介作用。具体而言，对于高防御焦点的员工，受控动机更能够在绩效薪酬与响应创新行为关系中发挥中介作用。这一结论表明，相对于低防御焦点的员工，高防御焦点的员工更加关注于自身责任和要求而不愿冒险，当其受限于外部控制因素干扰时，受控动机增强，进而削弱了响应创新行为。

已有绩效薪酬与创新行为研究忽略了个体人格特质作为调节变量（Anderson et al.，2014；Malik & Butt，2017）。本研究基于自我决定理论、调节焦点理论及调节匹配理论，从调节焦点与绩效薪酬匹配的视角，将特质型调节焦点作为调节变量建立了有调节的中介模型，揭示促进－防御调节焦点是如何调节自主－受控工作动机在绩效薪酬与主动－响应二元创新行为关系的中介作用的，从而对绩效薪酬与创新行为关系的边界条件研究有所贡献。

6.1.3 绩效薪酬偏好影响创新行为机理理论路径的研究结论 与讨论

本书研究创建了知识型员工绩效薪酬偏好影响创新行为机理的理论路径模型，如图 6.1 所示，即个体创新能力→个体绩效薪酬偏好→企业绩效薪酬→员工创新行为的传导作用机制的理论路径链接。借助于绩效薪酬强度这一变量的连接，分别基于以大学生和研究生为被试的实验法和企业知识型员工为样本的问卷调查法，进行了分段量化实证研究。由于高年级本科生和低年级研究生是即将进入劳动力市场的知识型员工后备军，而且采用真实任务和真实报酬给付的实验法减少了干扰因素（Dohmen & Falk，2011），有助于增强个体创新能力对绩效薪酬偏好影响的研究内部效度（丁明智等，2014a），同时，以企业知识型员工的问卷调查数据为样本的绩效薪酬对主动–响应二元创新行为影响研究，能够真实反映工作场所的员工创新行为（Byron & Khazanchi，2012）。因此，实证研究设计符合研究需要，且研究结论支持了这一理论路径模型，这是本研究非常重要的理论创新贡献。该路径模型展现了知识型员工绩效薪酬偏好通过分选效应与激励效应对创新行为的影响机理，也就是说，通过不同创新能力个体对绩效薪酬偏好（强度）的选择，使企业可以通过绩效薪酬的分选效应吸引、保留那些达到其创新能力要求的员工，从而形成满足企业需要的知识型员工创新队伍，继而又通过绩效薪酬的激励效应来影响其创新行为。

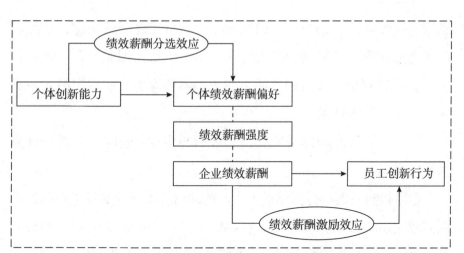

图 6.1　知识型员工绩效薪酬偏好影响创新行为机理的理论路径模型

6.2　管理建议

在"互联网+"驱动数字经济背景下，知识型员工的创新对企业乃至国家发展具有决定性作用。本书的研究结论对我国企业如何运用绩效薪酬体系形成富有创新能力的员工队伍及引导符合期望的员工创新行为，具有很强的理论指导价值。由此，本书提出以下管理建议。

6.2.1　确立以创新为导向的绩效薪酬体系策略目标

第一，绩效薪酬体系应以塑造富有创新能力的员工队伍为策略目标。

从绩效薪酬在创新能力上的分选效应研究结论来看，员工个体对企业绩效薪酬体系进行自我选择，使得企业通过绩效薪酬体系来甄选不同创新能力的员工，以实现企业与员工之间的匹配，从而有助于企业建立符合其创新能力要求的员工队伍。因此，企业管理者应充分认识到塑造富有创新能力的员工队伍应为企业制定绩效薪酬体系的重要策略目标之一。

第二，绩效薪酬体系应支持企业引导主动－响应二元创新行为为策略目标。

主动和响应创新行为体现了在不同的情境下企业对员工创新的不同需求（Unsworth，2001；Sung et al.，2017；Hwang & Choi，2020），甚至可能是互为矛盾的创新目标及任务（Gibson & Birkinshaw，2004）。从二元性视角来看，随着经营环境不确定性的加剧，日常工作中的创新也日益常态化，两种相互冲突的创新行为常常是动态并存的（Papachroni et al.，2015）。从绩效薪酬对创新行为的激励效应的研究结论来看，绩效薪酬能够通过自主－受控工作动机的不同驱动机制激发主动－响应二元创新行为。因此，企业管理者应区分主动－响应创新行为，摒弃将主动－响应创新行为视为非此即彼、完全对立的两极的观点，从而消除在绩效薪酬实践中的迷茫与摇摆心态，坚定信心，并将支持企业引导主动－响应二元创新行为作为企业制定绩效薪酬体系的另一重要策略目标。

6.2.2 制定适度的绩效薪酬构成策略

第一，适度的绩效薪酬构成策略体现为设置恰当的绩效薪酬强度。

一方面，分选效应的研究表明，企业应设置适度程度的绩效薪酬强度，才能够吸引达到企业要求的创新能力的知识型员工；另一方面，激励效应的研究表明，如果将绩效薪酬的信息性与控制性理解为绩效薪酬体系天秤两端的盘子，绩效薪酬强度就是天秤的支点，那么平衡绩效薪酬的信息性和控制性通过自主－受控工作动机来引导企业期望的创新行为的关键在于设置恰当的激励强度，即绩效薪酬强度。

第二，可大致将30%~50%作为适度绩效薪酬强度区间。

这一区间的绩效薪酬构成策略，可增强组织绩效薪酬计划与员工的创新能力及其风险态度的匹配度。实验研究设置了10%、30%和50%三档绩效薪酬强度，研究表明绩效薪酬在个体创新能力上具有分选效应。这意味着具有更高创新能力的员工，会更青睐于30%~50%的绩效薪酬强度，而且当他们是低风险厌恶者时，会强化这种选择。因此，组织可以将绩效薪酬强度设置在30%~50%，以吸引、选择和保留具有更高创新能力，并更敢于承担风险的员工。相对而言，当组织的绩效薪酬强度为10%左右时，则不利于企业吸引、选择和保留创新能力更高、更敢于承担风险的员工。

这一区间的绩效薪酬构成策略，可兼顾实现绩效薪酬体系的两个策略目标。根据岗位工作任务面临的问题类型，设置适度的绩效薪酬构成策略，以引导企业期望的创新行为。对于以非常规、非结构化任务为主的岗位，企业将绩效薪酬强度设置在中等区间，即大致为30%，以鼓励员工主动创新行为；而对于以常规结构化任务为主的岗位，企业可将绩效薪酬强度设置在低或高区间，大致为10%或50%，以促使员工响应创新行为。然而，根据制定绩效薪酬体系的两个策略目标，绩效薪酬强度必须兼顾分选效应与激励效应，应将适度绩效薪酬强度区间设置为30%~50%。根据本书的研究结论，在中等强度的绩效薪酬体系下，既能够吸引创新能力较强或很强的员工，又能够有利于员工充分发挥自主动机，从而有助于促进主动创新行为；在低强度的绩效薪酬体系下，虽然员工会表现出更多的响应创新行为，但具有高创新能力的员工可能不会选择较低的强度绩效薪酬，因而不利于吸引创新能力高的员工；在高强度的绩效薪酬体系下，有利于吸引创新能力很高的员工，并会促使员工表现出更多的响应创新行为。因此，在30%~50%的绩效薪酬强度区间，既有利于吸引高创新能力的员工，又有助于激发企业期望的主动－响应二元创新行为。

第三，动态化调整绩效薪酬构成策略。

在"互联网＋"驱动数字经济背景下，技术的快速进步会不断地带来企业岗位的工作任务问题类型发生变化。当岗位工作任务类型发生变化时，绩效薪酬构成策略应随之作出调整，从而通过绩效薪酬引导员工及时在主动创新行为与响应创新行为之间调整转换。

6.2.3　运用恰当的绩效薪酬框架

本书研究表明四种绩效薪酬框架对创新能力与绩效薪酬偏好之间的正向关系具有不同的调节作用，揭示了绩效薪酬框架对创新能力的绩效薪酬分选效应的影响。因而，在与员工进行绩效薪酬沟通时，组织应高度重视绩效薪酬框架效应，并运用最有助于强化二者正向关系的绩效薪酬框架。为此，组织可采用损失＋绝对标准框架，因为该框架能够促进更富有创新能力的个体对更高绩效薪酬强度的选择，从而有利于组织运用绩效薪酬强度来吸引、选择和保留创新能力更高的员工。组织不宜采用收益＋相对标准框架，因为该框架削弱了创新能力与绩效薪酬偏好的正向关系，不利于发挥绩效薪酬在创新能力上的分选效应。此外，组织应谨慎采用收益＋绝对标准框架以及损失＋相对标准框架。由于这两种框架对创新能力与绩效薪酬偏好之间关系的影响存在相反的取向，虽然实证检验结果表明这两种框架对二者之间的正向关系略有增强，但在理论上还存在略有弱化的可能。所以，如果无特别需要，建议组织尽可能不运用收益＋绝对标准框架以及损失＋相对标准框架。

6.2.4　实施有效的招聘措施

衡量招聘有效性有多方面的指标，从新员工质量来看，有效招聘的一个关键指标是指组织所招聘到的员工与组织的匹配程度。因此，有效招聘策略应符合绩效薪酬偏好影响创新行为机理理论路径，与绩效薪酬体系相配套。

企业在通过绩效薪酬的分选效应来吸引与其相匹配的员工的同时，还可以根据岗位任务的不同创新需求，在招聘中进行创新能力测评、风险态度与调节焦点特质测评，从而进一步提高新员工的招聘质量。对于创新能力测评，主要有发散思维测试、创造力成就测试、同感评估技术测试和顿悟测试四种方法，每种测评方法都有其优缺点，企业可根据招聘实际情况，选择适用的测评方法及其量表。对于风险态度测评，可采用被普遍认为是风险态度测量研究的"黄金准则"的Holt & Laury（2002）博彩决策测量量表，并根据风险厌恶在创新能力与绩效薪酬偏好之间起负向调节作用的研究结论，尽可能选择风险厌恶程度较低的候选人。因为相对于风险厌恶程度较高的候选人，较低风险厌恶程度的候选人，其创新能力与绩效薪酬强度的正向匹配度较高。对于调节焦点测评，可采用适用于工作场所的改编后的 Lockwood et al.（2002）通用调节焦点量表（GRFM），并根据促进焦点、防御焦点有调节的中介作用研究结论，尽可能选择具有中等促进焦点或较低防御焦点特质的候选人。因为相对于高、低促进焦点的候选人，对于中等促进焦点的候选人，自主动机更能够在绩效薪酬与主动创新行为关系中发挥中介作用，进而增强主动创新行为。对于防御焦点越高的个体，受控动机在绩效薪酬与响应创新行为之间的中介作用越强，进而削弱响应创新行为，因此较低防御焦点的个体更倾向于表现出响应创新行为。

6.3　研究不足与展望

6.3.1　研究不足

本书严格遵循研究规范。首先，通过对该领域的研究文献的全面检索与梳理以及对企业的访谈调研，确定了研究问题在理论发展上和实践应用上的需要。其次，引入个人–组织匹配理论、前景理论、期望理论、自我决定理论和调节焦点理论，在理论逻辑推演与相关研究文献支持的基础上提出了研究假设，并构建了绩效薪酬偏好对创新行为影响机理的理论路径模型。再次，运用实验法和问卷调查法获取的样本数据，分别对创新能力对绩效薪酬偏好的影响、绩效薪酬对主动–响应二元创新行为的影响进行了实证统计检验，由此得出了研究结论。最后，在对研究结论进行诠释与讨论的基础上提出了管理建议。然而，由于时间、项目经费及作者个人能力的限制，本书仍然存在一些研究不足，具体如下。

1. 创新能力对绩效薪酬偏好影响研究的不足

第一，本研究结论的普遍适用性受到限制。已有绩效薪酬分选效应多采用以高校学生为被试的实验室实验法（如Cadsby et al.，2007；Dohmen & Falk，2011；贺伟和龙立荣，2011；Fehrenbacher & Pedell，2012；Belogolovsky & Bamberger，2014；丁明智等，2014a）。实验室实验研究通过较好地控制实地情境因素来提高研究的内部效度，但同时也存在外部有效性的不足（Blom-Hansen et al.，2015；杜宁华，2017）。本研究的被试为中国高校学生，具有较强的地域与文化特点。与工作场所相比，实验室实验持续时间太短，可能对绩效薪酬的决策行为产生影响。

第二，采用中文远距离联想测试的创新能力测量存在一定缺陷。任何一种创新能力测量方法都有其优缺点，中文远距离联想测试也不例外（贡喆等，2016）。基于语义距离的远距离联想测试获得较多研究的支持（如，Kleinmintz et al.，2019），并被认为能较好地预测聚合创新能力（Gray et al.，2019）。总体上，中文远距离联想测试的优点是评分客观、实施简便，且对个体创新能力的评估有效性高（Wu，2019）。然而，也有一些研究对远距离联想测试提出质疑（如，Marron et al.，2018），认为被试年龄等因素会降低该测试与创新能力的相关性（李亚丹等，2023）。

第三，未涉及超过50%的绩效薪酬强度研究。本文根据Li et al.（2022）的样本数据，并出于简化实验设计的考虑，将最高绩效薪酬强度设定为50%。然而，在管理实践中，尽管总体上员工绩效薪酬强度超过50%的占比很低，但有些岗位人员的绩效薪酬占比往往会超过50%，如房地产经纪公司的销售人员。所以，不应忽略对超过50%的绩效薪酬强度的研究。

2.绩效薪酬对主动-响应创新行为影响研究的不足

第一，在研究假设的工作动机中介作用路径之外，可能存在干扰路径。干扰路径是自主动机在绩效薪酬与响应创新行为之间起中介作用，受控动机在绩效薪酬与主动创新行为之间起中介作用。事后分析表明，自主动机在绩效薪酬与响应创新行为之间不起中介作用，但受控动机在绩效薪酬与主动创新行为之间起部分中介作用。由于理论和文献上支持不足，本研究认为受控动机的干扰路径不成立。然而，对于可能存在的工作动机干扰路径仍需要进一步实证检验。

第二，以变量为中心的研究忽略了工作动机子群体间的差异。以变量为中心的研究假设是假定总体样本具有同质性，从总体上揭示一个维度变量对另一个维度变量的"平均""独立"地影响（Wang & Hanges，2011；Howard & Hoffman，2018）。然而，现实情境中绝大部分研究变量的样本都有一定的异质性，并不符合同质性的假设（Morin et al.，2018），而且以变量为中心的研究对于变量间复杂的交互效应的解释力是有限的（Howard & Hoffman，2018）。因此，需要引入以人为中心的方法，以弥补已有的以变量为中心方法研究的不足（Howard & Hoffman，2018）。

第三，样本数据仅来自我国制造业和信息企业知识型员工。不同国家或组织的员工工作动机与行为的关系有差异（Gagné et al.，2015），例如Sung et al.（2017）研究发现相比较韩国，瑞典员工的工作复杂性对心理授权和认知负荷的积极作用略弱，由此倾向于表现出更多的响应创造力。因此，不同国家或行业员工对绩效薪酬强

度的心理反应可能不同，本研究结果是否适用于其他国家或行业，
还需要进一步验证。

第四，本研究仅进行个体层面研究，未进行跨层次研究。绩效
薪酬对创新行为的影响不仅取决于绩效薪酬体系和员工个体，还取
决于企业提供绩效薪酬的情境（Malik & Butt，2017）。因此，仅从
个体层面进行研究，未进行组织和团队层面的跨层次分析，在全面
深入揭示企业绩效薪酬对主动–响应创新行为的激励效应上存在一
定缺失。

3.绩效薪酬偏好影响创新行为机理路径模型的实证检验的不足

对绩效薪酬偏好影响创新行为机理的理论路径模型进行分段，
采用两种方法进行实证研究，虽然从分段实证研究设计来看，所选
择的两种研究设计是最佳的，但这种研究设计没有使用同一样本对
该理论模型的绩效薪酬分选效应和激励效应共同作用进行实证验证，
是研究的一个不足。

6.3.2　未来研究展望

1.创新能力对绩效薪酬偏好影响的未来研究展望

首先，未来研究可以运用不同样本、不同的研究方法进行复制。
例如，以其他国家高校学生为被试进行实验室研究，以员工为被试
进行准实验研究，或者以员工为样本的问卷调查研究。其次，未来
研究还可以尝试采用其他创新能力测量方法，如创新能力成就测试
或同感评估技术测试。最后，未来实验研究可设置60%或70%，甚
至更高的绩效薪酬强度，来进一步检验创新能力对绩效薪酬偏好的

影响是呈正向线性关系还是非线性关系。

2.绩效薪酬对主动-响应二元创新行为影响的未来研究展望

首先，未来研究应对可能存在的工作动机干扰路径进行验证。自主动机在绩效薪酬与响应创新行为之间的中介作用，受控动机在绩效薪酬与主动创新行为之间的中介作用。其次，未来研究应采用以人为中心的方法。采用以人为中心的方法，假设总体样本是异质的（Morin et al.，2018），运用潜在剖面分析来识别变量各维度可能构成的剖面类型（子群体），并通过建立剖面与各种协变量的混合模型，来探讨剖面与协变量之间的关系（Wang & Hanges，2011；Howard & Hoffman，2018）。虽然目前对工作动机剖面研究的关注不足，但已有研究表明工作动机具有不同的剖面（如，Graves et al.，2015；Howard et al.，2016；Gillet et al.，2018）。因此，未来研究采用潜在剖面分析去识别自主动机与受控动机的不同潜在剖面，并通过建立以工作动机剖面为中介变量的绩效薪酬对主动-响应二元创新行为的协变量混合模型，从而揭示绩效薪酬驱动主动-响应二元创新行为的中介机制在不同员工子群体间的差异。再次，未来研究应采用在不同国家、不同行业的样本，进一步检验绩效薪酬影响主动与响应二元创新行为的工作动机的中介作用，以及调节焦点的有调节的中介作用。最后，在跨层次研究上，未来研究可引入团队冲突管理策略、工作特征、领导风格、组织创新氛围等团队或组织层面的情境因素作为调节变量，探讨绩效薪酬对主动-响应二元创新行为影响的团队和组织层面的边界条件。

3.绩效薪酬偏好影响创新行为机理的理论路径模型的未来研究展望

在未来的研究中，可考虑采用同一样本对绩效薪酬偏好的分选效应和激励效应进行实证检验，以验证绩效薪酬偏好影响创新行为机理的理论路径模型。可尝试两种实证研究设计：一是基于采用以高校学生为被试的被试内、项目内实验设计，来探讨理论路径模型的两种效应共同作用以及量化分解两种效应。二是对于创新能力对绩效薪酬偏好影响研究，采用以在职员工为被试的实验研究，然后以参加实验的在职员工为样本，采用问卷调查法进行绩效薪酬对创新行为的研究。虽然上述两种研究设计也各有利弊，但都能进一步检验本书提出的理论路径模型。

附录A 绩效薪酬与员工创新访谈大纲与说明

附录A.1 绩效薪酬与员工创新访谈大纲

1.请谈谈您现在岗位的日常工作情况。

2.您的日常工作是否涉及创新？通常而言，员工完成日常工作绩效是否需要创新？

3.您认为应如何判断工作中的创新行为？如何看待员工主动创新和响应创新？

4.公司在员工日常工作中设置创新绩效指标吗？

5.目前绩效薪酬占总薪酬收入的比例是多少？您对公司绩效薪酬有何看法？

6.您认为奖励能激励创新吗？请谈谈您对贵公司创新奖励政策的看法。

7.除了薪酬制度，还有哪些因素会影响员工进行创新？（提示：访谈中可提示个人工作动机、创新能力、个性特质等）

8.请谈谈如何吸引有创新能力的员工。

附录A.2　绩效薪酬与员工创新访谈说明

本研究在项目获批后两年多的时间里，即2017—2019年，分四个阶段采用实地调研、电话或微信方式对17家企业进行了半结构化访谈调研。访谈企业所在城市主要有我国东中西部地区的北京、广州、深圳、大同、贵阳等。访谈企业主要以制造业和信息业企业为主，有14家，其中还有3家外贸企业、咨询企业、投资集团。制造业和信息业涉及的细分行业有：汽车零部件制造、炊具厨房电器制造、电缆制造、缝纫机制造、园林工具制造、装备制造、新型电子材料制造、军工配件制造、电梯制造、智能技术、软件开发、高端制造工业互联网平台和物联网平台。企业性质有国有企业、民营企业、上市公司和外资企业，其中既有行业中的领先企业，也有一般企业。访谈对象的主体是技术与研发、产品设计与开发部门经理，销售部经理，人力资源部经理等中层管理人员以及员工，员工岗位涉及技术与研发、产品设计与开发岗，产品开发岗，运营岗，销售岗，财务/人力/项目管理/法务/客服/等职能类岗位。访谈总人数达60多人，其中包括了5位高管人员。访谈形式以个人访谈为主，时长通常在半小时左右，少数深度个人访谈时长约1个小时。此外，还举行了四次4~6人座谈会形式的群体访谈，每次时长约2个小时。本研究对所访谈企业进行了掩饰处理，以符合企业保密需要，在访谈时向受访人员出具《保密承诺书》，见附录B。

访谈目的主要有两点：一是了解企业绩效薪酬、创新奖励的具体做法和实施背景，获取相关政策和措施的文件资料，为确定本研究框架及研究模型的合理性提供支持；二是征询有关本研究变量适用性的意见和建议，从而为研究概念界定与测量在概念上、文化上和样本上的适用性提供了实践依据。总体来看，访谈所获得的信息较好地支持了研究变量的适用性、整体研究框架及研究模型的合理性和研究的实践价值。

附录 B 保密承诺书

您好!

万分感谢您接受我的访谈,本访谈是为完成国家社会科学基金项目《"互联网+"背景下知识型员工绩效薪酬偏好影响创新行为的机理研究》而进行的,目的是发现不同企业情境下知识型员工绩效薪酬偏好对创新行为的强化/弱化效应机制,据此为构建不同企业情境类型下激励员工创新行为的知识型员工绩效薪酬体系提供理论依据和实践指导。

我希望了解您对创新行为、员工创新行为的主要影响因素、所在企业对员工创新行为的激励政策或措施的看法。对您的访谈将有助于我了解企业鼓励员工创新行为的实践做法,对本课题研究具有重要的实践支持。

作为一项学术研究,如果您能同意我在访谈中录音,将对研究资料的整理带来很大的便利;如果您认为不便,可以拒绝录音,我完全尊重您的隐私权。如果您需要,我将提供有关对您访谈的所有记录备份以及本研究的相关研究成果。

我向您郑重承诺:我将严守学术研究的道德规范,不会将访谈的任何内容及相关信息泄露给第三方或用于除本项目研究之外的任何用途！并且，在本项目最终研究成果中，不会出现任何有关受访者的个人信息或能够使人联想到受访者的暗示，请您尽管放心！

我以学者的身份，认真严肃地对您做出以上承诺！如有违反，我愿意承担法律责任！

再次感谢您对我的研究项目的大力支持和帮助，祝您工作顺利！

请您保存本承诺书！

访谈人：

电话：

E-mail：

年　月　日

附录C　样本企业绩效考核指标范例

附录C.1　BM园林工具制造公司电动开发部绩效考核指标

附表C.1　BM园林工具制造公司电动开发部绩效考核指标表

序号	指标名称	定义与说明	目标	分值	计算方法
1	承担项目数	周期内的项目不低于同部门同期主办工程师平均数量水平，延误的项目不算在内	主办工程师3个，助理工程师2个	25	每增加1个项目加5分，每减少1个项目减5分，上下不封顶
2	按时完成项目	计划完成日期－实际验收日期（以模具确认时间为准）	0	25	每多一天加1分，每少一天减1分，上下不封顶
3	项目质量	难度系数＊项目质量评价得分，难度系数为1~1.5，项目质量得分为0~30按开发质量满意度评分	满意	30	难度系数＊项目质量评价得分
4	BOM	准确率	95%	10	95%为20，每±1%±1分，最低0分，上下不封顶

序号	指标名称	定义与说明	目标	分值	计算方法
5	纪律与执行力	上班时间是否迟到早退，早会是否参加，上班是否做工作无关的事情；是否按时保质完成上级交办的任务	满意	10	违反公司及部门纪律或不服从上级工作安排扣1~3分/次
6	专利加分	除专利奖励制度外，当月授权的发明专利加10分/个，实用新型专利加5分/个，外观专利加3分/个	按实际数加分		按实际数加分

附录C.2　XD信息技术有限公司绩效考核实施细则（摘要）

为进一步优化岗位绩效考核实施过程，以激励先进、促进组织绩效的提升，结合目前绩效管理工作执行情况，特制定2016年绩效考核实施细则。

一、考核范围

XD信息技术有限公司全体员工（含劳务派遣人员）。

二、考核周期

2.1　XD总部人员（不含高级管理人员及资深专家）以半年度为周期进行PBC绩效考核。

2.2　XD机构人员（含机构总经理）以年度为周期进行绩效考核，季度结合业绩达成情况由机构自行制定考核方案。

2.3　高级管理人员、资深专家由公司按年度考核。

三、考核指标

3.1　岗位考核指标设置：根据年度所在部门的组织绩效目标和

岗位职责，制订员工个人年度工作计划，经与部门负责人充分沟通达成共识后，进行细化分解至半年度，进行半年度岗位绩效考核指标设置。

3.1.1　财务指标（FI）：根据员工所在岗位职责划分，有业绩指标的人员建议设置财务指标，没有业绩指标或不直接与业绩相关的人员不建议设置财务指标。

3.1.2　非财务指标（NFI）：非财务指标由员工所在岗位从事的实际工作得出，员工的工作应对非财务指标的结果有直接影响。根据不同岗位的员工工作重点不同，非财务指标应有所区分。建议50%以上的非财务指标为量化指标，即指标结果为可衡量的。

3.2　个人发展指标设置：个人发展指标即个人学习和成长方面的指标，应对员工的工作目标达成有促进作用。专家及以上级别人员和管理者建议设置知识贡献指标或人员指导培养方面的指标。

3.3　团队管理指标设置：对于管理团队的干部，要求设置团队管理指标，考察干部在团队管理上是否符合公司要求。

附录D 《QA科技集团创新奖励实施办法》摘要

1.目的

为奖励员工从事创新活动，特制定本办法。

2.定义

2.1 创新的概念

创新指从无到有，包括工作中的发明、发现、突破等，创新的结果称为创新成果。与工作成果不同，创新成果是很难预期的，而工作成果是可以预期的，即工作成果是通过有组织、有计划、有目标的活动产生的预期成果，创新成果则是指超出了工作成果的预期目标而产生的成果，它既可以是超出工作计划目标的突破，也可以是来自工作计划之外的发明创造。

2.2 创新分类分级体系

按领域分为三类：产品与技术创新、商业模式创新（含业务类）、管理创新；

按价值分为三个级别：重要创新、微创新、鼓励创新；

按组织分为三个层级：公司级创新、总部级创新、机构级创新。

奖励层级	产品与技术类			管理类			商业模式类（含业务类）		
	重要创新	微创新	鼓励创新	重要创新	微创新	鼓励创新	重要创新	微创新	鼓励创新
集团级	√			√			√		
公司级		√	√		√	√		√	√
部门级		√	√		√	√		√	√

2.3　三类创新的定义（略）

3.奖项的设置

3.1　集团级创新奖励的奖项

3.1.1　产品与技术创新奖

每年共评选重要创新成果奖6个，其中一等奖1个、二等奖2个、三等奖3个。如果没有符合条件的成果，可以空缺。

产品与技术创新奖的现金奖励标准如下：（略）

3.1.2　商业模式创新奖

共计评选重要创新成果奖9个，其中一等奖1个、二等奖3个，三等奖5个。如果没有符合条件的成果，可以空缺。

商业模式创新奖的现金奖励标准如下：（略）

3.1.3　管理创新奖

共计评选重要创新成果奖9个，其中一等奖1个、二等奖3个，三等奖5个。如果没有符合条件的成果，可以空缺。

管理创新奖的现金奖励标准如下：（略）

3.2 公司级奖励措施与奖项

第一条 公司级创新奖励以奖励各公司级创新单位范围内的重要创新为主，部分微创新为辅。

第二条 奖励措施和奖项由各公司级创新单位制定。

第三条 各公司级创新单位每年应该安排创新专项奖励费用预算并使用。

3.3 部门级奖励措施与奖项

第一条 部门级创新奖励以奖励微创新成果为主，在部门范围内举行，该层奖励可以灵活多样，及时安排，并以荣誉奖励为主，小额物质奖励为辅。

第二条 部门级创新奖励专项费用由各单位在创新专项预算中安排。

3.4 微创新与鼓励奖的奖项

微创新的获奖项目，项目组可对项目进行冠名建议。

鼓励奖：每年根据重大创新成果的水平情况，决定是否设立鼓励奖。鼓励奖的数量根据每年的成果情况酌情确定。鼓励奖获得者给予表彰（颁发证书或奖牌），不颁发奖金和物质奖励。

3.5 专利奖

专利申报、评选、奖励标准按《专利管理办法》及《专利奖励办法》执行。

专利奖与创新奖可以重复申报，并优先纳入创新成果的评选。

附录 E　实验材料

附录 E.1　中文远距联想测试量表

附录 E.1.1　中文远距离测试量表－练习任务版

以下共有 30 个中文字词填空题，每个题目均由三个中文"线索字"所组成（例如："疗""防""统"）。请您试着找出一个中文"目标字"（例如，"治"），"目标字"可以和前面三个"线索字"各自组合成为一个合理的双字词语（例如，"治疗""防治""统治"）。

示例：疗、防、统；治

注意：

1."目标字"不一定得是组合双字词的第一个字。

"目标字"可以是接在线索字后而形成合法双字词，如防治、统治中的目标字"治"位于双字词的第二个字。

2.每一题都只有一个正确的目标字。

目标字与前面的线索字所形成的词汇是在日常生活中经常使用

或听到的词汇，请不要使用下列的目标字。

①例如：目标字"遮"和线索字"天"所组成的词汇，仅在当作**成语"一手遮天"时才会使用**，平常不会使用"遮天"这个词汇。

②例如：目标字**"美""香"**与线索字**"凤""秋"**所组成的词汇**"美凤""秋香"**，只有在人名、地名或某专门领域才使用，平常不会使用这个词汇。

③目标字**不可为数量词一、二、三、四等**。

④目标字可以使用**多音字**。比如"长大"的"长"这个字，在"长度"中就念"cháng"，而不是"zhǎng"

由于题数较多，请不要在单个题目上花太多时间，而忽略了后面的题目，未想出答案的题可以留空，谢谢你的合作！

编号：

1. 氛、服、争；

2. 妥、完、改；

3. 漫、辈、久；

4. 忆、载、者；

5. 贞、劳、纵；

6. 采、合、募；

7. 顾、过、旅；

8. 好、探、厌；

9. 俗、波、景；

10. 老、父、律；

11. 雀、朵、彩；

12. 倍、值、个；

13. 现、华、童；

14. 想、由、处；

15. 别、赏、定；

16. 丁、志、硕；

17. 韵、望、尾；

18. 音、应、影；

19. 翻、优、轨；

20. 留、保、款；

21. 染、激、情；

22. 住、功、所；

23. 管、课、练;

24. 偶、搭、乐;

25. 行、流、里;

26. 词、运、带;

27. 劫、司、良;

28. 卓、习、参;

29. 孔、地、全;

30. 害、青、伐。

附录E.1.2 中文远距离测试量表－正式任务版

编号:

1. 章、学、艺;

2. 吓、龙、慌;

3. 单、美、状;

4. 念、关、疑;

5. 滴、节、顶;

6. 办、排、普;

7. 脚、人、工;

8. 分、归、周;

9. 真、敌、使;

10. 开、副、家;

11. 败、迁、朽;

12. 夹、坦、休;

13. 实、然、敢;

14. 丽、铅、商;

15. 信、量、佳;

16. 题、世、候;

17. 稳、位、注;

18. 材、笑、肥;

19. 起、务、士;

20. 主、益、办;

21. 灵、投、构;

22. 留、宣、论;

23. 听、宿、从;

24. 输、话、染;

25. 照、考、政;

26. 统、防、理;

27. 历、典、营;

28. 顺、方、随;

29. 齐、放、内;

30. 专、热、名。

附录E.2 绩效薪酬偏好量表/绩效薪酬框架量表

编号：

组1

总报酬＝底薪＋绩效收入，目标绩效是答对14道题：

①若答对题数≤14道，则仅获得底薪，无绩效收入；

②若答对题数＞14道，则所获报酬＝底薪＋绩效收入。

绩效收入是由超过目标绩效的答对题数和所选择的绩效收入占比决定的。

绩效收入占比是指绩效收入占总报酬的比重，以下给出三种选择，请根据您的真实想法进行选择，并在相应的数字旁画"√"。

（a）绩效收入占比10%：□

若答对题数≤14道，则所获报酬＝底薪20元；

若答对题数＞14道，则多答对一道得0.15元，所获报酬＝底薪20元＋绩效收入。

（b）绩效收入占比30%：□

若答对题数≤14道，则所获报酬＝底薪18元；

若答对题数＞14道，则多答对一道得0.5元，所获报酬＝底薪18元＋绩效收入。

（c）绩效收入占比50%：□

若答对题数≤14道，则所获报酬＝底薪16元；

若答对题数＞14道，则多答对一道得1元，所获报酬＝底薪16元＋绩效收入。

编号：

组2

总报酬=底薪+绩效收入，目标绩效是本组参加者平均答对题数：

①若答对题数≤平均答对题数，则仅获得底薪，无绩效收入；

②若答对题数>平均答对题数，则所获报酬=底薪+绩效收入。

绩效收入是由超过目标绩效的答对题数和所选择的绩效收入占比决定的。

绩效收入占比是指绩效收入占总报酬的比重，以下给出三种选择，请根据您的真实想法进行选择，并在相应的数字旁画"√"。

（a）绩效收入占比10%：□

若答对题数≤平均答对题数，则所获报酬=底薪20元；

若答对题数>平均答对题数，则多答对一道得0.15元，所获报酬=底薪20元+绩效收入。

（b）绩效收入占比30%：□

若答对题数≤平均答对题数，则所获报酬=底薪18元；

若答对题数>平均答对题数，则多答对一道得0.5元，所获报酬=底薪18元+绩效收入。

（c）绩效收入占比50%：□

若答对题数≤平均答对题数，则所获报酬=底薪16元；

若答对题数>平均答对题数，则多答对一道得1元，所获报酬=底薪16元+绩效收入。

编号：

组3

从总报酬中拿出一部分作为总绩效收入，目标绩效是答对14

道题：

①若答对所有30道题，则可获得全部总报酬；

②若14道＜答对题数＜30道，则少答对一道，就从总绩效收入中扣除一道的绩效收入，所获报酬＝总报酬－扣除的绩效收入；

③若答对题数≤14道，则所获报酬＝总报酬－总绩效收入。

绩效收入是由超过目标绩效的答对题数和所选择的绩效收入占比决定的。

绩效收入占比是指绩效收入占总报酬的比重，以下给出三种选择，请根据您的真实想法进行选择，并在相应的数字旁画"√"。

（a）绩效收入占比10%　□

总报酬22.4元，其中2.4元为作为总绩效收入：

若答对题数＝30道，则获得全部总报酬22.4元；

若14道＜答对题数＜30道，则少答对一道就从2.4元中扣除0.15元，所获报酬＝22.4元－扣除的绩效收入；

若答对题数≤14道，则无绩效收入，所获报酬＝22.4－2.4＝20（元）。

（b）绩效收入占比30%　□

总报酬26元，从中拿出8元作为总绩效收入：

若答对题目数量＝30道，则获得全部收入26元；

若14道＜答对题数＜30道，则少答对一道就从8元中扣除0.5元，所获报酬＝26元－扣除的绩效收入。

若答对题数≤14道，则无绩效收入，所获报酬＝26－8＝18（元）。

（c）绩效收入占比50%　□

总报酬32元，从中拿出16元为作为总绩效收入：

若答对题数＝30道，则获得全部收入32元；

若14道<答对题数<30道，则少答对一道就从16元中扣除1元，所获报酬=32元–扣除的绩效收入；

多答对题数≤14道，则无绩效收入，所获报酬=32–16=16（元）。

编号：

组4

从总报酬中拿出一部分作为总绩效收入，目标绩效是本组参加者平均答对题数：

①若答对所有30道题，则可获得全部总报酬；

②若平均答对题数<答对题数<30道，则少答对一道，就从总绩效收入中扣除一道的绩效收入，所获报酬=总报酬–扣除的绩效收入；

③若答对题数≤平均答对题数，则所获报酬=总报酬–总绩效收入。

绩效收入是由超过目标绩效的答对题数和所选择的绩效收入占比决定的。

绩效收入占比是指绩效收入占总报酬的比重，以下给出三种选择，请根据您的真实想法进行选择，并在相应的数字旁画"√"。

（a）绩效收入占比10% □

总报酬22.4元，从中拿出2.4元为作为绩效收入：

若答对题数=30道，则获得全部总报酬22.4元；

若平均答对题数<答对题数<30道，则少答对一道就从2.4元中扣除0.15元，所获报酬=22.4元–扣除的绩效收入；

若答对题数≤平均答对题数，则无绩效收入，所获报酬=22.4–

2.4=20（元）。

（b）绩效收入占比30% □

总报酬26元，从中拿出8元为作为绩效收入：

若答对题目数量=30道，则获得全部收入26元；

若平均答对题数<答对题数<30道，则少答对一道就从8元中扣除0.5元，所获报酬=26元–扣除的绩效收入。

若答对题数≤平均水平，则无绩效收入，所获报酬=26–8=18（元）。

（c）绩效收入占比50% □

总报酬32元，从中拿出16元为作为绩效收入：

若答对题数=30道，则获得全部收入32元；

若平均答对题数<答对题数<30道，则少答对一道就从16元中扣除1元，所获报酬=32元–扣除的绩效收入；

若答对题数≤平均答对题数，则无绩效收入，所获报酬=32–16=16（元）。

附录E.3 风险厌恶量表与个人基本信息

编号：

以下共有A、B两种选择，请您根据自己的第一感觉，对每一轮次的两种选择做出二选一的决定。

轮次	选择A	选择B	您的选择
1	10%的概率赢20元，90%的概率赢16元	10%的概率赢50元，90%的概率赢1元	（A）或（B）

轮次	选择A	选择B	您的选择
2	20%的概率赢20元，80%的概率赢16元	20%的概率赢50元，80%的概率赢1元	（A）或（B）
3	30%的概率赢20元，70%的概率赢16元	30%的概率赢50元，70%的概率赢1元	（A）或（B）
4	40%的概率赢20元，60%的概率赢16元	40%的概率赢50元，60%的概率赢1元	（A）或（B）
5	50%的概率赢20元，50%的概率赢16元	50%的概率赢50元，50%的概率赢1元	（A）或（B）
6	60%的概率赢20元，40%的概率赢16元	60%的概率赢50元，40%的概率赢1元	（A）或（B）
7	70%的概率赢20元，30%的概率赢16元	70%的概率赢50元，30%的概率赢1元	（A）或（B）
8	80%的概率赢20元，20%的概率赢16元	80%的概率赢50元，20%的概率赢1元	（A）或（B）
9	90%的概率赢20元，10%的概率赢16元	90%的概率赢50元，10%的概率赢1元	（A）或（B）
10	100%的概率赢20元，0%的概率赢16元	100%的概率赢50元，0%的概率赢1元	（A）或（B）

请填写以下个人基本信息

1.性别：□男　□女

2.年龄：□19岁　□20岁　□22岁　□23岁　□24岁及以上

3.年级：□大三　□大四　□研一

4.学院：

5.专业：

附录E.4　实验任务指导语

感谢同学们参加本次薪酬管理课程薪酬支付模拟教学实验。实验采用匿名方式，每位参加的同学都有一个自己的编号。我们承诺对所有实验信息遵循严格保密的原则，所有实验数据仅用于我们的研究。实验结束后的两天内，同学们可按自己的编号在实验微信群①里领取你的报酬，所以一定要记住在本次实验中你的编号。实验分三个阶段进行，需要大约60分钟。其中，练习任务25分钟（包括实验讲解5分钟）、正式任务25分钟（包括报酬支付方式选择5分钟）和信息填写5分钟，另外5分钟用于发放和回收量表。请同学们根据指令，完成各阶段实验。

第一阶段，实施练习任务。

现在发给同学们的任务测试题是练习版的，目的是让同学们对这个任务测试先有一个大致的了解，接下来我们还会有类似的正式任务测试题。

测试题一共有30道，每道都是由三个"线索字"组成。比如，示例里的"疗""防""统"是三个线索字。同学们的任务是找出一个"目标字"，这个目标字可以和这三个线索字各自组合一个合理的双字词语。比如，示例里横线上的"治"字可以和前面的三个字分别组成"治疗""防治""统治"，那么"治"就是这道题的"目标字"。这个测试任务是请同学们尽可能多地找出这30道题的"目标字"。需要注意以下几点。

第一，"目标字"不一定是双字词的第一个字，也可能是第二个

---

① 为参加实验的学生建立的微信群，以支付实验报酬。

字。比如："治疗"中的"治"位于第一个字，"防治"和"统治"的"治"就位于第二个字。

第二，**每一题都只有一个正确的答案**。组成的所有双字词语都是在日常生活中经常使用或者经常听到的词。比如，"遮天"就不是正确答案，因为**平常不会单独使用"遮天"**，只有在**成语"一手遮天"时才会使用**；比如"美凤""秋香"这类词也不是正确答案，因为**只有在人名、地名或某专门领域才会使用这类词语**。还有，不可以使用**数量词**一、二、三、四等，但可以使用**多音字**。比如"长大"的"长"这个字，在"长度"中就念"cháng"，而不是"zhǎng"。

这个测试共30题，如果某道题一直想不出来，同学们可以先往下做，不要在一个题目上停留太久。没有想出答案的题目，可以直接留空。答题时间为20分钟。答题时，请自行思考，不要相互交流。同学们如有任何疑问，可以举手提问。答题结束，请同学们数一下你认为自己答对了几道题，然后在编码旁边写上相应的数字。

（讲解完毕，询问同学们有没有问题，确定没有问题后，发放中文远距离测试练习版测试题。）

第二阶段，实施正式任务。

下面开始正式实验，我们会根据这次正式任务测试的成绩为同学们发放报酬。

现在给同学们发的是报酬支付方式选择表①，请同学们阅读三种

---

① 为便于被试理解，在实施实验时，将"绩效薪酬偏好量表/绩效薪酬框架量表"表述为"报酬支付方式选择表"，并使用"绩效收入"和"绩效收入占比"来替代"绩效薪酬"和"绩效薪酬强度"。本研究设置了四种绩效薪酬框架，实验将分四组进行，主试人根据所在组的报酬支付方式进行解释。仅列示以收益＋绝对标准框架和收益＋相对标准框架为例的说明，另外两种框架说明，可参照附录E.2绩效薪酬偏好量表/绩效薪酬框架量表中组3、组4的具体表述。

报酬支付方式说明并做出选择。首先，给同学的总报酬包括底薪与绩效收入两部分。同学们能不能得到绩效收入，能得到多少绩效收入，与同学们答对的题数和选择的绩效收入占比相关。绩效收入占比就是绩效收入占总报酬的比重。其次，底薪的设置标准是按照互联网行业本科生与研究生的实习工资来设置的。据调查，互联网行业的实习工资是所有行业中最高的。最后，设置了三种报酬支付方式的选择。注意：三种方式的底薪不一样，绩效收入占比也不同，在高于目标绩效（如果是相对标准组，则使用"平均水平"）之上，每多答对一题的绩效收入也是不一样的。同学们选择哪一种报酬支付方式关系到自己能得到多少报酬，请同学们认真考虑下你的选择。

（报酬支付方式选择完成后，发放正式任务测试题。）

现在发给同学们的是正式任务的测试题，答题规则与练习版一样，时间还是20分钟。在同学答题时，收回报酬支付方式选择表。

第三阶段，个人基本信息和风险厌恶问卷量表填写。

发给同学们的答题纸上有一个表格，这个表格一共有10轮选择，每一轮都有A、B两种方案，这两种方案在每一轮的区别只是百分比的变动。同学们需要在每一轮的A、B两种方案中做出选择，也就是说，从第一轮开始，依次进行10次选择。选择完成后，请填写自己的个人信息。

（实验结束后）最后，非常感谢同学们参加本次实验！本次实验还涉及了创新能力与绩效薪酬选择之间关系的研究，该研究获得国家社会科学基金支持。因此，也十分感谢同学们参与了这项研究。我们会在两天之内，根据同学们的正式任务成绩，把相应的报酬以红包的方式发到实验微信群里，到时候请同学们按照自己的编号领取。

附录E.5　知情同意书（实验研究）

　　本实验是薪酬管理课程的薪酬支付模拟教学实验[①]。现根据自愿原则，招募愿意参加本次实验的同学。因此，这份知情同意书将向您简要介绍研究的目的、过程、收益、风险或给您带来的不便之处。请仔细阅读后决定是否参加本次实验。您对该知情同意书有任何疑问，请随时提出，我们会随时给您解答。

　　[实验负责人]

　　李春玲，北京工商大学商学院副教授、博士

　　电子邮箱：lichunling6@126.com

　　[实验目的] 薪酬管理课程薪酬支付模拟教学实验

　　[实验过程] 需要您完成两次组词任务，并填写风险偏好量表及个人基本信息，完成整个实验需要花费您大约60分钟的时间。

　　[参加者的收益、风险或不便] 你没有直接的利益，但你的回答将有助于我们的教学与研究。对于参与本次实验耽误了您的时间，我们表示歉意并尽量提高效率。完成实验后，您将获得20元左右的报酬，具体金额将根据您任务完成情况和选择的支付方式计算确定。该金额参照了今年北京地区信息业企业本科生的小时实习工资。

　　[参加原则] 参加本次实验您不需要支付任何费用。您是否参加本次实验，或者是否在实验中随时退出，完全由您自愿决定。您不会因不参加本次实验或中途退出而受到任何伤害或惩罚。如果有您

---

　　① 遵照舒华和张亚旭（2008）的建议，本次实验的"虚假的目的"是薪酬管理课程薪酬支付模拟教学实验，在实验结束后才告知实验真实目的，即受国家社会科学基金支持的有关创新能力与绩效薪酬偏好关系研究。

不愿意参与的任务或回答的问题，您可以拒绝参与或回答。

[**保密原则**] 你将匿名参与此次实验。此外，我们将严格对您所有的数据和信息、隐私进行保密。所有实验数据仅用于教学与学术研究。研究结束后，未经您的同意，我们不会进行上述研究以外的任何研究。

[**实验者声明**] 我已告知该实验参加者（被试）本次实验的目的、过程、收益、风险或可能产生的不便之处，给予他/她足够的时间阅读知情同意书并解答了相关问题。我已告知该被试可以随时退出实验。我已告知该被试如果遇到与本次实验有关的问题，随时与本次实验负责人或负责人所在单位联系，并提供了准确的联系方式。北京工商大学商学院已经批准了本次实验，联系电话是************。

实验负责人签名：　　　　　　　日期：

[**参加者声明**] "我已了解实验的目的、过程、收益、风险和不便之处。我有充足的时间和机会对实验提问，对回复也很满意。我还被告知，当我有问题或想要反映问题、顾虑，对实验有建议或想获取更多信息时，我应该联系实验负责人北京工商大学副教授李春玲（手机号：***********）或者北京工商大学商学院（电话：********）。我知道我可以随时退出本次实验，无须任何理由。我已经阅读了这份知情同意书，并同意参加本次实验。"

参加者签名：　　　　　　　　　日期：

附录F　正式调查问卷

尊敬的女士/先生：

您好！感谢您填写本问卷！本问卷是有关员工创新行为的学术研究。

本问卷匿名填写，且所有调查资料绝对保密。问题的答案无对错之分，请您根据实际情况放心填写，所有调查结果仅用于研究。

1. 您目前所在公司的行业是：

制造业，如计算机、通信和其他电子设备；医药；电气机械和器材；仪器仪表；汽车；通用设备；专用设备；食品；化学原料和化学制品；化学纤维；橡胶和塑料制品；运输设备；造纸和纸制品等	1	继续
信息传输、软件和信息技术行业，如软件开发；互联网搜索；互联网游戏；互联网平台；互联网数据服务（如云计算、大数据等）；电信行业；卫星传输服务；集成电路设计；物联网技术等	2	
其他行业	3	终止访问

2. 您目前所在公司的性质是：

国有企业	1	
民营企业	2	继续
中外合资/外商独资	3	
其他	4	终止访问

3. 您目前的岗位是：

技术与研发、产品设计与开发岗	1	继续
运营/销售岗、职能岗如财务/人力/项目管理/法务/客服等	2	
其他岗位	3	终止访问

4. 您目前所在工作小组或部门的人数：

3~9人	1	
10~15人	2	
16~20人	3	继续
21~25人	4	
少于3人或多于25人	5	终止访问

问题一：企业信息（除特别标注，均为单选）

1. 您所在公司的规模是：

A.100人及以下　B.101~500人　C.501~1000人　D.1001~2000人

E. 2000人以上

2. 您所在公司成立年限：

A.1~5年　B.6~10年　　C.11~20年　D.21~30年　E.30年以上

3. 您公司所在城市是_____（请填写）

问题二：个人信息（除特别标注，均为单选或在画线上填写）

1. 您的性别：A.男　　　　B.女

2. 您的年龄：A.18~25岁　B.26~35岁　C.36~45岁　D.45岁以上

3. 您的受教育程度：A.大专　B.本科　C.硕士　D.博士

4. 您在贵公司的工作年限：

A.1年以下　　　　B.1~3年　　　　C.4~9年　　　　D.10~15年

252

E.16~20年　　　　　　F.20年以上

5.您在贵公司岗位等级：

A.初级技术/专员岗　　　B.中级技术/专员岗

C.高级技术/专员岗　　　D.基层管理者

E.中层管理者

6.您所在的部门是：

A.技术研发部、产品设计与开发部

B.运营/销售部门或职能部门如财务/人力/项目管理/法务/客服等

C.其他_____（请填写）

7.您目前任职的岗位名称：_____（请填写）

8.创新对于您完成日常工作绩效的重要性：

A.很不重要　　　　　　B.较不重要　　　　　　C.重要

D.较重要　　　　　　　E.很重要

9.在目前公司里，最能激发您工作创新积极性的是（任选两项）：

A.奖金　　　　　　　　B.晋升　　　　　　　　C.荣誉称号等表彰

D.兴趣　　　　　　　　E.工作自主性　　　　　F.发挥能力

G.学习新知识和技能　　H.有益于他人

10.您每月税后工资总额是：

A.5000元及以下　　　　B.5001~10000元　　　　C.10001~20000元

D.20001~50000元　　　E.5万元以上

11.您目前平均每月绩效工资收入占工资总额的比重是：

A.0~5%　　　　　　　　B.6%~15%　　　　　　　C.16%~30%

D.31%~50%　　　　　　E.51%~69%　　　　　　F.70%~84%

G.85%~94%　　　　　　H.95%~100%

问题三：请回答"你做目前这份工作的原因或你为目前这份工作付出努力的原因是"

题项	完全符合	比较符合	基本符合	基本不符	较不符合	完全不符
1.我做的这份工作让我开心	6	5	4	3	2	1
2.我做的这份工作让我兴奋	6	5	4	3	2	1
3.我做的这份工作是有趣的	6	5	4	3	2	1
4.我个人认为为这份工作付出努力是重要的	6	5	4	3	2	1
5.为这份工作付出努力和我的个人价值观是一致的	6	5	4	3	2	1
6.为这份工作付出努力对我个人来说是有意义的	6	5	4	3	2	1
7.做这份工作或为之努力是为证明自己能够胜任这份工作	6	5	4	3	2	1
8.做这份工作或为之努力，这会让我为自己感到骄傲	6	5	4	3	2	1
9.不做这份工作或不为之努力，这会让我为自己感到羞愧	6	5	4	3	2	1
10.不做这份工作或不为之努力，这会让我为自己感到难受	6	5	4	3	2	1
11.只有当我为工作付出足够的努力时，我才会得到满意的经济性报酬	6	5	4	3	2	1
12.只有当我为工作付出足够的努力时，我的工作才更有保障	6	5	4	3	2	1
13.如果我对工作不付出足够的努力，就有失去这份工作的风险	6	5	4	3	2	1
14.做这份工作或为之付出努力，是为获得他人（如上司、同事、家人、客户）的认可	6	5	4	3	2	1
15.做这份工作或为之付出努力，是为使他人（如上司、同事、家人、客户）更尊重我	6	5	4	3	2	1
16.做这份工作或为之付出努力，是为避免被他人（如上司、同事、家人、客户）批评	6	5	4	3	2	1

问题四：请根据您的实际感受进行回答

题项	完全符合	比较符合	基本符合	基本不符	较不符合	完全不符
1. 总的来说，我在意的是未来能够取得好的结果	6	5	4	3	2	1
2. 我通常把精力集中在我未来希望获得成功的事情上	6	5	4	3	2	1
3. 我经常思考我会如何实现自己的工作目标和总体目标	6	5	4	3	2	1
4. 总的来说，我更倾向于获得成功，而不是防止失败	6	5	4	3	2	1
5. 我经常担心我完不成自己的工作目标	6	5	4	3	2	1
6. 我经常担心我无法履行自己的职责和义务要求	6	5	4	3	2	1
7. 总的来说，我更倾向于防止损失，而不是取得收益	6	5	4	3	2	1

问题五：请根据您的实际感受进行回答

题项	完全符合	比较符合	基本符合	基本不符	较不符合	完全不符
1.我在工作中对创新有兴趣，自发地想要创新	6	5	4	3	2	1
2.我会积极主动提出开展工作的新方法或意想不到的创新性解决方案	6	5	4	3	2	1
3.即使在没有具体问题要解决的情况下，我也能发现问题并提出有用的想法和解决办法	6	5	4	3	2	1
4.我会积极促进他人支持新想法和方案，克服创新中遇到的困难	6	5	4	3	2	1
5.我在工作中自发地做出许多创新性的贡献	6	5	4	3	2	1

续表

题项	完全符合	比较符合	基本符合	基本不符	较不符合	完全不符
6.我对创新努力的要求只做出适当的回应,不超过要求	6	5	4	3	2	1
7.我仅在指导下才提出新的想法和解决方案	6	5	4	3	2	1
8.当遇到要解决的特定问题时,我才提出新的想法和解决方案	6	5	4	3	2	1
9.只有在被告知要这样做时,我才会提出创新解决方案	6	5	4	3	2	1
10.为完成工作任务,我不得不在工作中执行创新要求	6	5	4	3	2	1

参考文献

［1］白贵玉.知识型员工激励、创新合法性与创新绩效关系研究[D].济南：
山东大学，2016.

［2］曹元坤，徐红丹.调节焦点理论在组织管理中的应用述评 [J]. 管理学报，
2017，14（8）：1254–1262.

［3］常涛，刘智强，王艳子.绩效薪酬对员工创造力的影响研究：面子压力
的中介作用 [J]. 科学学与科学技术管理，2014，35（9）：171–180.

［4］畅铁民，许昉昉.绩效考核系统认同、组织信任与员工绩效薪酬偏好 [J].
河南社会科学，2015，23（7）：89–93.

［5］陈叶烽，丁预立，潘意文，等.薪酬激励和医疗服务供给：一个真实努
力实验 [J]. 经济研究，2020，55（1）：132–148.

［6］丁明智，张正堂，程德俊.薪酬制度分选效应研究综述 [J]. 外国经济与
管理，2013，35（7）：54–62.

［7］丁明智，张正堂，王泓晓.心理行为特征、薪酬陈述框架与个体目标绩
效薪酬选择 [J]. 南京大学学报（哲学·人文科学·社会科学），2014a，51
（4）：67–77.

［8］丁明智，张正堂，王泓晓.外控倾向与风险厌恶对个体绩效薪酬选择偏
好的影响——基于能力水平的调节作用 [J]. 软科学，2014b，28（11）：
81–85.

［9］杜传忠，金文翰.美国工业互联网发展经验及其对中国的借鉴 [J].太平洋

学报, 2020, 28（7）：80-93.

[10] 杜宁华. 经济学实验的内部有效性和外部有效性——与朱富强先生商榷 [J]. 学术月刊, 2017, 49（8）：80-87.

[11] 杜旌. 绩效工资：一把双刃剑 [J]. 南开管理评论, 2009, 12（3）：117-124, 134.

[12] 方杰, 温忠麟, 欧阳劲樱, 等. 国内调节效应的方法学研究 [J]. 心理科学进展, 2022, 30（8）：1703-1714.

[13] 傅荣校. 工业互联网发展的多维度观察——基于概念簇、战略、政策工具视角 [J]. 学术前沿, 2020（13）：6-13.

[14] 贡喆, 刘昌, 沈汪兵. 有关创造力测量的一些思考 [J]. 心理科学进展, 2016, 24（1）：31-45.

[15] 顾建平, 王相云. 绩效薪酬、创新自我效能感与创新行为关系研究——基于江苏高新技术企业研发人员的实证分析 [J]. 科技管理研究, 2014, 34（16）：168-173.

[16] 郭桂梅, 段兴民. 自我决定理论及其在组织行为领域的应用分析 [J]. 经济管理, 2008（6）：24-29.

[17] 何伟怡, 王静, 钟炜, 等. "双高"压力情境下工程设计创新行为研究—— 基于调节焦点理论 [J]. 科技管理研究, 2016, 36（7）：224-228.

[18] 贺伟, 龙立荣. 薪酬体系框架与考核方式对个人绩效薪酬选择的影响 [J]. 心理学报, 2011, 43（10）：1198-1210.

[19] 胡迟. 以创新驱动打造我国制造业高质量成长——基于70年制造业发展回顾与现状的考察 [J]. 经济纵横, 2019（10）：53-63.

[20] 雷星晖, 单志汶, 苏涛永, 等. 谦卑型领导行为对员工创造力的影响研究 [J]. 管理科学, 2015, 28（2）：115-125.

[21] 李春玲, 张西英, 仇勇, 等. 不同激励偏好下创新奖励对研发人员创新行为的影响——自我决定与特质激活理论整合视角 [J]. 科技进步与对策, 2019, 36（24）：153-160.

［22］连玉君，廖俊平.如何检验分组回归后的组间系数差异？[J].郑州航空工业管理学院学报，2017，35（6）：97-109.

［23］李磊，尚玉钒，席西民.基于调节焦点理论的领导语言框架对下属创造力的影响研究[J].科研管理，2012，33（1）：127-137.

［24］李良敏，罗玲玲，刘武.客观化创造力测量工具:《中文远距联想测验》编制[J].东北大学学报（社会科学版），2015，17（1）：19-24.

［25］李明军，高洁，王振宏，等.调节聚焦倾向与教师创新工作行为：自主性与控制性动机的中介作用[J].心理与行为研究，2016，14（1）：42-49，56.

［26］廖建桥，文鹏.知识员工定义、特征及分类研究述评[J].管理学报，2009（2）：277-283.

［27］刘东，张震，汪默.单层与多层被调节的中介和被中介的调节:理论构建与模型检验[M]//陈晓萍，沈伟.组织与管理研究的实证方法（第三版）.北京：北京大学出版社，2018.

［28］刘智强，葛靓，潘欣，等.可变薪酬支付力度、地位竞争动机与员工创新行为研究[J].管理学报，2014，11（10）：1460-1468.

［29］龙立荣，祖伟，贺伟.员工对企业经济性薪酬的内隐分类与偏好研究[J].科学学与科学技术管理，2010，31（12）：154-162.

［30］马化腾，等.互联网+：国家战略行动路线图[M].北京：中信出版社，2015.

［31］马君，VAN DIJK DINA.绩效工资的非线性影响效应及其结构优化——基于前景理论的视角[J].财经研究，2013，39（4）：111-122.

［32］马君，马思夏.超越激励错位:科技人员绩效工资制度的理论弥合趋势[J].中国科技论坛，2018（3）：143-151.

［33］毛畅果.调节焦点理论:组织管理中的应用[J].心理科学进展，2017，25（4）：682-690.

［34］舒华，张亚旭.心理学研究方法:实验设计和数据分析[M].北京：人民教育出版社，2008.

［35］宋锟泰，张正堂，赵李晶. 时间压力促进还是抑制员工创新行为？——
一个被调节的双重路径模型 [J]. 科学学与科学技术管理，2020，41
（1）：114-133.

［36］汪波，段琪. 基于前景理论的医疗卫生薪酬体制改革策略 [J].中国农村
卫生事业管理，2014，34（6）：651-653.

［37］王丽平，唐培培. 不当督导与主动性创新行为的关系研究——基于雇佣
关系的调节作用 [J]. 华东经济管理，2015，29（3）：126-131.

［38］王汪帅，张新安. 关于心理动机之构成的调节焦距理论前沿成果评
述——以其实验操纵方法为切入点 [J]. 上海交通大学学报（哲学社会
科学版），2015，23（4）：45-52.

［39］武松，潘发明，等. SPSS统计分析大全 [M].北京：清华大学出版社，
2014.

［40］肖微，姚翔，邱永桃. 用项目反应理论编制中文版远程联想测验（RAT）
[J].北京大学学报（自然科学版），2016，52（2）：354-362.

［41］徐鹏，白贵玉，陈志军. 知识型员工参与激励与创新绩效关系研
究——组织公民行为的非线性中介作用 [J].科学学与科学技术管理，
2016，37（5）：129-137.

［42］徐四华，方卓，饶恒毅. 真实和虚拟金钱奖赏影响风险决策行为 [J].心
理学报，2013，45（8）：874-886.

［43］许雷平，杭虹利，王方华. 长期倾向调节聚焦量表述评 [J].心理科学，
2012，35（1）：213-219.

［44］薛薇. 基于SPSS的数据分析 [M]. 3版.北京：中国人民大学出版社，
2014.

［45］薛银霞，畅铁民. 薪酬制度效果模型与启示 [J].绍兴文理学院学报（哲
学社会科学），2011，31（3）：40-43.

［46］严焰，池仁勇.R&D 投入、技术获取模式与企业创新绩效——基于浙
江省高技术企业的实证 [J].科研管理.2013，34（5）：48-55.

［47］杨涛. 绩效薪酬与员工创造力：基于动态心理计量过程和内外动机协同

的研究 [D]. 上海：上海大学，2016.

[48] 杨皖苏，杨善林. 主动性－被动性员工创新行为：基于挑战性－阻断性压力源双路径分析 [J]. 科学学与科学技术管理，2018，39（8）：130-144.

[49] 杨皖苏，杨希，杨善林. 挑战性压力源对新生代员工主动性－被动性创新行为的影响 [J]. 科技进步与对策，2019，36（8）：139-145.

[50] 叶晓倩，王泽群，杨琳. 参与式管理如何提高员工创新行为：基于诱因－贡献理论的视角 [J].中国人力资源开发，2020，37（2）：53-64.

[51] 曾湘泉，周禹. 薪酬激励与创新行为关系的实证研究 [J]. 中国人民大学学报，2008（5）：86-93.

[52] 张春虎. 基于自我决定理论的工作动机研究脉络及未来走向 [J].心理科学进展，2019，27（8）：1489-1506.

[53] 张浩，丁明智. 绩效薪酬分选效应的实验研究：基于代理模型的扩展 [J].安徽理工大学学报（社会科学版），2017，19（2）：20-26.

[54] 张景焕，刘桂荣，师玮玮，等. 动机的激发与小学生创造思维的关系：自主性动机的中介作用 [J]. 心理学报，2011，43（10）：1138-1150.

[55] 张勇，龙立荣，贺伟. 绩效薪酬对员工突破性创造力和渐进性创造力的影响 [J]. 心理学报，2014，46（12）：1880-1896.

[56] 张勇，龙立荣. 绩效薪酬对雇员创造力的影响：人－工作匹配和创造力自我效能的作用 [J]. 心理学报，2013a，45（3）：363-376.

[57] 张勇，龙立荣. 绩效薪酬对团队成员探索行为和利用行为的影响 [J]. 管理科学，2013b，26（3）：9-18.

[58] 张勇，龙立荣. 绩效薪酬与团队成员创新行为关系实证研究 [J].管理学报，2013c，10（8）：1138-1143.

[59] 张雨霖，吴哲源，陈学志，等. "中文部件组字远距联想测验"之发展与其信效度研究 [J].测验学刊，2016，63（1）：59-81.

[60] 张正堂，李倩，丁明智，等. 自我感觉好的人会更愿意努力吗？——可选择的薪酬情景下一般自我效能对个体努力意愿的影响 [J]. 经济管理，

2015, 37（11）：134–144.

[61] 张正堂，吴琼.自主—受控动机对员工主动性行为的影响研究：组织氛围的调节作用 [J]. 华南师范大学学报（社会科学版）. 2016（1）：123–131, 191.

[62] 赵斌，刘开会，李新建，等.员工被动创新行为构念界定与量表开发 [J]. 科学学研究，2015, 33（12）：1909–1919.

[63] 赵斌，栾虹，李新建，等.科技人员主动创新行为：概念界定与量表开发 [J]. 科学学研究，2014, 32（1）：148–157, 72.

[64] 赵燕梅，张正堂，刘宁，等.自我决定理论的新发展述评 [J]. 管理学报，2016, 13（7）：1095–1104.

[65] 周洁，张建卫，宣星宇，等.双元视角下调节聚焦对国防研发人员创新行为的影响机制 [J].科技进步与对策，2020, 37（23）：124–133.

[66] 朱丽叶，卢泰宏.调节聚焦原理：动机理论的重大突破 [J]. 广东外语外贸大学学报，2010, 21（1）：36–40.

[67] 祖伟，龙立荣，赵海霞，等.绩效工资强度对员工薪酬满意度影响的实证研究 [J].管理学报，2010, 7（9）：1321–1328.

[68] 左聪颖，周业安.风险偏好研究及其未来可能的进展 [J].教学与研究，2013（3）：64–72.

[69] AAKER J, LEE A. "I" seek pleasures and "we" avoid pains: The role of self–regulatory goals in information processing and persuasion [J]. Journal of Consumer Research, 2001, 28（1）：33–49.

[70] ACAR, O. A., TARAKCI, M. KNIPPENBERG, D V. Creativity and innovation under constraints: A cross–disciplinary integrative review [J]. Journal of Management 2019, 45（1）：96–121.

[71] AIKEN L S, STEPHEN G W. Multiple regression: testing and interpreting interactions [J]. Newbury Park, CA: Sage Publishs, 1991：66–67.

[72] AJZEN, I. The theory of planned behavior [J]. Organizational Behavior & Human Decision Processes, 1991, 50（2）：179–211.

[73] AMABILE T M. Children's artistic creativity: Detrimental effects of competition in a field setting [J]. Personality and Social Psychology Bulletin, 1982, 8(3): 573-578.

[74] AMABILE T M. Motivational synergy: Toward new conceptualizations of intrinsic and extrinsic motivation in the workplace [J]. Human Resource Management Review, 1993, 3(3): 185-201.

[75] AMABILE T M. Creativity in context: Update to the social psychology of creativity [M]. Boulder, CO: Westview Press, 1996.

[76] AMABILE T M, CONTI R, COON H, et al. Assessing the work environment for creativity [J]. Academy of Management Journal, 1996, 39 (5), 1154-1184.

[77] AMABILE T M, PRATT M G. The dynamic componential model of creativity and innovation in organizations: Making progress, making meaning [J]. Research in Organizational Behavior, 2016, 36, 157-183.

[78] ANDERSON L R, MELLOR J M. Are risk preferences stable? Comparing an experimental measure with a validated survey-based measure [J]. Journal of Risk and Uncertainty, 2009(39): 137-160.

[79] ANDERSON N, POTOCNIK K, ZHOU J. Innovation and creativity in organizations: A state-of-the-science review, prospective commentary, and guiding Framework [J]. Journal of Management, 2014, 40(5): 1297-1333.

[80] BAAS M, DREU C K W, NIJSTAD B A. When prevention promotes creativity: The role of mood, regulatory focus, and regulatory closure [J]. Journal of Personality and Social Psychology, 2011, 100(5): 794-809.

[81] BALAKRISHNAN R, LIN H, SIVARAMAKRISHNAN K. Screening talent for task assignment: Absolute or percentile thresholds? [J]. Journal of Accounting Research, 2020, 58(4): 831-868.

[82] BATTISTELLI A, GALLETTA M, PORTOGHESE I., et al. Mindsets

of commitment and motivation: Interrelationships and contribution to work outcomes [J]. Journal of Psychology, 2013, 147(1): 17–48.

[83] BELLEMARE C, SHEARER B. Sorting, incentives and risk preferences: Evidence from a field experiment [J]. Economics Letters, 2010, 108(3): 345–348.

[84] BELOGOLOVSKY E, BAMBERGER P A. Signaling in Secret: Pay for performance and the incentive and sorting effects of pay secrecy [J]. Academy of Management Journal, 2014, 57(6): 1706–1733.

[85] BENEDEK M, KÖNEN T, NEUBAUER A C. Associative abilities underlying creativity [J]. Psychology of Aesthetics, Creativity, and the Arts, 2012, 6(3), 273–281.

[86] BLOM-HANSEN J, MORTON R, SERRITZLEW S. Experiments in Public Management Research [J]. International Public Management Journal [J]. 2015, 18(2): 151–170.

[87] BURNHAM K P, ANDERSON D R. Multimodel inference: understanding AIC and BIC in model selection [J]. Sociological methods & research, 2004, 33(2): 261–304.

[88] BLEDOW R, FRESE M, ANDERSON N, et al. A dialectic perspective on innovation: Conflicting demands, multiple pathways, and ambidexterity [J]. Industrial & Organizational Psychology, 2009, 2(3): 305–337.

[89] BRETZ JR R D, ASH R A, DREHER G F. Do people make the place? An examination of the attraction-selection-attrition hypothesis [J]. Personnel psychology, 1989, 42(3): 561–581.

[90] BROCKNER J, HIGGINS E T. Regulatory focus theory: Implications for the study of emotions at work [J]. Organizational Behavior & Human Decision Processes, 2001, 86(1): 35–66.

[91] BROSIG-KOCH J, KAIRIES-SCHWARZ N, KOKOT J. Sorting into payment schemes and medical treatment: A laboratory experiment [J]. Health

Economics, 2017, 26: 52–65.

[92] BYRON K, KHAZANCHI S. Rewards and creative performance: a meta–analytic test of theoretically derived hypotheses [J]. Psychological Bulletin, 2012, 138(4): 809–830.

[93] CABLE D M, JUDGE T A. Pay preferences and job search decisions: A person–organization fit perspective [J]. Personnel Psychology, 1994, 47 (2): 317–348.

[94] CADSBY C B, SONG F, TAPON F. Sorting and incentive effects of pay for performance: An experimental investigation [J]. Academy of Management Journal, 2007, 50(2): 387–405.

[95] CARLETON K. How to motivate and retain knowledge workers in organizations: A review of the literature [J].International Journal of Management, 2011, 28(2): 459–468.

[96] CERASOLI C P, NICKLIN J M, Ford M T. Intrinsic motivation and extrinsic incentives jointly predict performance: a 40–year meta–analysis [J]. Psychological Bulletin, 2014, 140(4), 980–1008.

[97] CHAMBEL, M. J., CASTANHEIRA F., OLIVEIRA–CRUZ F., et al. Work context support and portuguese soldiers' well–being: The mediating role of autonomous motivation [J]. Military Psychology, 2015, 27(5): 297–310.

[98] CHILES T H, MCMACKIN J F. Integrating variable risk preferences, trust, and transaction cost economics [J]. Academy of Management Review, 1996, 21(1): 73–99.

[99] CHOI J N, ANDERSON T A, VEILLETTE A. Contextual inhibitors of employee creativity in organizations: The insulating role of creative ability [J]. Group & Organization Management, 2009, 34(3): 330–357.

[100] CHOW C. The effects of job standard tightness and compensation scheme on performance: An exploration of linkage [J].The Accounting Review,

1983, 85(4): 667–685.

[101] CLUGSTON M, DORFMAN P W, HOWELL JP. Dispositional Influences on Pay Preferences [J]. Journal of Business & Psychology, 2000, 15(2): 311–320.

[102] CONROY S A, GUPTA N. Team pay-for-performance: The devil is in the details [J]. Group and organization management, 2016, 41(1): 32–65.

[103] CORNELISSEN T, HEYWOOD J S, JIRJAHN U. Performance pay, risk attitudes and job satisfaction [J]. Labour Economics. 2011, 18(2): 229–239.

[104] COWDEN B J, BENDICKSON J S. Impacts of regulatory focus and institutions on innovation [J]. Management Decision, 2018: 56(5): 939–954.

[105] CROWE E, HIGGINS E T. Regulatory focus and strategic inclinations: Promotion and prevention in decision-making [J]. Organizational Behavior & Human Decision Processes, 1997, 69(2): 117–132.

[106] CURRAN B, WALSWORTH S. Can you pay employees to innovate? Evidence from the Canadian private sector [J]. Human Resource Management Journal, 2014, 24(3): 290–306.

[107] DAVENPORT T H, LEIBOLD M, VOELPEL S C. Strategic management in the innovation economy: Strategy approaches and tools for dynamic innovation capabilities [M].John Wiley & Sons, 2007.

[108] DECI E L, RYAN R M. The general causality orientations scale: Self-determination in personality [J]. Journal of Research in Personality, 1985a, 19(2): 109–134.

[109] DECI E L, RYAN R M. Intrinsic motivation and self-determination in human behavior [M]. New York: Plenum Press, 1985b.

[110] DECI E L, RYAN R M. The "what" and "why" of goal pursuits: Human

needs and the self-determination of behavior [J]. Psychological Inquiry, 2000, 11(4): 227-268.

[111] DECI E L, RYAN R M. Facilitating optimal motivation and psychological well-being across life's domains [J]. Canadian Psychology, 2008, 49(1): 14-23.

[112] DECKOP J R, MANGEL R, CIRKA C C. Getting more than you pay for: Organizational citizenship behavior and pay-for-performance plans [J]. The Academy of Management Journal, 1999, 42(4): 420-428.

[113] DEVLIN R A, SARMA S. Do physician remuneration schemes matter? The case of Canadian family physicians [J]. Journal of health economics, 2008, 27(5): 1168-1181.

[114] DIEDERICH A, WYSZYNSKI M, TRAUB S. Need, frames, and time constraints in risky decision-making [J]. Theory and Decision, 2020, 89 (1): 1-37.

[115] DIMOTAKIS N, DAVISON R B, HOLLENBECK J R. Team structure and regulatory focus: The impact of regulatory fit on team dynamic [J]. Journal of Applied Psychology, 2012, 97(2): 421.

[116] DOHMEN T, FALK A. Performance pay and multi dimensional sorting: Productivity, preferences and gender [J]. The American Economic Review, 2011, 101(2): 556-590.

[117] DRUCKER P F. Landmarks of tomorrow: A report on the new "Post-Modern" World [M]. New York: Harper & Row, 1959.

[118] DRUCKER P F. The age of discontinuity: Guidelines to our changing society [M].London: Heinemann, 1969.

[119] DRUCKER P F. Management challenges for the 21st century [M]. New York: HarperCollins Publishers Inc., 2001.

[120] DU Y, LI P, ZHANG L. Linking job control to employee creativity: The roles of creative self-efficacy and regulatory focus [J]. Asian Journal of

Social Psychology, 2018, 21 (3): 187-197.

[121] DUBINSKY A J, ANDERSON R E, RAJIV M. Importance of alternative rewards: Impact of managerial level [J]. Industrial Marketing Management, 2000, 29 (5): 427-440.

[122] DUNCKER K . On problem solving [J]. Psychological Monographs, 1945, 58 (5).

[123] DUPONT D Y, LEE G S. The endowment effect, status quo bias and loss aversion: Rational alternative explanation [J]. Journal of Risk & Uncertainty, 2002, 25 (1): 87-101.

[124] EISENBERGER R, ARMELI S. Can salient reward increase creative performance without reducing intrinsic creative interest? [J]. Journal of Personality & Social Psychology, 1997, 72 (3): 652-63.

[125] EISENBERGER R, ASELAGE J. Incremental effects of reward on experienced performance pressure: Positive outcomes for intrinsic interest and creativity [J]. Journal of Organizational Behavior, 2009, 30 (1): 95-117.

[126] ERIKSSON T, TEYSSIER S, VILLEVAL M C. Self-selection and the efficiency of tournaments [J]. Economic Inquiry, 2009, 47 (3): 530-548.

[127] ERIKSSON T, VILLEVAL C V. Performance-pay, sorting and social motivation [J]. Journal of Economic Behavior & Organization, 2008, 68 (2): 412-421.

[128] FEHR E, HART O, ZEHNDER C. Contracts as Reference Points-Experimental Evidence [J]. American Economic Review, 2011, 101 (2): 493-525.

[129] FEHR E, ZEHNDER C, HART O. Contracts, Reference Points, and Competition-Behavioral Effects of the Fundamental Transformation [J]. Journal of the European Economic Association, 2009, 7 (2-3): 561-572.

[130] FEHRENBACHER D F, PEDELL B. Disentangling incentive effects from sorting effect: An experimental real-effort investigation [J]. University of Pennsylvania, Wharton School, Risk Management and Decision Processes Center Working Papers, 2012: 1-54.

[131] FEHRENBACHER D D, KAPLAN S E, PEDELL B. The relation between individual characteristics and compensation contract selection [J]. Management Accounting Research, 2017, 34: 1-18.

[132] FEMMINIS G. Risk aversion heterogeneity and the investment - uncertainty relationship [J]. Journal of Economics, 2019, 127(3): 223-264.

[133] FIEGENBAUM A, Thomas H. Attitudes toward Risk and the Risk-Return Paradox: Prospect Theory Explanations [J]. The Academy of Management Journal, 1988, 31(1): 85-106.

[134] FIEGENBAUM A. Prospect theory and the risk-return association: An empirical examination in 85 industries [J]. Journal of Economic Behavior & Organization, 1990, 14(2): 187-203.

[135] FISCHHOFF B, LICHTENSTEIN S, SLOVIC P, et al. Acceptable risk [J].American Journal of Sociology, 1981, 35(3): 348.

[136] FOX C R, ERNER C, WALTERS D J. Decision under risk: From the field to the laboratory and back [J]. The Wiley Blackwell handbook of judgment and decision making, 2015, 1: 43-88.

[137] FONG C T. The effects of emotional ambivalence on creativity [J]. Academy of Management Journal, 2006, 49(5): 1016-1030.

[138] FRIEDMAN R S, FÖRSTER J. The effects of promotion and prevention cues on creativity [J]. Journal of Personality and Social Psychology, 2001, 81(6): 1001-1013.

[139] GAGNÉ M, DECI E L. Self-determination theory and work motivation [J]. Journal of Organizational Behavior, 2005, 26(4): 331-362.

[140] GAGNÉ M, FOREST J, GILBERT M H, et al. The motivation at

work scale: Validation evidence in two languages [J]. Educational and Psychological Measurement, 2010, 70(4): 628-646.

[141] GAGNÉ M, FOREST J, VANSTEENKISTE M, et al. The multidimensional work motivation scale: Validation evidence in seven languages and nine countries [J]. European Journal of Work and Organizational Psychology, 2015, 24(2): 178-196.

[142] GENG Z, LI C, BI K, et al. Motivating service employee creativity: regulatory focus and emotional labour [J]. Journal of Service Theory and Practice, 2018, 28(2): 228-249.

[143] GERHART B, FANG M. Pay for (individual) performance: Issues, claims, evidence and the role of sorting effects [J]. Human Resource Management Review, 2014, 24(1): 41-52.

[144] GERHART B, FANG M. Pay, intrinsic motivation, extrinsic motivation, performance, and creativity in the workplace: revisiting long-held beliefs [J]. Annual Review of Organizational Psychology and Organizational Behavior, 2015, 2(1): 489-521.

[145] GERHART B, RYNES S L, FULMER I S. 6 pay and performance: individuals, groups, and executives [J]. Academy of Management Annals, 2009, 3(1): 251-315.

[146] GERHART B. Incentives and pay for performance in the workplace [J]. Advances in motivation science, 2017(4): 91-140.

[147] GERRARD L E, POTEAT G M, IRONSMITH M. Promoting children's creativity: Effects of competition, self-esteem, and immunization [J]. Creativity Research of Journal, 1996, 9(4): 339-346.

[148] GILLIS M T, HETTLER P L. Hypothetical and real incentives in the ultimatum game and Andreoni's public goods game: an experimental study [J]. Eastern Economic Journal, 2007, 33(4): 491-510.

[149] GIBSON C B, BIRKINSHAW J. The antecedents, consequences and

mediating role of organizational ambidexterity [J]. Academy of Management Journal, 2004, 47(2): 209-226.

[150] GILLET N, FOUQUEREAU E, VALLERAND R J. et al. The role of workers' motivational profiles in affective and organizational factors [J]. Journal of Happiness Studies, 2018, 19(4): 1151-1174.

[151] GILSON L L, MADJAR N. Radical and incremental creativity: Antecedents and processes [J]. Psychology of Aesthetics, Creativity, and the Arts, 2011, 5(1): 21-28.

[152] GLUCKSBERG S. Problem solving: response competition and the influence of drive [J]. Psychological Reports, 1964, 15(3): 939-942.

[153] GLUCKSBERG S. The influence of strength of drive on functional fixedness and perceptual recognition [J]. Journal of Experimental Psychology, 1962, 63(1): 36-41.

[154] GOKTAN A B, SAATLOGLU O Y. The effect of cultural values on pay preferences: A comparative study in Turkey and the United States [J]. International Journal of Management, 2011, 28(1): 173-184.

[155] GONG Y, HUANG J C, FARH J L. Employee learning orientation, transformational leadership, and employee creativity: The mediating role of employee creative self-efficacy [J]. Academy of Management Journal, 2009, 52(4): 765-778.

[156] GORMAN C A, MERIAC J P, OVERSTREET B L, et al. A meta-analysis of the regulatory focus nomological network: Work-related antecedents and consequences [J]. Journal of Vocational Behavior, 2012, 80(1): 160-172.

[157] GRAVES L M, CULLEN K L, LESTER H F, et al. Managerial motivational profiles: Composition, antecedents, and consequences [J]. Journal of Vocational Behavior, 2015, 87(8): 32-42.

[158] GRAY K, ANDERSON S, CHEN E E, et al. "Forward flow": A new

measure to quantify free thought and predict creativity [J]. American Psychologist, 2019, 74 (5): 539–554.

[159] GUBLER T, LARKIN I, PIERCE L. Motivational spillovers from awards: crowding out in a multitasking environment [J]. Organization Science, 2016, 27 (2), 233–504.

[160] GUILFORD J P. Creativity [J]. American Psychologist, 1950, 5 (9): 444–454.

[161] GÜNTERT S T. The impact of work design, autonomy support, and strategy on employee outcomes: A differentiated perspective on self–determination at work [J]. Motivation and Emotion, 2015, 39 (1): 74–87.

[162] HARRISON G W, LAU M I, RUTSTRÖM E E, et al. Eliclting risk and time preferences using field experiments: Some methodological issues [J]. Research in Experimental Economics, 2005, 10 (4): 583–618.

[163] HETLAND P. Popularizing the Internet [J]. Nordicom Review, 2015, 36 (2): 157–171.

[164] HIGGINS E T. Making a good decision: Value from fit [J]. American Psychologist, 2000, 55 (11): 1217–1230.

[165] HIGGINS E T. Value from hedonic experience and engagement [J]. Psychological Review, 2006, 113 (3): 439–460.

[166] HIGGINS E T, FRIEDMAN R S, Harlow R E, et al. Achievement orientations from subjective histories of success: Promotion pride versus prevention pride [J]. 2001, 31 (1): 3–23.

[167] HIGGINS E. T. Beyond pleasure and pain [J]. American Psychologist, 1997, 52 (12): 1280–1300.

[168] HIGGINS, E. T. Self–discrepancy: A theory relating self and affect [J]. Psychological Review, 1987, 94: 319–340.

[169] HOLLENSBE E C, GUTHRIE J P. Group pay–for–performance plans: The role of spontaneous goal setting [J]. Academy of Management Review,

2000, 25（4）: 864–872.

[170] HOLT A, LAURY K. Risk aversion and incentive effects [J]. American Economic Review, 2002, 92（5）: 1644–1655.

[171] HON A H Y. Shaping environments conductive to creativity: The role of intrinsic motivation [J]. Cornell Hospitality Quarterly, 2012, 53（1）: 53–64.

[172] HOWARD J L, GAGNÉ M, BUREAU J S. Testing a continuum structure of self–determined motivation: A meta–analysis [J]. Psychological Bulletin, 2017, 143（12）: 1346.

[173] HOWARD J, GAGNÉ M, MORIN A J, et al. Motivation profiles at work: A self–determination theory approach [J]. Journal of Vocational Behavior, 2016, （95–96）: 74–89.

[174] HOWARD M C, HOFFMAN M E. Variable–centered, person–centered, and person–specific approaches: Where theory meets the method [J]. Organizational Research Methods, 2018, 21（4）: 846–876.

[175] HWANG T J, CHOI J N. Different Moods Lead to Different Creativity: Mediating Roles of Ambiguity Tolerance and Team Identification [J]. Creativity Research Journal, 2020, 32（2）: 161–173.

[176] HUO K. The Effects of Performance Incentives and Creativity Training on Creative Problem Solving Performance[D]. University of Waterloo, 2015.

[177] JANSEN J J P, BOSCH F A J V D, VOLBERDA H W. Exploratory Innovation, Exploitative Innovation, and Performance: Effects of Organizational Antecedents and Environmental Moderators [J]. Erim Report, 2006, 52（11）: 1661–1674.

[178] JANSSEN O. Job demands, perceptions of effort–reward fairness and innovative work behaviour [J]. Journal of Occupational & Organizational Psychology, 2000, 73（3）: 287–302.

[179] JIN X, WANG L, DONG H. The relationship between self–construal and

creativity–Regulatory focus as moderator [J]. Personality and Individual Differences, 2016, 97: 282–288.

[180] JOHNSON P D, SMITH M B, WALLACE J C, et al. A review of multilevel regulatory focus in organizations [J]. Journal of Management Journal of Management, 2015, 41(5): 1501–1529.

[181] KACHELMEIER S J, WILLIAMSON M G. Attracting creativity: The initial and aggregate effects of contract selection on creativity–weighted productivity [J]. The Accounting Review, 2010, 85(5): 1669–1691.

[182] KAHNEMAN D, TVERSKY K A. Prospect theory: An analysis of decision under risk [J]. Econometrica, 1979, 47(2): 263–291.

[183] KIRTON M. Adaptors and innovators: A description and measure [J]. Journal of Applied Psychology, 1976, 61(5): 622–629.

[184] KLEINMINTZ O M, IVANCOVSKY T, SHAMAY–TSOORY S G. The two–fold model of creativity: The neural underpinnings of the generation and evaluation of creative ideas [J]. Current Opinion in Behavioral Sciences, 2019, 27: 131–138.

[185] KOESTNER R, OTIS N, POWERS T A, et al. Autonomous motivation, controlled motivation, and goal progress [J]. Journal of Personality, 2008, 76(5): 1201–1230.

[186] KUHN K M, YOCKEY M D. Variable pay as a risky choice: Determinants of the relative attractiveness of incentive plans [J]. Organizational Behavior & Human Decision Processes, 2003, 90(2): 323–341.

[187] KUVAAS B, BUCH R, GAGNÉ M, et al. Do you get what you pay for? Sales incentives and implications for motivation and changes in turnover intention and work effort [J]. Motivation and Emotion, 2016, 40(5): 667–680.

[188] LANAJ K, CHANG, JOHNSON R E. Regulatory focus and work–related outcomes: A review and meta–analysis [J]. Psychological Bulletin, 2012,

138（5）：998-1034.

[189] LAZEAR E P, ROSEN S. Rank-order tournaments as optimum labor contracts [J]. Journal of Political Economy, 1981, 89（5）：841-864.

[190] LAZEAR E P. Salaries and piece rates [J]. Journal of Business, 1986, 59（3）：405-431.

[191] LAZEAR E P. Performance pay and productivity [J]. American Economic Review, 2000, 90（5）：1346-1361.

[192] LEE A Y, AAKER J L, GARDNER W L. The pleasures and pains of distinct self-construals: The role of interdependence in regulatory focus [J]. Journal of Personality & Social Psychology, 2000, 78（6）：1122-1134.

[193] LEE A Y, AAKER J L. Bringing the frame into focus: the influence of regulatory fit on processing fluency and persuasion [J]. Journal of Personality and Social Psychology, 2004, 86（2）：205-218.

[194] LEE C S, THERRIAULT D J. The cognitive underpinnings of creative thought: A latent variable analysis exploring the roles of intelligence and working memory in three creative thinking processes [J]. Intelligence, 2013, 41（5）：306-320.

[195] LEE H J, LIJIMA Y, READE C. Employee preference for performance-related pay: predictors and consequences for organizational citizenship behavior in a Japanese firm [J]. The International Journal of Human Resource Management, 2011, 22（10）：2086-2109.

[196] LEE S, MEYER-DOYLE P. How performance incentives shape individual exploration and exploitation: Evidence from micro data [J]. Organization Science, 2017, 28（1）：19-38.

[197] LEPPER M R, GREENE D, NISBETT R E. Undermining children's intrinsic interest with extrinsic reward: A test of the "overjustification" hypothesis [J]. Journal of Personality and Social Psychology, 1973, 28（1）：129-137.

[198] LIBERMAN N, IDSON L C, CAMACHO C J, et al. Promotion and

prevention choices between stability and change [J]. Journal of Personality and Social Psychology, 1999, 77(6): 1135–1145.

[199] LIPSITZ S R, FITZMAURICE G M, MOLENBERGHS G. Goodness-of-fit tests for ordinal Response regression models [J]. Journal of the Royal Statistical Society Series C: Applied Statistics, 1996, 45(2): 175–190.

[200] LOCKWOOD P, JORDAN C H, KUNDA Z. Motivation by positive or negative role models: Regulatory focus determines who will best inspire us [J]. Journal of Personality and Social Psychology, 2002, 83(4): 854–864.

[201] LOPES S, CHAMBEL M. J. Temporary agency workers' motivations and well-being at work: A two-wave study [J].International Journal of Stress Management, 2017, 24(4): 321–346.

[202] MALIK M A R, BUTT A N, JIN N C. Rewards and employee creative performance: Moderating effects of creative self-efficacy, reward importance, and locus of control [J]. Journal of Organizational Behavior, 2015, 36(1): 59–74.

[203] MALIK M A R, BUTT A N. Rewards and creativity: Past, present, and future [J]. Applied Psychology, 2017, 66(2): 290–325.

[204] MANCZAK E M, ZAPATA-GIETL C, MCADAMS D P. Regulatory focus in the life story: Prevention and promotion as expressed in three layers of personality [J]. Journal of Personality and Social Psychology, 2014, 106(1): 169–181.

[205] MARRON T R, LERNER Y, BERANT E, et al. Chain free association, creativity, and the default mode network [J]. Neuropsychologia, 2018, 118: 40–58.

[206] MEDNICK S. The associative basis of the creative process [J]. Psychological Review, 1962, 69(3), 220–232.

[207] MILKOVICH G T, WIGDOR A K. Pay for performance: Evaluating

performance appraisal and merit pay [M]. Washington, D.C.: National Axademy Press, 1991: 9–11.

[208] MONTMARQUETTE C, JEAN L R, VILLEVAL M C, et al. Redesigning teams and incentives in a merger: An experiment with managers and students [J]. Management Science, 2004, 50(10): 1309–1461.

[209] MORAN J D I, LIOU E Y Y. Effects of reward on creativity in college students of two levels of ability [J]. Perceptual & Motor Skills, 1982, 54 (1): 43–48.

[210] MORIN A J S, BUJACZ A, GAGNÉ M. Person–centered methodologies in the organizational sciences: Introduction to the feature topic [J]. Organizational Research Methods, 2018, 21(4), 803–813.

[211] NAGELKERKE N J D. A note on a general definition of the coefficient of determination [J]. Biometrika, 1991, 78(3): 691–692.

[212] NAVARESSE D O, YAUCH C A, GOFF K, et al. Assessing the effects of organizational culture, rewards, and individual creativity on technical workgroup performance [J]. Creativity Research Journal, 2014, 26(4): 439–455.

[213] NIEDERLE M, VESTERLUND L. Do women shy away from competition? Do men compete too much? [J]. Quarterly Journal of Economics, 2007, 122(3): 1067–1101.

[214] NIE Y, CHUA B L, YEUNG A S, et al. The importance of autonomy support and the mediating role of work motivation for well–being: Testing self–determination theory in a Chinese work organization [J]. International Journal of Psychology, 2015, 50(4): 245–255.

[215] OLDHAM G R, CUMMINGS A. Employee creativity: personal and contextual factors at work [J]. Academy of Management Journal, 1996, 39 (3): 607–634.

[216] PAPACHRONI A, HERACLEOUS L, PAROUTI S. Organizational

ambidexterity through the lens of Paradox Theory: Building anovel research agenda [J]. The Journal of Applied Behavioral Science, 2015, 51(1): 71-93.

[217] PARK S, STURMAN M C. Evaluating form and functionality of pay-for-performance plans: The relative incentive and sorting effects of merit pay, bonuses, and long-term incentives [J]. Human Resource Management, 2016, 55(4): 697-719.

[218] PARKER S K, COLLINS C G. Taking stock: Integrating and differentiating multiple proactive behaviors [J]. Journal of Management, 2010, 36(3): 633-662.

[219] PAULUS P B. Different ponds for different fish: A contrasting perspective on team innovation [J]. Applied Psychology: An International Review, 2002, 51(3): 394-399.

[220] RANK J, PACE V L, FRESE M. Three avenues for future research on creativity, innovation, and initiative [J]. Applied Psychology: An International Review, 2004, 53(4): 518-528.

[221] REN F, LI Y, ZHANG J. Perceived parental control and Chinese middle school adolescents' creativity: The mediating role of autonomous motivation [J]. Psychology of Aesthetics Creativity and the Arts, 2017, 11(1): 34-42.

[222] RYAN R M, CONNELL J P. Perceived locus of causality and internalization: Examining reasons for acting in two domains [J]. Journal of Personality and Social Psychology, 1989, 57(5): 749-761.

[223] RYAN R M, DECI E L. Self-determination theory and the facilitation of intrinsic motivation, social development, and well-being [J]. American Psychologist, 2000, 55(1): 68-78.

[224] RYAN R M, DECI E L. Self-determination theory [M]. New York: The Guilford Press, 2017.

[225] SCOTT S G, BRUCE R A. Determinants of innovative behavior: A path model of individual innovation in the workplace [J]. Academy of Management Journal, 1994, 37(3): 580–607.

[226] SHAH J, HIGGINS E T. Regulatory concerns and appraisal efficiency: The general impact of promotion and prevention [J]. Journal of Personality and Social Psychology, 2001, 80(5): 693–705.

[227] SHAH J, HIGGINS E T, FRIEDMAN R S. Performance incentives and means: How regulatory focus influences goal attainment [J]. Journal of Personality and Social Psychology, 1998, 74(2): 285–293.

[228] SHALLEY C E, ZHOU J. Organizational creativity research: A historical overview [A]. In Shalley C E, Zhou J (Eds.), Handbook of organizational creativity, 2008: 3–31. Hillsdale, NJ: Lawrence Erlbaum.

[229] SHARMA A, PARK S, NICOLAU J L. Testing loss aversion and diminishing sensitivity in review sentiment [J]. Tourism Management, 2020, 77: 1–8.

[230] SHAW J D. Pay dispersion, sorting, and organizational performance [J]. Academy of Management Discoveries, 2015, 1(2): 165–179.

[231] SILVIA, P. J., WIGERT B., REITER-PALMON R., et al. Assessing creativity with self-report scales: A review and empirical evaluation [J]. Psychology of Aesthetics, Creativity, and the Arts, 2012, 6(1): 19–34.

[232] SIMMONS S A, CARR J C, HSU D K, et al. The Regulatory Fit of Serial Entrepreneurship Intentions [J]. Applied Psychology, 2016, 65(3): 605–627.

[233] SITKIN S B, PABLO A L. Re-conceptualizing the determinants of risk behavior [J]. Academy of Management Review, 1992, 17(1): 9–38.

[234] SUNG S Y, ANTEFELT A, CHOI J N. Dual effects of job complexity on proactive and responsive creativity: Moderating role of employee ambiguity tolerance [J]. Group & Organization Management, 2017, 42(3): 388–

418.

[235] TORRANCE E P. Predictive validity of the torrance tests of creative thinking [J]. The Journal of Creative Behavior, 1972, 6(4): 236-252.

[236] TRANK C Q, RYNES S L, BRETZ R D. Attracting applicants in the war for talent: Differences in work preferences among high achievers [J]. Journal of business and psychology, 2002, 16(3): 331-345.

[237] TREMBLAY M A, BLANCHARD C M, TAYLOR S, et al. Work extrinsic and Intrinsic Motivation Scale: Its value for organizational psychology research [J]. Canadian Journal of Behavioural Science Revue canadienne des sciences du comportement, 2009, 41(4): 213-226.

[238] TREVOR C O, REILLY G, GERHART B. Reconsidering pay dispersion's effect on the performance of interdependent work: Reconciling sorting and pay inequality [J]. Academy of Management Journal, 2012, 55(3): 585-610.

[239] TURNER N, SWART J, MAYLOR H.Mechanisms for managing ambidexterity: A review and research agenda [J]. International Journal of Management Reviews, 2013, 15(3): 317-332.

[240] TVERSKY A, KAHNEMAN D. The framing of decisions and the psychology of choice [J]. Science, 1981, 211(4481): 453-458.

[241] UNSWORTH K L, CLEGG C W. Why do employees undertake creative action? [J]. Journal of Occupational & Organizational Psychology, 2010, 83 (1): 77-99.

[242] UNSWORTH K. Unpacking creativity [J]. Academy of Management Review, 2001, 26(2): 289-297.

[243] VAN DIJK DINA KLUGER A N. Feedback sign effect on motivation: Is it moderated by regulatory focus? [J]. Applied Psychology, 2004, 53(1): 113-135.

[244] VAN KNIPPENBERG D. Team innovation. [J] Annual Review of

Organizational Psychology and Organizational Behavior. 2017, 4 (1): 211-233.

[245] VAN SCHIE S, GÜNTERT S T, OOSTLANDER J, Wehner T. How the Organizational context impacts volunteers: A differentiated perspective on self-determined motivation [J]. VOLUNTAS: International Journal of Voluntary and Nonprofit Organizations, 2015, 26 (4): 1570-1590.

[246] VANSTEENKISTE M, LENS W, DE WITTE S, et al. The "why" and "why not" of job search behaviour: Their relation to searching, unemployment experience, and well-being [J]. European Journal of Social psychology, 2004, 34: 345-363.

[247] VROOM V R. Work and Motivation [M]. New York: John Wiley & Sons, 1964.

[248] WALLACE C, CHEN G. A multilevel integration of personality, climate, self-regulation, and performance [J]. Personnel Psychology, 2006, 59 (3): 529-557.

[249] WALLER W S, CHOW C W. The self-selection and effort effects of standard-based employment contracts: A frame work and some empirical evidence [J]. Accounting Review, 1985, 60 (3): 458-476.

[250] WANG J, WANG L, LIU R D, et al. How expected evaluation influences creativity: Regulatory focus as moderator [J]. Motivation and Emotion, 2017, 41 (2): 147-157.

[251] WANG M, HANGES P J. Latent class procedures: Applications to organizational research [J]. Organizational Research Methods, 2011, 14 (1): 24-31.

[252] WEST M A, FARR J L. Innovation at work. In West M A, Farr J L. (Eds.), Innovation and creativity at work: Psychological and organizational strategies [J]. Chichester: Wiley, 1990: 3-13.

[253] WU C L. Discriminating the measurement attributes of the three versions of Chinese Remote Associates Test [J]. Thinking Skills and Creativity, 2019,

33: 100586.

[254] YOON H J, SUNG S Y, CHOI J N. Mechanisms underlying creative performance: Employee perceptions of intrinsic and extrinsic rewards for creativity [J]. Social Behavior and Personality: an international journal, 2015a, 43(7): 1161–1179.

[255] YOON H J, SUNG S Y, CHOI J N, et al. Tangible and intangible rewards and employee creativity: The mediating role of situational extrinsic motivation [J]. Creativity Research Journal, 2015b, 27(4): 383–393.

[256] ZENGER T R. Why do employers only reward extreme performance? Examining the relationships among performance, pay, and turnover [J]. Administrative Science Quarterly, 1992, 37(2): 198–219.

[257] ZHANG Y, LONG L, WU T, et al. When is pay for performance related to employee creativity in the Chinese context? The role of guanxi HRM practice, trust in management, and intrinsic motivation [J]. Journal of Organizational Behavior, 2015b, 36(5): 698–719.

[258] ZHANG Y, LONG L, ZHANG J. Pay for performance and employee creativity [J]. Management Decision, 2015a, 53(7): 1378–1397.

[259] ZHOU Q, HIRST G, SHIPTON H. Context matters: Combined influence of participation and intellectual stimulation on the promotion focus - employee creativity relationship [J]. Journal of Organizational Behavior, 2012, 33(7): 894–909.

后　记

在本书即将成稿之际，恰逢ChatGPT横空出世。虽然创新对于企业经营、国家实力的重要性已无须赘言，但ChatGPT智能机器人令人惊艳的表现，使我们不得不再次感叹员工创新的神奇与超大能量。同时，也验证了管理大师德鲁克的卓越预见，他指出，21世纪组织最有价值的资产是知识工作者及其生产力，企业以及其他组织的生存，乃至国家的存亡都将取决于知识工作者生产力的竞争优势；在工作中不断创新是决定知识工作者生产力水平的主要因素之一，也是21世纪组织面临的最大管理挑战之一。

近二十年来，如何激发员工创新日益成为企业管理者关注的热点话题。绩效薪酬作为一种物质激励手段，一方面，不可避免地被寄予厚望；另一方面，失败的案例也不少见，如"绩效主义毁了索尼"论断的中心思想就是"业务成果和金钱报酬直接挂钩"的绩效薪酬是索尼失败的罪魁祸首。这一管理实践的矛盾激发了我的研究兴趣。

2014年秋至2015年年初，我在加拿大University of New Brunswick（纽布伦斯威克大学）访学，这是一段难得的、可以完全专注于科研的时光。我大量查阅相关文献，构思了"'互联网+'背景下知识型员工绩效薪酬偏好影响创新行为的机理研究"的思路框架，撰写了项目申报书的初稿。回国后，虽事务繁多，但仍不断完善申报书。很幸运，该课题于2016年获得了国家社会科学基金项目的资助，从而极大地鼓舞我的研究信心。在历时五年的研究过程中，我进行了大量的企业调研，同时也参加了多种研究方法工作坊以及相关研究的学术研讨会，从管理实践和理论研究两个方面提升自己的研究能力，尽自己最大的努力高质量、有创见地完成这一课题。

本书的研究仍存在不足，抛砖引玉，欢迎理论界与实践界的同行批评指正，以在未来的研究中进一步完善。

最后，我的研究生们参与了项目研究文献的查阅、调研访谈和数据收集与统计，她们是陈琴、张西英、林彬、姜新清、段雪筠、初香伶和马新怡，在此对她们富有成效的科研配合表示由衷的感谢！

李春玲
2023年4月于北京海淀